北山社区志

LOCAL RECORDS OF BEISHAN

广东省珠海市香洲区南屏镇北山社区志编纂委员会　编

图书在版编目（CIP）数据

北山社区志 / 广东省珠海市香洲区南屏镇北山社区志编纂委员会编. -- 北京：方志出版社，2019.12
（中国名村志丛书）
ISBN 978-7-5144-3943-4

Ⅰ.①北… Ⅱ.①广… Ⅲ.①社区—概况—珠海 Ⅳ.① D669.3

中国版本图书馆 CIP 数据核字（2019）第 267748 号

·中国名村志丛书·

北山社区志

编　　者：广东省珠海市香洲区南屏镇北山社区志编纂委员会
责任编辑：刘　珊

出 版 者：方志 出版社
地址　北京市朝阳区潘家园东里 9 号（国家方志馆 4 层）
邮编　100021
网址　http：//www.fzph.org
发　　行：方志出版社图书经销中心
电话　（010）67110500
经　　销：各地新华书店
排　　版：北京纺印图文设计制作有限公司
印　　刷：北京中科印刷有限公司

开　　本：787×1092　1/16
印　　张：17
字　　数：340 千字
版　　次：2019 年 12 月第 1 版　2019 年 12 月第 1 次印刷

ISBN 978-7-5144-3943-4　**定价**：135.00 元

◉ 序一

中共十九大报告明确提出："坚定文化自信，推动社会主义文化繁荣兴盛。""没有高度的文化自信，没有文化的繁荣兴盛，就没有中华民族伟大复兴。要坚持中国特色社会主义文化发展道路，激发全民族文化创新创造活力，建设社会主义文化强国。"编修地方志是中华民族千百年来的固有传统，留下了浩如烟海的历史文献，承担着传承中华文明、发掘历史智慧的重任，发挥着存史、育人、资政的作用。

在习近平新时代中国特色社会主义思想指引下，在增强文化自信、推动传统文化创造性转化、创新性发展背景下，全国地方志事业迎来了开拓创新与转型升级的重要机遇期。中国地方志指导小组及其办公室组织实施的中国名村志文化工程，用中国独有的文化载体——地方志，来记录乡村的"名"和"特"，记录乡村全面建成小康社会的进程和取得的成就，是地方志围绕以人民为中心开拓创新的具体举措，是传承乡土文化、坚定文化自信、加快建设社会主义文化强国的内在要求，是服务乡村振兴战略、加快全面建成小康社会、推进社会主义现代化建设、实现中华民族伟大复兴中国梦的应有之义。

实施中国名村志文化工程，是方志人贯彻落实习近平总书记"农村要留得住绿水青山，系得住乡愁"重要讲话精神的重要举措。"望得见山、看得见水、记得住乡愁……"习近平总书记用诗意的语言为中国的新农村建设指明了方向。开展新农村建设、美丽乡村建设，一定要把绿水青山保留下来，尽可能在原有村庄形态上改善农民生活条件，不盲目拆旧，也不盲目造新，让家乡的每一条河、每一棵树、每一口井，都能永远成为我们的乡愁。这是我们弘扬传统、面向未来的底气所在。那么，如何留住乡音、乡风、乡思，继承传统文化菁华，挖掘历史智慧，成为极其重要的工作。实施中国名村志文化工程，保护抢救、传承保存、开发利用宝贵的村落文化，重新唤起人们记忆中古老村落的青山绿水、小河大树、轶事掌故，打造完整记录乡村发展嬗变和现代化农村经济社会运行模式的系列中国名村志丛书，让乡土文化回归并为困惑的当代人提供精神家园，让农耕文化的优秀菁华成为建构农村文明的底色，无疑具有重要的现实意义和深远的历史意义。

实施中国名村志文化工程，是方志人贯彻落实党中央乡村振兴战略的鲜活实践。中共十八大以来，以习近平同志为核心的党中央高度重视农业、农村、农民工作，提出了许多新理念、新思想、新战略，特别是中共十九大报告作出实施乡村振兴战略的重大部署。2018 年 9 月 26 日，中共中央、国务院印发《乡村振兴战略规划（2018—2022 年）》，明确提出“鼓励乡村史志修编”。深入推进中国名村志文化工程，有利于全面翔实记录乡村振兴进程，客观记载地理环境、历史沿革、姓氏源流、人口、民族、方言、民居、宗祠、风俗习惯、家谱族谱、家规族规、宗教信仰、文物遗址、掌故传说、历史事件、人物等，完整保留乡土文化的原貌。所有这些工作，可以为延伸地方志工作触角，充分发挥志书存史、育人、资政功能提供借鉴；可以为社会各界和华人华侨、港澳台同胞寻根问祖、反哺桑梓、泽被乡里提供帮助。依托中国名村志文化工程的重要平台与载体，乡村振兴战略下的现代乡村将进一步挖掘自身独特内涵，彰显其新时代的作用及意义。

中国名村志文化工程从新时代中国特色社会主义的新需求出发，创新体例，立足实际，内容既严谨又通俗，展示了不同地区自然和社会风貌，在坚持志体基础上运用专题报告、回忆录、人物访谈、新闻资料等多种手法，重点介绍农村地区在转型发展方面的探索、示范、引领意义，对于不断提高地方志事业围绕中心服务大局的能力，为乡村改革发展贡献历史智慧，讲好中国故事，彰显中国软实力，增强“四个自信”等方面具有积极意义。

两年来，在借鉴中国名镇志丛书及各地乡镇（村）志宝贵编纂经验的基础上，中国名村志丛书编修不断取得丰硕成果，产生了良好的社会效益，新一批中国名村志的申报数量、覆盖范围延续强劲增长态势，充分体现出强大的内生动力。下一步，要总结经验、把握规律，为服务国家城镇化建设和乡村振兴战略打造更多优秀文明成果，推动中华优秀传统文化创造性转化和创新性发展，从中提炼出适合新时代、新形势、新变化、新要求的文化精髓，展现中国方志的当代价值和世界意义。

是为序。

中国社会科学院院长
中国地方志指导小组组长　谢伏瞻

◉ 序二

连绵不断地编修地方志是中国独有的优秀文化传统，承担着赓续文明、传承文化的重任。保存至今的 8000 余种、10 万余卷历代方志，蕴含着传统文化基因和海量文化信息，既是中华优秀传统文化的重要组成部分，又是传承、彰显中华优秀传统文化的重要载体。

在各种类型的地方志编纂中，村志编纂古已有之，但从未进入国家层面的地方志编纂序列。新中国成立以来，党中央、国务院高度重视包括村志编纂在内的地方志工作，出台了重要文件。中央领导发表了重要讲话、作出了重要批示。习近平总书记高度重视包括村志编纂在内的地方志工作。2004 年 10 月，他在担任浙江省委书记时到江山市凤林镇白沙村考察，看到村民编纂的《白沙村志》，鼓励村民把村志继续编纂下去。2014 年 4 月，刘延东副总理在与第五次全国地方志工作会议部分会议代表座谈时指出："要结合发展的新形势，加强对地方志包括部门志、行业志、专题志、乡镇村志编纂的业务指导和服务。"2015 年 8 月，国务院办公厅印发的《全国地方志事业发展规划纲要（2015—2020 年）》，正式将中国名村志文化工程列为主要任务之一。2017 年 5 月，中共中央办公厅、国务院办公厅印发的《国家"十三五"时期文化发展改革规划纲要》指出："完成省、市、县三级地方志书出版工作。开展旧志整理和部分有条件的镇志、村志编纂。"可以说，村志编纂迎来了历史上的最好时期。

农业、农村、农民"三农"问题，是数千年来影响中国社会发展最核心的问题。中共中央高度重视"三农"工作，从 2004 年起，连续 13 年，每年的中央 1 号文件都聚焦"三农"。中共十九大报告更是提出"农业农村农民问题是关系国计民生的根本性问题，必须始终把解决好'三农'问题作为全党工作重中之重"，特别是提出了"乡村振兴战略"，这是中国共产党在中国特色社会主义进入新时代后，对农村发展问题所做出的准确把握和与时俱进的战略应对，是建设中国特色社会主义强国战略的重要组成部分。改革开放近40年来，在党中央、国务院高度重视社会主义新农村建设的新形势下，各地涌现出一大批历史文化名村、经济强村、新农村建设示范（试点）村、美丽乡村和特色村，成为先进生产力和先进文化的代表。客观记录中国农村全面建成小康社会的进程，向后人展示在中国共产党领导下农村千年未有的巨变，是地方志工作者肩负的光荣而重大的历史使命。编纂中国名村志丛书，是记载当代中国农村发展变革的重要途径。

文化寻根，寻的是其发展的源头和根基。村落是中国传统文化的根基所在。农村的生产生活方式、社会规范、宗族文化、宗教文化、民风习俗、传统节日、民间艺术等，无不镌刻着中国人独特的民族性格，这就是家国情怀、文脉绵延、精神归属。在快速城镇化进程的冲击和开发性破坏下，大量传统村落面临消亡的危机，村落蕴含的历史文化信息也流失殆尽，抢救性保护刻不容缓。编纂中国名村志丛书，是保存村落历史文化信息，抢救、保护村落文化最好的方式。

一方水土养一方人。家乡的山水草木、村间小巷、乡俗民情会在每个人心头留下深刻的烙印，这就是故土情结。而村落的形成与发展离不开人的活动。编纂中国名村志丛书，通过记述村落建筑、名门望族来追溯村落的历史；通过记述村落规模、布局、人口、物产等反映人口来源、宗族兴衰、生活习惯、文化背景、宗教信仰、经济发展等，体现环境与人相互影响、相互作用、相互发展的既矛盾又统一的关系；通过记述戏剧、音乐、舞蹈、美术、文学、手工技艺等文化形式，展示百姓在长期的生产生活实践中摸索和总结出的智慧结晶，强化人们沟通感情的纽带。编纂中国名村志丛书，是传承乡俗、诉说乡音、记住乡愁、纾解乡思，激活历史传统、唤起共同文化记忆、塑造共同心灵认同的重要文化工程。

中国名村志文化工程以践行文化自信、传承中华文脉、彰显时代发展为己任，以打造全国地方志系统的重要品牌为目标，在体裁运用、篇目设置、资料选择等方面进行大量的创新，突出“名”和“特”，拣选各个名村中最值得记述、最具有代表性的人、事、物，予以浓墨重彩的描画，从而形成系列的、高质量的、可读性强、雅俗共赏的地方志读本，让地方志紧接地气、贴近百姓，让地方志成果进入寻常百姓家，让人民群众共享地方志成果，让越来越多的人从地方志中感知传统、历史和记忆，成为传统村落和传统文化的守护者，成为中华优秀文化的传承者。

是为序。

中国社会科学院原院长
中国地方志指导小组原组长　王伟光

◉ 序三

习近平总书记指出："让居民望得见山，看得见水，记得住乡愁。"这句富有诗意的重要论述不仅唤醒了中国人城镇化建设过程中对于人和自然关系、人和历史关系的思考，同时也引发了学界对"乡愁"进一步进行文化意义解读的兴趣。从本质上看，乡愁是一种源自主体体验的情感，隐含了一种人们带着乡愁追寻自我生存与生命意义、追寻诗意栖居的精神家园的美学思辨。同时，这种追寻自我生存的主体逐渐转向大众群体，乡愁也由传统单一的"文化乡愁""爱国情怀"演变为对于"理想家园"的精神追求。

中国有近 60 万个村庄，约有 5000 个古村落，被住房城乡建设部和国家文物局界定的传统村落就有 1561 个。随着中国城镇化步伐的加快，乡村的版图日渐凋敝，大批农村青壮年劳动力走进城镇，融入了新的生活。然而，每逢传统佳节，那种挥之不去的离愁别绪挟裹着亿万农民工，又融入了返乡的滚滚洪流。这是乡愁的情愫牵动着他们，是故乡的山、故乡的水、故乡的老屋、故乡的小吃在牵动着他们，是故乡家家户户的楹联和口口相传的故事，以及只有在隆重的传统佳节才有的古老的民风习俗在牵动着他们。

文化可以体现一个民族、一个国家、一个社会的重量与体温，这是文化的力量之所在，而村落是传统中国的根脉所系，乡土社会是最能够体现中国传统文化特征的地方。梁漱溟曾指出："中国文化是以乡村为本，以乡村为重，所以中国文化的根就是乡村。"我曾在《建设社会主义新农村的理论与实践》一书中指出，在新农村建设的过程中，必须"保护和发展有地方和民族特色的优秀传统文化，创新农村文化生活的载体和手段，满足农民群众多层次、多方面的精神文化需求"，而编纂村志尤其是实施中国名村志文化工程就是一个重要举措。实施中国名村志文化工程，编纂中国名村志丛书，以最基层的村落为研究对象，寻根传统村落的历史，梳理村落的发展脉络，以唤起人们的归属感和认同感，探索新型城镇化和社会主义新农村建设过程中，如何留住乡音、乡风、乡思，继承传统文化精华，挖掘丰富历史智慧，是贯彻落实中央城镇化工作会议精神和中共十九大提出的“乡村振兴战略”的重要举措，是当前和今后一个时期全国地方志工作者的重要工作。

虽然村落文化正在日益远离当下生活，但我们可以抓住诸如基本村情、文物胜迹、古村保护、特色文化、旅游名胜、村域经济、风土民情、村民生活、新农村建设、艺文杂记、名人与名村等关键内容，通过志书的手法来诠释乡村文化的精华。我们如实记录着村落里的人和事，以及青山绿水、小河大树、袅袅炊烟，力争以最完整、最原真的方式呈现村落的前世今生。我们要为“迷失”的人留住乡村文化的根脉，让人们难以割舍的乡愁得以慰藉和释放。

中国名村志文化工程将触角伸向那些极具代表性的村落，它们有的历史悠久、名人辈出，有的经济腾飞、重获新生，有的风景秀丽、景观独特，有的地处边陲、神秘莫测……我们挖掘中国不同类型村落的发展之路，为探索新型城镇化和社会主义新农村建设的发展经验、发展模式、前进道路提供历史智慧和现实借鉴。因此，打造以重在表现乡村嬗变为主旨的中国名村志丛书十分必要和迫切，这是一项功在当代、利在千秋的文化工程。

近年来，随着中国经济社会的发展和国际地位的提高，越来越多的人想要认识中国、了解中国、研究中国。在这样的形势下，乡村是不可或缺的一环，我们要集中讲好发生在乡村的故事，向世界呈现一个多元的、立体的中国。乡村历经岁月变迁的风雨，见证着改革开放的步伐，寄托着数代中国人的情感。发生在乡村的故事无疑是血肉丰满的、震撼人心的、引起共鸣的。我们应该有这个自信能够讲好乡村故事，讲好中国故事，描绘出中国的底色，“让每一个中国人都能在地方志中找到自己的位置”。

可喜的是，越来越多的有识之士认识到了这一点，加入到保护、传承、发展村落文化的队伍中来。仅就编纂中国名村志丛书来看，第一批的申报范围就涵盖包括香港特别行政区在内的 32 个地区，申报数量高达 70 余部。“直笔著信史，彰善引风气，为当代提供资政辅治之参考，为后世留下堪存堪鉴之记述”，这是我们的初心和使命。希望中国名村志文化工程的实施，能够带动更多的人关注中国乡村文化，为社会主义文化强国建设作出更大的贡献。也希望越来越多的名村都来融入继承中华文化传统、颂扬中华传统文化的活动中，让正能量更多地润泽温暖人们的心灵，让更多的人“记得住乡愁”！

是为序。

中国社会科学院原副院长
中国地方志指导小组原常务副组长

◉ 广东省中国名村志文化工程工作协作组

组　长　陈华康

副组长　刘　卫　刘　波

成　员（以姓氏笔画排序）

丁伟志　王　涛　王道钰　邓翠萍　田　亮
刘路红　吕汉光　孙少娜　朱正国　朱雄文
张世开　李文蔚　杨立勋　邱家秋　陈子新
陈宏亮　陈　岚　陈宝德　罗会明　郑安兴
姚佑雄　洪志勇　钟伟基　钟涓泓　莫秀吉
萧艳娥　黄小晶　黄荣超　彭建伟

联络员　杨　波　黄　璐

◉ 广东省珠海市香洲区南屏镇北山社区志编纂委员会

主　任　李培抛

副主任　吴浩涛　黄洪波

委　员　杨成杰　杨日高　杨世权　杨树洪
杨平光　杨伍一　杨少新　杨桂立
杨国雄　关少英

◉ 广东省珠海市香洲区南屏镇北山社区志编辑部

主　　编　刘良建
副 主 编　杨成杰　杨日高
执行主编　杨世权
编　　辑　杨桂立　杨少新　杨剑荣　陈　锴　胡　坤

◉ 广东省珠海市《北山社区志》初审审查验收工作小组

组　　长　马育爱
副 组 长　黄洪波
成　　员　徐志明　刘　虹　杨日高　黄诗婷

◉ 广东省珠海市《北山社区志》复审审查验收工作小组

组　　长　郑安兴
副 组 长　陈　义
成　　员　赵艳珍　苏玉怀　肖一亭　梁少华
韦　赟

◉ 中国名村志丛书凡例

一、以马克思列宁主义、毛泽东思想、邓小平理论、“三个代表”重要思想、科学发展观、习近平新时代中国特色社会主义思想为指导，坚持辩证唯物主义和历史唯物主义的立场、观点和方法，存真求实，全面、客观、系统记述中国名村村落发展变化进程和改革开放成果，传承和抢救乡土历史文化，激发爱国爱乡情怀，留住乡愁，为探索中国特色新型城镇化建设、服务乡村振兴战略提供历史智慧和现实借鉴。

二、为全面反映入志事物发展脉络，各志上限尽量追溯至事物发端，下限一般断至各村志启动编修年份，个别重大事项可延至搁笔。详今明古，着重反映时代特色和地方特点，重点体现各村的“名”与“特”。

三、记述地域范围以下限年份的行政辖区为主。为体现名村在更大区域内的意义，可以从更开阔的区域视野记述与该村相关的内容。

四、统一采用纲目体，设类目、分目、条目三个层次。横排门类，纵述史实，述而不论。

五、综合运用述、记、志、传、图、表、录等各种体裁，以志体为主。体裁运用适当创新，篇目设置不求面面俱到，一般意义上的村级内容略去不载。

六、除引用文字和附录文献资料外，统一使用规范的现代语体文记述，行文力求朴实、严谨、简洁、流畅、优美，具有较强可读性。

七、人物部类遵循“生不立传”原则，人物传主按生年排序，只选录对本村发展有重大影响的人物，不面面俱到。

八、各项数据一般采用国家统计部门数据。数据缺乏的，采用主管部门或主办单位正式提供的数据。

九、数字用法、标点符号、计量单位分别执行国家标准《出版物上数字用法》

（GB/T 15835—2011）、《标点符号用法》（GB/T 15834—2011）、《国际单位制及其应用》（GB 3100—1993）和《有关量、单位、符号的一般原则》（GB 3101—1993）。历史上使用的计量单位，如斗、石、里、尺、磅、华氏度等，在引文时可照录。考虑到社会使用习惯，全书中亩不统一换算。

十、中华民国成立前的纪年，使用朝代年号纪年，括注公元年份；中华民国成立后的纪年，均使用公元纪年。志中所称“解放前（后）”，以该村解放日为界；“新中国成立前（后）”，以中华人民共和国成立日 1949 年 10 月 1 日为界；“改革开放前（后）”，以 1978 年 12 月中共十一届三中全会召开为界。本志“××年代”，凡未加世纪者，均指 20 世纪。

十一、为节省篇幅，避免重复，本志采用条目互见法。参见条目的表示形式为：参见本志“××类目·××分目·××条目”。

十二、对旧志、古籍中的繁体字、冷僻字一般用简化字或通用字替换，易引起误解的则保留。

十三、记述各个历史时期的党派、机构、职务、地名等，均以当时的名称为准。对频繁使用的名称，首次用全称并括注简称，其后用简称。

十四、各村志需要单独说明的事项，均在各自编纂始末中记述。

北山社区在中国的位置

黑龙江省
哈尔滨
吉林省
长春
沈阳
辽宁省
乌鲁木齐
新疆维吾尔自治区
内蒙古自治区
呼和浩特
北京
北京市
天津市
天津
河北省
石家庄
太原
山西省
济南
山东省
渤海
黄海
黄河
甘肃省
银川
宁夏回族自治区
西宁
青海省
兰州
陕西省
西安
郑州
河南省
江苏省
安徽省
合肥
南京
上海
上海市
西藏自治区
拉萨
四川省
成都
重庆市
重庆
湖北省
武汉
杭州
浙江省
东海
长江
南昌
江西省
长沙
湖南省
福建省
福州
钓鱼岛
赤尾屿
台北
台湾省
台湾岛
贵阳
贵州省
昆明
云南省
广西壮族自治区
南宁
广东省
广州
香洲区
北山社区
香港
澳门
东沙群岛
海口
海南省
海南岛
西沙群岛
永兴岛
中沙群岛
黄岩岛
南海
南沙群岛
曾母暗沙
图 例
北京 首都
天津 省级行政中心
未定 国界
省、自治区、直辖市界
特别行政区界
名村所在县级区域
名村
1：32 000 000
审图号：GS（2019）4178号

北山社区在广东省的位置

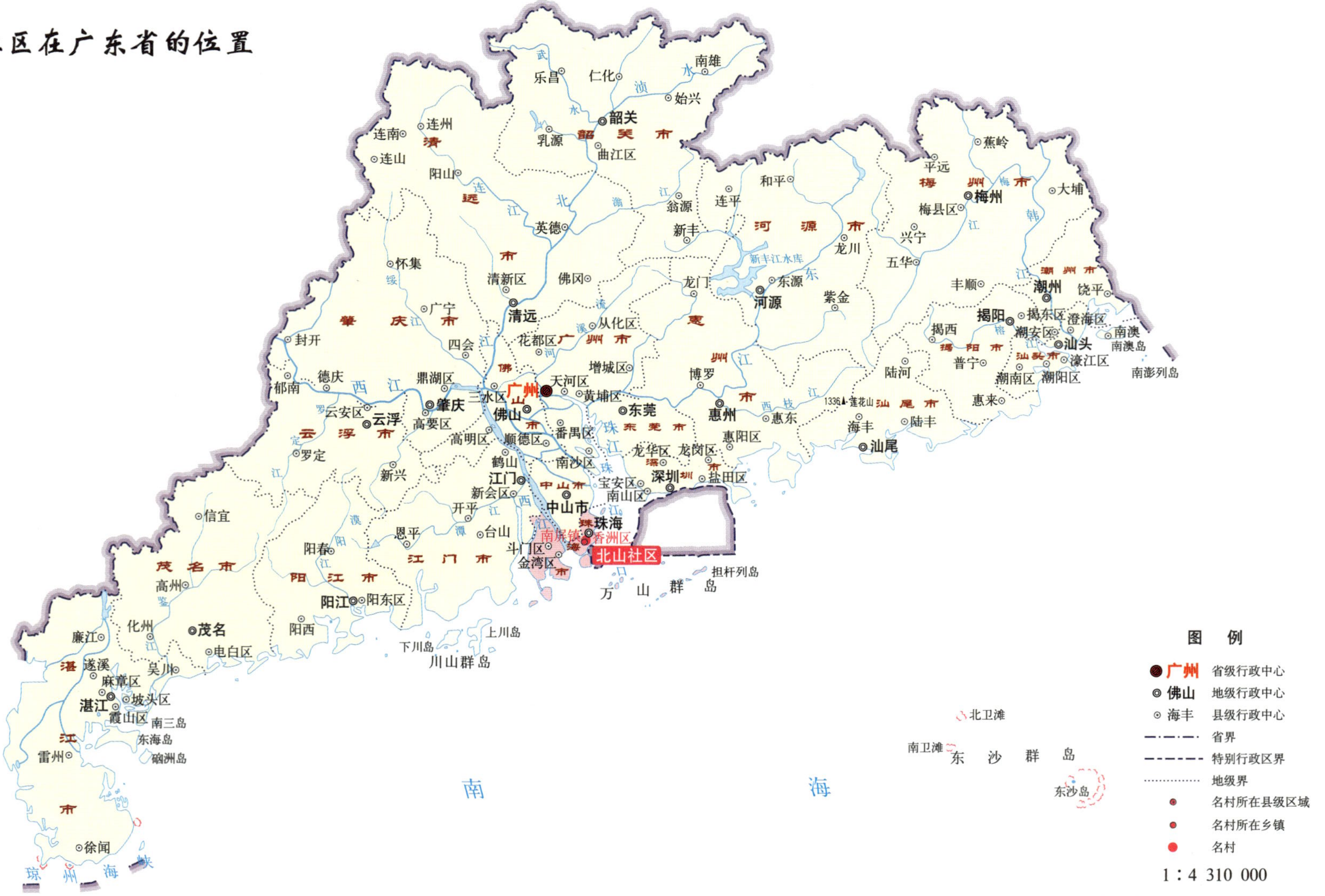

北山社区
广州
佛山
韶关
清远
肇庆
云浮
江门
中山市
珠海
深圳
东莞
惠州
河源
梅州
潮州
揭阳
汕头
汕尾
阳江
茂名
湛江
南屏镇
香洲区
南海
万山群岛
川山群岛
东沙群岛
琼州海峡
图例
广州 省级行政中心
佛山 地级行政中心
海丰 县级行政中心
省界
特别行政区界
地级界
名村所在县级区域
名村所在乡镇
名村
1∶4 310 000

审图号：GS（2019）4178号

北山社区平面示意图

前山街道
广珠城际铁路
前山站
南湾北路
南屏大桥
前山河
华发社区居委会
青丰路
容闳书院
容闳学校
前山桥
南屏社区
华发商都
珠海大道东
北山廉政文化公园
北山社区公园
名人公园
茂丰社区居委会
北山大院
北山牌坊
北山杨氏大宗祠
北山市场
杨匏安陈列馆
南屏镇人民政府
北山社区居委会
南湾北路
杨匏安纪念学校
仙桥路
北山工业区
北山后林
东桥社区居委会
白石桥
屏湾一路
珠海站
竹仙公园
湾仔街道
图例
镇级行政中心
村民委员会
山林
学校
铁路
轻轨站
街道

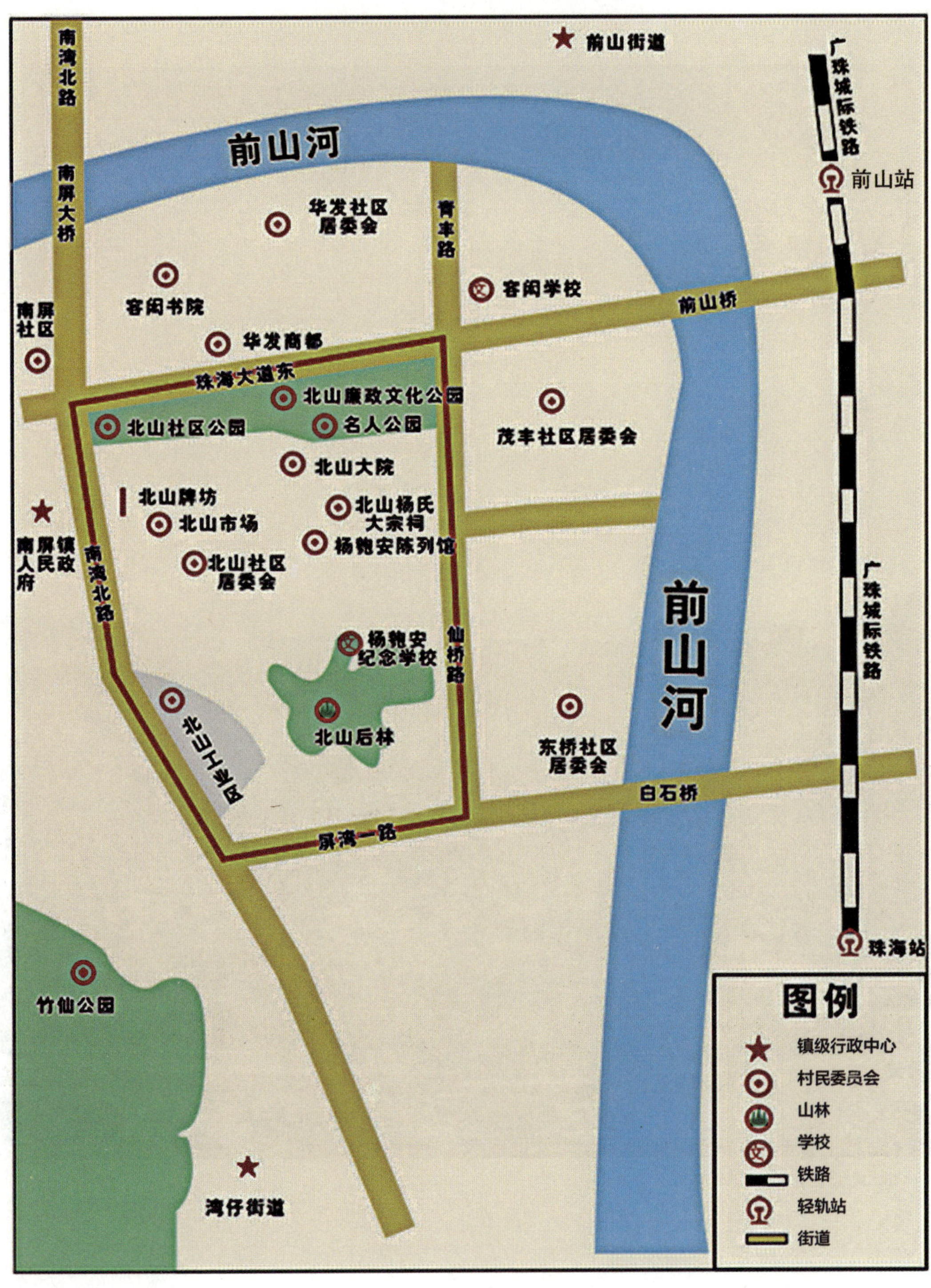

北山社区全貌图（2019 年）

杨国雄　摄

杨氏大宗祠航拍图（2019 年）　　珠海市大西洋传媒有限公司　提供

杨氏大宗祠上、中、下三殿屏风（2019 年）　　杨国雄　摄

中西文化交织的北山社区北三巷（2019 年）　　杨国雄　摄

保暹杨公祠内充满文化气息（2019 年）　　杨国雄　摄

北山胜利醒狮队（2018 年）　　杨国雄　摄

杨氏大宗祠开笔礼（2019 年）　　杨世权　摄

目录

秀毓北山　古村典范

北山是珠海市首个国家级生态村，首个广东省历史文化名村，是中共早期优秀党员、华南地区最早系统传播马克思主义的先驱、革命烈士杨匏安的故乡。北山处于全国最早实行对外开放政策的四个经济特区之一的珠海市核心地带，东望香港，南连澳门，依山傍水，环境优美。北山以其独特的区位优势、悠久的历史、丰厚的文化底蕴、宜居的生态环境和经济社会的协调发展而享誉全国，闻名于世。

宜居家园

北山社区原称北山村（乡），隶属广东省珠海市香洲区南屏镇，位于珠海市主城区西南部，距区政府所在地 8 千米，紧邻镇政府。东接东桥社区；东南为香洲区湾仔街道办事处辖区，与澳门特别行政区相距 4 千米；南靠将军山；西邻南屏社区；北傍前山水道。集体土地统征前，总面积 5.5 平方千米，中心村面积 2.6 平方千米。2018 年，社区人口 25000 余人，其中在册户籍人口 2648 人。北山 70% 以上的常住人口家庭有港澳和海外亲属关系，旅居港澳和海外的乡亲约有 4000 人。北山地处珠海市交通要地，四通八达、纵横交织的通道将北山融入全市便捷快速的交通网络。

北山始建于南宋，形成于明清。南宋嘉熙元年（1237），杨泗儒携妻儿自粤北南雄府保昌县沙水乡珠玑巷南迁，落籍北山并开村。清康熙元年（1662），清政府实施海禁，北山村民被逼内迁 50 里，村庄荒废，23 年后才得以返回故土。清道光年间（1821—1850）起，村庄进行大规模建设。清咸丰至同治年间（1851—1874），扩建一批祠堂和富家大屋，形成新街区满堂街（俗称“大满堂”）。至此，北山已建成为一个规模宏伟、具有典型岭南特色的古村落。

新中国成立后，北山村民在党的领导下，开始建设社会主义幸福家园。20 世纪 70 年代起，北山村开始有村民建新的住房。改革开放后至 20 世纪 80 年代中期，紧随珠海经济特区和珠海城市市区范围的扩大，北山集体土地被珠海市国土部门统征，北山从此告别农耕历史，搭上城市发展的快车。2001 年，北山行政建制由行政村改为城市社区。北山社区在集体经济得到大力发展的同时，积极提高民众的生活质量，着力打造民众安居工程，规范和美化居住环境。北山社区（村）党支部和居委会规划建设新村，至 2006 年，完成三期安居工程新村建设，集体经济共补贴 7400 万元。共建楼宇 22 栋，建筑面积 58342 平方米，安置村民 540 户，新村取名“秀毓园”。北山还将传统文化、地域资源和生态理念有机结合，制定古村保护开发规划，每年投入 200 多万元用于道路绿化、路灯配置、街道卫生清洁、生活垃圾无害化处理和新村绿化美化。2012 年，秀毓园安居工程被珠海市政府评为珠海市十大幸福村居工程之一。

文化乐土

北山建村 780 多年，文物古迹众多，现存历史建筑 90 栋，包括保存完好的古祠 10

座和传统广府民居80栋。其中清道光八年（1828）落成的杨氏大宗祠是广东省重点文物保护单位，建筑气宇恢宏，工艺华美，是珠海地区古建筑艺术的典范。传统广府民居中，将军府第、名人故居3处，富家大屋11栋，古碑5处，古匾额3幅，宋代魂坛1个，清乾隆五十五年（1790）大铁钟1个，古墓3处。

北山文化底蕴深厚，文化资源丰富，是岭南文化的一方热土。历史上每年均举行传统庙会、清明和重阳祭祖、舞龙、舞狮等活动，村民自发组织成立曲艺社、音乐会。北山人重视优秀历史文化的传承，杨氏和朱氏都曾修编过族谱，其中杨氏从元至正年间（1341—1368）至清咸丰七年（1857）前后共进行7次修谱，第七次（咸丰七年）所修《北山杨氏族谱》共10卷，1972年被美国哈佛燕京图书馆收集珍藏。新中国成立后，北山人的文化生活日趋丰富，尤其是改革开放以后，高质量、形式多样的文化活动为民众带来美的享受。2010年10月，北山会馆借助北山戏院举办“乐来越好”北山国际爵士音乐节。2011年4月，北山会馆和TPR华美天培教育集团协助珠海市文体旅游局、香洲区文体旅游局，以“音乐让世界更美好”为主题，以北山戏院为主场地，举办中国首届“世界音乐节”，其后每年举办，“北山世界音乐节”已成为北山乃至珠海的一张文化名片。至2017年，北山有北山秀毓曲艺社、北山曲艺社、北山秀毓舞蹈队、北山舞动风韵健身队等群众文艺组织；有北山图书馆、北山社区文化活动中心、北山画家村、广东全心书院、北山艺术中心；社区内建有篮球场、足球场、乒乓球室等体育设施；一批新的文化景点，如介绍杨匏安生平的杨匏安陈列馆，展示第一届中央监察委员会副主席杨匏安事迹的北山廉政文化公园以及再现珠海近代21位杰出人物的民心公园（名人雕塑园）相继建立，为历史文化名村北山增添了神韵。

秀毓古村

北山钟灵毓秀，一代代的北山人传承着中华民族的优良传统，坚持教育立村，重教兴学。明朝晚期至清朝初年，北山积极推行以“知书识礼”“读诗书善言行”为理念的乡村教育，办私塾，开蒙馆。清乾隆年间（1736—1795），北山积极参与前山地区十三乡兴办凤山社学，继而升级为凤山书院。清末民国初，顺应废科举办学校潮流，积极参与凤山书院的改革，先期成立恭都学堂，继而成立凤山中学，自始至终参与学校的兴建和管理，派员担任学校董事会的理事、董事长，两度派人出任校长。科举制度废除后，北山率先成立北山杨族两等小学，自小学成立之日起，北山杨氏祖每年均拨给学校经费1600

元。新中国成立后，北山杨族两等小学由政府接管，改为公办，改称北山小学，北山人支持教育的热情有增无减。1984—2003 年，北山村（居）委会先后向北山小学拨款 220 多万元。同时，还发动村民、旅港澳同胞和到北山办企业的厂商赞助教育事业。2003 年 4 月，北山小学更名为“杨匏安纪念学校”。2017 年，学校先后获“广东省文明校园”“珠海市文明校园”“第一届全国文明校园”等荣誉称号。2000 年 9 月，北山村委会颁布《南屏镇北山村奖学方案》，奖励每年在学习中取得好成绩的具有北山常住户口的大、中、小学学生。1997 年 8 月 3 日，北山村委会被珠海市人民政府评为全市 16 个“尊师重教先进单位”之一；2001 年，被珠海市香洲区人民政府评为“香洲区尊师重教先进单位”。

北山历史悠久，人杰地灵，数百年来涌现出很多仁人志士和英才俊彦。杨匏安是其中的杰出代表，他是华南地区最早系统传播马克思主义的先驱、1921 年入党的中国共产党早期优秀党员、中共五大中央监察委员会副主席，他和他的革命家庭为中国人民的解放事业立下了不朽的历史功绩。另外，还有守信用、重言诺的义商杨济苍，抗英将军杨云骧，支持孙中山推翻清王朝而倾尽家产的杨乃安，积极发动和组织民众抵制葡萄牙扩张的晚清举人、广东咨议局议员杨应麟，青年时投身抗日战场、新中国成立后担任广东省公安厅副厅长的杨步尧等。他们热爱国家，热心民族振兴事业，关心桑梓建设，一直被北山人民引以为豪。

开放新区

北山地处改革开放前沿，率先走上开放富村道路。历史上，北山村民主要从事农耕，以种植水稻为主，兼种薯类、芋（又称“芋头”）、花生、瓜、豆、青菜等经济作物。20 世纪 80 年代起，伴随改革开放大潮，依托珠海划为经济特区的大好机遇，北山社会经济进入迅猛发展的快车道。1984 年后，在抓好农业、落实家庭联产承包责任制的同时，北山充分发挥自身优势，努力发展集体经济，积极吸引外资和港澳台资，利用外资发展外向型工业，先后办起多家“三来一补”企业，筑巢引凤建厂房，建成北山工业区，把离土不离乡的村民吸收为集体经济股民。北山逐步从单一的农村集体经济向农、工、商、贸并举发展。1993 年，北山村工农业总产值首次突破亿元，成为香洲区首批亿元村。到 2018 年，集体经济纯收入一直保持在每年 1300 万 ~ 1400 万元。集体经济的发展壮大，为改善村居基础设施、村民福利事业，资助村文化、教育、卫生等事业的发展提供基础保障。全体村民作为北山实业有限责任公司的股民，每人每年股份分红从

1995年的900元上升至2018年的5100元，实实在在地享受到改革开放的成果和红利。

改革开放使北山这座岭南历史名村焕发出时代风采，成为名副其实的宜居家园、文化乐土、秀毓古村、开放新区。1995年，北山被全国绿化委员会评为全国造林绿化千佳村。2006年11月，入选由广东省旅游局主办、南方网等媒体承办的“寻找广东最美的乡村”评选活动“广东最美乡村”名录。2006年12月，被省爱国卫生运动委员会评为“广东省卫生村”。2007年4月，被省环境保护局评为2006年度“广东省生态示范村”。2008年2月，被省文明委评为2007年度“广东省文明社区”。2008年4月，被省旅游局评为“广东省旅游特色村”。2009年12月，被省住房和城乡建设厅和文化厅评为“广东省历史文化名村”。2011年10月，被环境保护部评为“国家级生态村”。2012年，被省文明办、教育厅、公安厅、司法厅、交通运输厅和安全生产监督管理局评为“广东省交通安全文明示范社区”。同年，获评“全国实施交通安全文明示范社区”。2016年12月，被省住房和城乡建设厅评为“广东省宜居社区”。

秀毓北山，古村典范。传统与现代、经济与社会、生态与发展在这座古老而年轻的村落交相辉映、相得益彰，为岭南和全国社会主义新农村和城镇化建设探索出一条有特色的发展道路，树立了可资可鉴的村落发展典范。

社区概览

北山建村于南宋嘉熙元年（1237）。集体土地统征前，总面积 5.5 平方千米，其中中心村面积 2.6 平方千米。2018 年，社区人口 25000 余人，其中在册户籍人口 2648 人。世居居民中大多为杨姓，其次为朱姓。北山交通便捷，是珠海市的交通要地。气候温和，水资源充沛，自然条件良好，生态环境优越。北山解放后，广大民众在中国共产党的领导下，积极投身社会主义建设。改革开放以来，北山人以经济建设为中心，敢试敢闯，经济社会和谐发展，走上了富裕之路。

◉ 建置沿革

村名由来 北山所在地南面是牛筋头—雷公石壁山系的将军山，北山先祖落籍时所在地背靠将军山，坐南向北，面对前山水道（又称“濠江”）而居，故按其朝向取名“北山村”。

辖区变迁 自南宋起至民国时期，北山属香山县（1925年为纪念孙中山改称中山县）辖地。南宋建村时，为岭南道广州府香山县长安乡所辖。明洪武十四年（1381），为广州府香山县恭常都所辖。清光绪六年（1880），为广州府香山县下恭镇所辖。清宣统二年（1910），为香山县第七区所辖。

1925年，北山改村称乡，为广州行政区中山县第七区所辖。1930年7月，为中山县南乡区所辖。1931年9月，为中山县第五区所辖。1940年至1945年8月日军占领时期，汪伪国民政府在乡村推行“维持会”，北山乡由中山县第五区北山“维持会”管治。抗日战争胜利后，1946年9月，中山县政府撤销区建制，设立大乡镇，湾仔、北山、南山、南屏、银坑、莲屏等乡合编为将军乡，北山小乡为中山县将军乡管辖，直至北山解放。

1949年11月，中山县人民政府建立新的区乡体制。北山乡改称村，为中山县第五区将军乡所辖。1952年7月，中山县将第五区分为上五区和下五区，北山村属中山县下五区将军乡管辖，直至1953年4月珠海县成立。同年6—11月，全县划分为4个区，北山村又改称乡，为珠海县第二区所辖。1955年8月，第二区改称前山区，北山小乡为珠海县前山区南屏乡所辖。1959年3月22日，经国务院批准，撤销珠海县，原珠海县行政区域全部归中山县管辖。北山为生产大队，先后归中山县三乡人民公社、坦洲人民公社和前山人民公社所辖。1961年10月5日，恢复珠海县建制。北山大队为珠海县南屏人民公社所辖，直至“文化大革命”时期。1968年3月27日，珠海县革命委员会成立，各公社和生产大队也相应成立革命委员会。北山大队革命委员会为珠海县南屏人民公社革命委员会所辖。

1979年3月5日，珠海撤县建市，北山生产大队仍为南屏人民公社革命委员会所辖。1980年3月，北山大队革命委员会恢复为北山大队管理委员会，为南屏人民公社管理委员会管辖。1983年12月，撤社改区、大队为乡，北山大队改为北山乡，为珠海市南屏区公所所辖。1984 年 6 月，香洲区改为县一级建制，北山乡为珠海市香洲区南屏区公所辖。1987 年 4 月，区公所改为镇政府建制，大队一级的乡改为行政村，北山行政村为珠海市香洲区南屏镇人民政府所辖。2001 年 10 月，香洲区人民政府将所辖的行政村统一改为城镇所属的社区，北山村始称北山社区，为珠海市香洲区南屏镇人民政府所辖，至 2018 年未变。

◉ 区位

地理区位 北山社区原称北山村（乡），隶属珠海市香洲区南屏镇，位于珠海市主

北山牌坊（2016 年） 全海宇 摄

城区西南部，距区政府所在地 8 千米，紧邻镇政府。东接东桥社区；东南为香洲区湾仔街道办事处辖区，与澳门特别行政区相距 4 千米；南靠将军山；西邻南屏社区；北傍前山水道。

北山辖区地理坐标为北纬 22° 13′ 23"，东经 113° 30′ 33"。依山傍水，南面将军山海拔 393 米，北面前山水道为珠江水系干流西江的入海分流。源自将军山的滴水岩和竹仙洞两条溪流分别自左、右合抱北山，然后由西、东两个方向汇入前山水道，流经濠镜湾，汇入南海。紧邻北山居民点东南方为一低丘陵地，树木茂盛，俗称“北山后林”。北山土地面积，统一征地前为 5.5 平方千米，其中中心村面积 2.6 平方千米。

交通区位 北山社区内及周边道路纵横交错，有国道 105 线，省道 336 线珠海大道，县道南湾大道，乡道仙桥路、北山路和秀毓路，广珠城际铁路前山站距北山社区仅 2 千米。

◉ 人口　姓氏

人口 南宋嘉熙元年（1237），北山杨姓始祖杨泗儒携妻儿自粤北南雄府保昌县沙水乡珠玑巷至北山落籍，开始在此生息繁衍。北山建村后，其他各姓也先后迁入，生息繁衍，逐渐兴旺。到清康熙元年（1662）北山村民被迫内迁时，全村人口有 500 余人，其中仅杨氏就有 400 余人。至清宣统元年（1909），据民国《香山县志续编》记载，北山村有 683 户，丁口 1870 人。

1936 年，据《中山县政年刊》统计资料显示，北山村总户数 928 户，总人口 5217 人，其中男性 2653 人，女性 2564 人。其后，历经日军占领时期，北山村人口大量流失，仅 1942 年，被迫迁出和饿死达 187 人。

1954 年，北山（包括东桥、南山、南堡在内）人口 2643 人，其中男性 1189 人，女性 1454 人。1964 年第二次全国人口普查时，北山大队人口 1230 人，其中男性 553 人，女性 677 人。2010 年第五次全国人口普查时，北山社区常住人口 1845 人，其中男性 880 人，女性 965 人。

随着改革开放，经济发展，到珠海经商务工的外来人员日益增多。2018 年，北山社区有居住人口 25000 余人，在册户籍人口 2648 人。

珠海大道和南湾大道紧贴北山而过（2017 年）

华发集团有限公司　提供

姓氏 杨氏自南宋嘉熙元年（1237）杨泗儒一家落籍北山，至2018年已有781年，繁衍至第二十七代。北山杨氏在常住人口中占比近90%。朱姓为第二大姓。朱氏自明正德四年（1509）朱世光由香山县良字都迁徙北山后，至2018年繁衍至第十八代。据清咸丰九年（1859）北山重修康公庙时乡民捐款名册所记，除杨、朱两姓外，当时还有郑姓14户，文姓9户，谭姓、刘姓各8户，陈姓6户，何姓5户，吴姓、李姓各4户，梁姓3户，霍姓2户，尤姓、马姓和外来非北山杨泗儒裔的杨姓各1户。到20世纪30—40年代，省内河源、阳江、顺德等县和县内斗门、界涌、南溪、上涌等地陆续有人到北山落户，分别有黎、余、徐、马、梁、黄、司徒等姓。20世纪80年代后，随着农村改革、珠海城市规模扩大和经济发展，国内很多省、市人员到珠海投资、务工，北山暂住人口亦随之逐年增多，北山居民的姓氏真正成为“百家姓”。

◉ 自然环境

地貌 北山社区地势南高北低，南为将军山余脉，北为前山水道冲积平原，由南至北逐渐倾斜，但坡度较平缓，整体南北较东西略长。区内有山丘、台地、沙丘、冲积平原。

北山所在地远古时期为牛筋头—雷公石壁山系的婆罗岛，是九洲洋上的一个岛屿，海岸线在山麓下。清代初期，随着淤积加快，北山村民在靠近居住点的滩涂围垦扩地，扩充耕地。清末，由于自然沉积和人为因素，北山北面滩涂淤积速度较快，加快了脱海成陆的进程。清末民国初，今华发商都及广珠花园一带的滩涂已被筑围耕种。此后，今华发新城、南湾国际、中信红树湾一带的滩涂亦被围垦，前山水道渐成内河。

气候

北山位于北回归线以南，东临南海，冬、夏季风交替明显，终年气温较高，冬有阵寒，但无严寒，夏时有酷热。日温差较小，属亚热带季风气候。春季，以偏东风为主，风向多变，气温变幅大，最高气温32.5℃，最低气温2.9℃。夏季，北山处于西太平洋副热带高压脊线的西北侧，常受高空低压槽影响，多雷暴、骤雨等强对流天气，雨量增多。盛夏温度高，月平均气温为28.6℃，最高气温38.5℃，且为台风盛行期，每年在南海和西太平洋形成的热带气旋（热带低压、台风），经常袭击和影响北山，带来大雨或暴雨。秋季，干燥的冬季风逐渐代替夏季温湿的东南风，秋高气爽。初秋时节仍会受南海和西太平洋热带低压及台风的影响，形成大雨。11 月上旬后，冷空气开始增强，气温逐渐下降，旱季开始。冬季，盛行东北季风。历年 1 月是最冷月份，月平均气温 14.5℃，极端最低气温可下降至 2.5℃。

温度 北山处于珠海市西南部，气温及地表温度与珠海陆地基本一致。年平均气温 22.4℃，气温年际变化一般在 21.6℃ ~ 23.2℃之间；地表年平均温度为 25.0℃。

湿度 北山平均相对湿度 80%，一年中相对湿度受季风环流的影响而变化。秋、冬季受来自北方干燥的大陆性气流影响，相对湿度较小；春、夏季受暖湿的海洋性气流影响，相对湿度较大。一年中相对湿度最大的是 4 月（平均为 86%），最小是 12 月（平均为 69%）。

风 北山风向具有随季风变化的基本特征。春季，多东南风和东南偏东风；夏季，南风和西南风居多；秋季，以东北风和东北偏东风为主；冬季，北风和东北风最多。常年盛行东南风和东北风。

降雨量 北山雨量充沛，全年有两个明显的雨季：4—6 月平均总降雨量 800 毫米，占年降雨量 42% ；7—10 月为后汛期雨季，降雨主要受热带气旋等热带天气系统影响，平均总降雨量 900 毫米，占全年降雨量的 47%。

自然资源

土地资源 北山土地资源主要是丘陵、台地和农业用地，占北山土地面积的 90%。农耕地多为水稻土，面积约 1700 亩。自然土壤主要分布在北山后山和后林。至 2018 年，北山土地除按政策部分留作工业和生活住宅用地外，其余基本为珠海市国土资源局统征。

其他资源 石料资源，可用作建筑饰面和建筑石料。砂料，大量用作建筑用沙。钾长石，矿点在北山后山的北山城附近和滴水岩的祖皋山附近，属小型矿床。水源，多来自溪流，主要有竹仙洞、滴水岩和庵坑仔溪流，径流量最大的是竹仙洞，1958 年被开发为水库，用于对澳门供水。植被资源中，自然植被主要集中在北山的后山和后林，山体覆盖芒草、山橘、鸭脚木、山松、相思树、樟树和攀藤类的罗汉果（俗称“马骝柑”）、大娜、炮仗子和酸味子等；人工植被主要是旱地果园、园林植树和农作物种植等。

◉ 经济发展

农业

北山地处珠江口，背山面海，水资源丰富，土地肥沃，气候温和，是宜粮宜蔬宜果、兼可发展渔副业的“鱼米之乡”。历史上煮盐业虽盛极一时，但村民依然是以农耕为主。改革开放前，农业生产是北山经济发展的主业。

粮食生产 北山解放前，土地主要集中在宗族、地主（部分属于工商业地主和华侨地主）、富农手中，占总人口 80% 的贫农、雇农仅占有 5% 左右的耕地。当时主要农产品是水稻，年亩产只有 200 ~ 250 千克，灾年亩产不足 200 千克，兼种一些薯类，如番薯（又称“红薯”）、芋头等。农户种植稻谷主要是用于解决口粮和交纳佃租、田税，耕作是以一家一户为生产单位。

北山解放后，经过土地改革，农民分到土地，提高了生产积极性。后来，成立互助组、合作社和生产大队，生产条件逐步得到改善。在农作物种植中坚持宜粮则粮、宜蔬则蔬、宜果则果，粮食生产主要以稻谷为主，搭配番薯、芋头、马铃薯、花生和豆类等作物。20 世纪 60—70 年代，大力开展农田基本建设，提高农业生产抵御自然灾害的能力。水稻面积基本保持在 1550 亩左右，约占整个水田面积的 90%。

中共十一届三中全会以后，农村开始全面进行经济体制改革。到 1984 年，北山大队所有生产队均实行家庭联产承包责任制。伴随着家庭联产承包责任制的实行，北山合理调整农业生产结构，改进耕作制度和耕作技术，改良土壤，防治病虫害，推广种植优良品种，尤其是杂交水稻，粮食产量得到大幅提高，农业生产得到较快发展。1985 年 3 月，根据城市建设和发展需要，珠海市国土资源局对北山集体所有土地开始统一征用。到 1988 年 9 月，北山村集体所有土地面积 3209 亩，除按政策预留部分给征地农民作为工业生产、生活用地（按征地农民计，每人预留工业用地 60 平方米、住宅用地 40 平方米）外，其余由市政府全部统征。土地统征前，北山作为香洲区南屏镇主要的民田区之一，总耕地面积2100亩，其中，水田面积1600亩，占总耕地面积的76.2%；旱地面积300亩，占总耕地面积的 14.3%；果园面积 200 亩，占总耕地面积的 9.5%。粮食产量年亩产由合作化前的 200 千克，逐步增加至统征前的 715 千克。

供澳蔬菜 北山种植蔬菜历史较长。自澳门开埠以后，北山所产蔬菜大部分销往澳门市场。北山生产的蔬菜主要有芥菜、生菜、菠菜、苔菜、菜心、椰菜、椰花菜、芥蓝、蕹菜、芹菜、萝卜、甘笋、南瓜、冬瓜、节瓜、苦瓜（又称“凉瓜”）、丝瓜、黄瓜、白瓜、葱、蒜、姜、番茄、青茄、青豆、白豆、青刀豆（又称“玉豆”）、荷兰豆、芋头、马铃薯、大薯、芯薯、粉葛等，其中以芥菜、苔菜、芥蓝、萝卜、节瓜、豆类及马铃薯、大薯、芯薯、芋头等产量较大。

北山解放后，特别是合作化以后，在保证粮食生产的同时，一直保持 200 亩左右的农地作为蔬菜生产基地，20 世纪 80 年代中期逐步增加到 500 亩。常年种植瓜、青豆、青菜以供应出口和内销。北山每年出产瓜菜 30 万 ~ 35 万千克。1984 年，仅出口港澳的瓜菜就达 31.5 万千克。种植蔬菜时，农户根据不同的土质肥力，种植不同的蔬菜品种，因而能种出多个名优瓜菜品种。其中颇负盛名的有：

矮脚大芥菜　引入潮州密节芥菜种，为北山特产，驰名港澳。当地流传有“北山大芥菜，南屏西洋菜”的口头禅。北山大芥菜主要种植在风水沟一带。风水沟为泥地，土壤中腐殖质多，近水源，加上精心培育，种出来的大芥菜极具特色。收获期，芥菜叶展直径足有一米多，单棵最重达 10 千克，亩产达 3000 千克。

青、黄毛节瓜　新鲜嫩滑，瓜肉松捻，甚得澳门人青睐。烹煮时加上虾肉或瘦肉，再配以少许葱花煮汤，汤味甘鲜。节瓜以竹仙洞附近出产的品质最佳，该处水质好（全是山溪水），是种植优质节瓜的关键要素。

粉葛　北山出产的粉葛属细叶种。成葛，罂粟籽状，肉质松嫩多粉，用其煲汤佐膳，汤味清甜，可清热消暑。粉葛既是炖、炆狗肉的最好佐料，也是入药佳品。尤以白沙丘地块出产的最好，因该地土质幼滑，属泥沙质，种出来的粉葛松嫩多粉。

东堡荔浦芋头　芋种源自广西荔浦。芋头个大，肉质较松，芋香味浓，是市场上比较抢手的产品。

供澳水果　北山山坡地、沙荒埔地较多。耕地除水田外，还有旱地，属于丘陵台地和远古滨海沙质自然土，宜于种植水果。种植水果可带来较好的经济收益。农业合作化以前，北山一直有农户专门从事果园经营，共有 25 个果园，面积 200 亩。农业合作化后，果园归农业合作社管理。20 世纪 70 年代，北山把种植果树和绿化造林相结合，开垦部分山荒地，先期上山种植甘蔗，其后改为种植萝岗甜橙的水果基地。20 世纪 80 年代，又利用山坡地种植优质红荔枝。80 年代末，果园面积扩大至 635 亩。北山每年出产的水果有：早熟（迟熟）番石榴、木瓜、甜（酸）阳桃、红荔枝、番荔枝、黄皮、龙眼、甜桃、酸

20 世纪 80 年代开发的北山后林红荔枝园　　华发集团有限公司　航拍

竹蔗（2017 年）

摘自网络

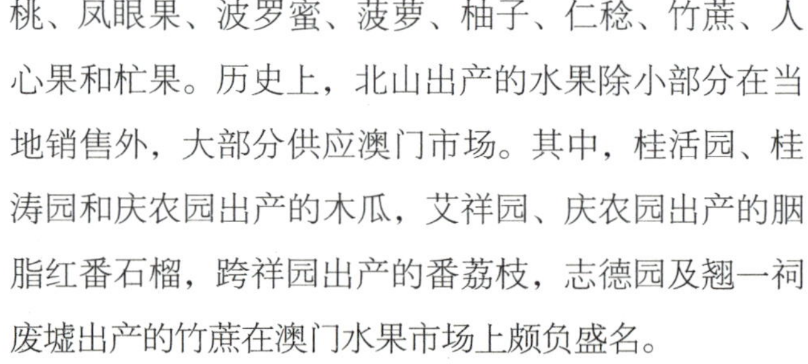

桃、凤眼果、波罗蜜、菠萝、柚子、仁稔、竹蔗、人心果和杧果。历史上，北山出产的水果除小部分在当地销售外，大部分供应澳门市场。其中，桂活园、桂涛园和庆农园出产的木瓜，艾祥园、庆农园出产的胭脂红番石榴，跨祥园出产的番荔枝，志德园及翘一祠废墟出产的竹蔗在澳门水果市场上颇负盛名。

人心果（2017 年）

陈锴　摄

阳桃（2017 年）

杨世权　摄

北山后林的红荔枝园（2017 年）　　杨世权　摄

1965—1985 年北山集体经济收益情况表

表 1　　单位：元

年份	总收入	纯收入	年份	总收入	纯收入
1965	274483	175454	1976	382411	250827
1966	297793	194499	1977	475458	309667
1967	322450	227972	1978	526545	334069
1968	315773	218690	1979	780864	453283
1969	311381	211365	1980	959384	497379
1970	292996	202950	1981	1272169	648012
1971	328411	227716	1982	1181082	568347
1972	313424	208898	1983	1399906	796546
1973	348931	224527	1984	1183418	923100
1974	375168	239180	1985	1674965	1403790
1975	360177	217520			

工业

北山解放前后，有木工小作坊 4 家，主要是为村民修理家具和农具，工匠基本是 20 世纪 30—40 年代从顺德流寓至北山。另有建筑泥瓦工匠，均是同时期从省内阳江县迁入，从事村中小规模的屋宇建筑和维修等作业。1964 年，北山生产大队成立粮食饲料加工厂，成为最早的北山集体经济企业。其后，成立织（编）竹组、钾长石开挖队（又称“矿山”）、五金白铁维修组、建筑队。

兴办外向型企业　改革开放后，北山乡得到香洲区人民政府和南屏镇区公所的支持，进行招商引资，引进外资。1984 年，利用现有的祠堂和生产队队址作为厂房，以来料加工的形式引入港澳投资，办起丝花厂。当年，北山经济联社仅从丝花厂就获纯利 7 万余元。次年，北山以合资形式引进顺景合营制衣厂和胶粒厂。此后，全国各地的厂商陆续到北山设厂办企业，投入资金达 9000 多万港币。1985 年，北山经济联社工业纯利润 12 万元。1986 年，引进港资兴办顺景制衣厂。与此同时，北山经济联社又通过办北山丝花厂的模式，办起北山塑料制品厂。至此，北山的外向型工业企业初步形成规模。

自建厂房“筑巢引凤”　1985 年，北山经济联社通过贴息贷款的方式，向农业银行贷款 100 万元，将北山南闸外的一片果园地推平作为工业用地，建成 3 栋标准厂房，每栋三层，每层 350 平方米，总建筑面积 2750 平方米。1986 年，为解决厂房的需求，北山经济联社向南屏镇企业总公司筹借 50 万元，再建 1 栋三层楼高、面积 900 平方米的标准厂房。同时，建 1 栋 600 平方米的三层办公大楼，方便前来办厂的商人和工厂的管理人员以及北山企业管理人员办公。1989 年，北山经济联社的厂租费、管理费和外汇差价等收入共 300 万元，集体经济的家底逐渐丰厚。1990 年，北山经济联社更名为珠海市香洲区南屏镇北山企业公司（以下简称北山企业公司）。为扩大招商引资，增加经济收益，决定加大投资力度，再建 1 栋新的厂房，命名为工业区一号厂房。该厂房属重工业厂房，楼高六层，每层 1600 平方米，总建筑面积 1 万平方米，工程造价 530 万元。资

北山村工业区（2017 年） 杨世权 摄

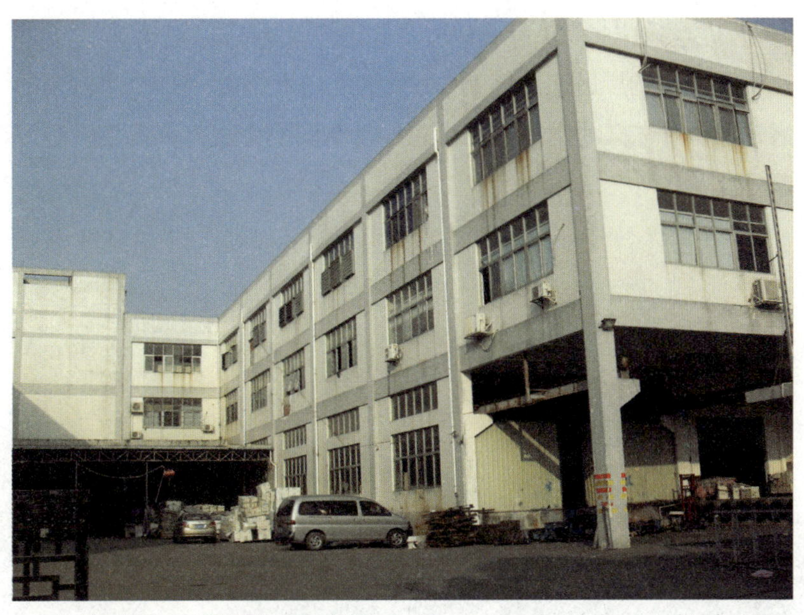

北山工业区内的工业厂房（2017 年） 杨世权 摄

金来源主要是办厂收益和国家征地时支付给村民的部分征地款（此款项作为征地农民的股金，参与股份分红）。厂房于 1991 年竣工。一号厂房竣工后，北山企业公司在从征地补偿款中抽出 720 万元，再建总建筑面积 7200 平方米的二号厂房。至 2001 年，北山标准厂房面积共 55000 余平方米。2007 年，珠海市香洲北山实业有限公司（以下简称北山实业公司，后改称北山实业股份有限公司）投资 1200 万元（其中 120 万元由股民集资），将工业区内原有的简易厂房拆除，重新兴建标准厂房 16000 平方米。原有旧厂房出租，年租金收入仅为 60 万元。新的标准厂房建成后，年租金收入超过 1000 万元。北山企业公司工业厂房的建设，吸引大批厂商前来办实业，兴办企业。

“引凤筑巢”合建厂房 在扩建厂房的过程中，北山不断改善投资环境，坚持以客商“进得来、留得住、能发展、得实惠”为目标，不但在“硬”环境上做文章，而且在软环境上也大做文章，为客商解决经营中遇到的实际问题和困难，切实为客商提供优质、快捷、高效的服务。为解决厂房紧缺和建设资金的不足，北山经济联社积极探索与外商合资建厂房。1987 年，北山经济联社与中华胶袋印刷厂商议，以双方各出资 50% 的方式，建 1 栋 1300 平方米的新厂房。厂房造价 32 万元，建成后以优惠的价格租给中华胶袋印刷厂。10 年后，厂房的产权归北山经济联社所有。北山大业花厂投资商也以同样方式与北山合建厂房，大业花厂出资 1/3，北山出资 2/3，规定厂房建成投入使用

8 年后，产权归北山经济联社所有。1987 年 11 月，造价 32 万元的北山中华胶袋印刷厂 1300 平方米的厂房和造价 140 万元的北山大业花厂 4200 平方米的厂房，同时破土动工兴建。1989 年，北山又与衡山花厂以相同的方式合资兴建厂房。该厂房造价 74 万元，

北山工业区航拍（2017 年）

两层高，建筑面积2030平方米。至此，北山工业区基本建成，工业区拥有北山花厂、北山塑料厂、北山胶粒厂、北山塑胶厂、北山中华胶袋印刷厂、北山大业花厂、北山信合花厂等来料加工工厂和自办的北山制衣厂。

华发集团有限公司　提供

1990年，北山成为珠海市香洲区6个集体企业产值亿元村之一。2000年，全年完成工业总产值23338万元，国内生产总值6071万元。2004年，全年完成工业产值26298万元，实现利润900万元，集体纯收入1400万元。股民人均股份分红3500元，人均年收入1万元。2014年，北山工业区有工业企业20家，至2017年达28家。北山社区集体拥有厂房面积近10万平方米，集体总资产超亿元。

商业

改革开放前的商业　解放前，北山工商业皆为规模较小的个体家庭小作坊、小店铺，共有商业、服务业个体店、档（货摊）34家，其中杂货店8家、米店2家、肉店2家、饮食店5家、点心店9家、豆腐作坊1家、理发店4家、药店2家、道馆1家。

解放初期，北山的工商业仍以个体经营为主。其后，国家加强对私营工商业的管理。1954 年，对粮、油、棉等商品贯彻统购统销政策。珠海县成立粮油统购办公室，指导全县统购统销工作，停止私营粮油业的开办登记。其间，北山成立供销合作社。1956 年上半年，南屏地区基本完成对手工业和个体工商业的社会主义改造，国营和合作经济在市场上处于主导地位。北山村的木工、建筑行业也由私营转变为集体经营，工匠归南屏集体建筑队管理；粉面、粥、点心店合并称为"粉果组"，杂货铺等商店基本合并，受南屏总店管理。原分布于村中各地段的小商店改为全村一店式：属于合作经济的商店 1 家、理发店 1 家、粉及面档各 1 家（后于 20 世纪 70 年代停业）。木工、建筑等手工业自 1956 年归并南屏集体建筑队，直至 1965 年北山生产大队成立队办企业后，北山才重新恢复木工、建筑服务。

改革开放后的集体商业 改革开放后，北山在发展集体经济的过程中，积极发展第三产业。

兴建出租房和公寓 北山与外商合资、合作发展工业企业，外地务工人员日渐增多，就近租房居住需求增大。1992 年和 1994 年，北山企业公司先后投资 410 万元，建造 3 栋高四层、总建筑面积 7488 平方米的工人宿舍楼，租给工人居住，解决工业区工人住宿问题。在兴建工人宿舍的同时，兴建出租公寓，满足日益增多的外来流动人员需求。

兴建商业街区 随着招商引资大办工业，北山的外来务工人员和外来流动人口也日益增多，商业消费日渐兴旺。1992 年，北山企业公司投资 200 余万元，兴建北山商业街，开设商业铺位 41 间出租给商户，从中收取租金。其后又投资 62 万元，兴建 1 栋高三层、建筑面积 8326 平方米的办公楼，作为商业街的配套设施（上述投资中 140 万元属于村民集资）。2005 年，北山实业公司先后投资 66 万元和 150 万元，对北山市场的商铺和工业区的商铺进行改造，次年投入使用。其后，北山实业公司又争取珠海市政府的大力支持，把原已统征的、连接北山商业街和北山市场之间、人称"西庙场"的地块重新划拨给北山。北山实业公司投资 600 万元，在此兴建建筑面积 4200 平方米的北山广场。广场共设 31 间铺位，既可安排一般性的商业店铺，也可开设酒楼、餐馆。广场的建成，与先期建成的北山商业街、北山市场等相互结合，形成一个集购物、饮食消费为一体的商业性街区。

兴建娱乐服务场所 1995 年、1998 年，北山实业公司分别投资兴建北山文化中心和市场综合大楼。文化中心设有台球室和棋牌室；市场综合大楼一楼为蔬菜、海鲜、肉

紧靠南湾大道的北山市场综合大楼（2017 年）　　杨世权　摄

北山市场（2017 年）
杨世权　摄

档，二楼为干货摊档，三楼为网吧，四楼为旅店。

改革开放后的个体商业　改革开放以后，国家鼓励发展个体私营经济。1981 年，杨少康、杨爱明先后在北山开办个体商店和饮冰室，成为北山最早的 2 户个体商户，拉开北山个体工商业快速发展的序幕。1984 年，南屏供销社将其在北山的代销店进行体制改革，实行个人买断资产。原店员杨明仔将该店产权买断，由个人经营，其后又转让给其堂兄经营。随后，杨泉饮食大排档开张经营，又有杨松显、杨志伟合股经营的粮食加工厂和机动车修理行相继开业。

随着改革开放深入发展，党的富民政策进一步落实，人们生活水平不断提高，外来人口大量增加，吸引了许多外地的个体商户到北山创业发展。北山的个体工商业也从单一、数量少的饮食、服务业，发展到多门类百花齐放。到 2017 年，北山已有个体工商户近 400 户。北山区内商号琳琅满目，鱼肉档、蔬菜水果档、粮油米面销售店、饮用水供应店、罐装煤气供应店、小食店、点心店、快餐店、饮食大排档、酒家、咖啡馆、饮冰室、茗茶室、烟酒销售店、鞋店、服装店、缝补衣服店、窗帘制作店、洗衣干衣店、药店、照相馆、画廊、鲜花销售店、化妆品销售店、健身养生店、美容理发店、手机销售维修店、家用电器维修店、空调销售维修店、汽车维修美容行、摩托车自行车维修店、五金白铁制作维修店、不锈钢铝合金门窗制作店、五金销售店、家具销售店、日杂小商店、中小超市、物流运输行、速递公司、医疗室、棋牌室和网吧、旅店、公寓等随处可见。个体工商业的发展为广大民众日常生活提供方便和丰富多彩的消费、娱乐方式，极大促进了北山民营经济的发展。

◉ 社会发展

教育

重教兴学　明朝中晚期，北山人就已开始积极办私塾、开蒙馆，推行“知书识礼”“读诗书善言行”为理念的乡村教育。私塾有日间授课，也有夜间授课，夜间授课主要是照顾从事农耕的子弟。明清时期，与私塾同时存在的还有社学。离北山最近的凤山社学，创建于清乾隆十九年（1754），属于照顾贫寒子弟就读的民间义学性质的私塾。北山乡对凤山社学的创办给予大力资助。

清乾隆二十二年（1757），凤山社学改建为凤山书院。北山人倡建凤山书院，易公尝田用作建校舍，与霸耕书院膏伙田（办学经费来源）不给田租的恶霸打官司等，对推动凤山书院创立起到重要作用。清光绪二十九年（1903），凤山书院改办为恭都公立小学堂。其后，恭都公立小学堂先后改为下恭镇两等小学校、香山县第七区第一高等小学校、凤山甲种商业学校、私立凤山初级中学、中山县第七区私立凤山中学。从社学到书院、学堂到小学至中学，北山乡人自始至终都参与学校的兴建和管理。北山选派的管理人员除担任学校董事会的理事外，还担任过会长；北山人杨辛锦曾两度出任学校的校长；北山乡子弟很多人就读其中，并先后出了一名武进士、两名举人及多名秀才。

1932 年 1 月 3 日，北山学校校友会成立时在杨氏大宗祠门前合照

杨奋　提供

清光绪三十一年（1905），清政府宣布废除科举制度。次年1月，北山成立北山杨族两等小学，采用新式的教科书和新的教育方式，聘请和吸收多名澳门教师和外地资质较好的人员任教。学校经费全由杨氏祖尝拨助，校址设在杨氏大宗祠西侧的戏院（亦称大礼堂）。其后又成立保遐小学，学生主要是杨保遐后裔的子弟，经费由保遐杨公祠的产业收入资助。1908年，保遐小学与北山杨族两等小学合并。合并后统一用北山杨族两等小学校名，学校共有学生1600人，教职员38人，校长为杨应銮。

北山解放后，北山杨族两等小学改称为北山小学，校址设在杨氏大宗祠。1986年，杨氏大宗祠被列为珠海市文物保护单位，北山小学由杨氏大宗祠迁出，搬至北山后林的沙帽地新校舍。新校舍为楼房，整座学校绿树环绕，空气清新。随后，校舍继续扩大，教学条件日臻完善。学校设有体育运动场、教室大楼、教导处、图书馆、音乐室、乒乓球室、少先队部、书法室、图画劳作室、实验室、电脑室和接待室等。1998年，南屏镇

杨匏安纪念学校校园（2017年）　　杨世权 摄

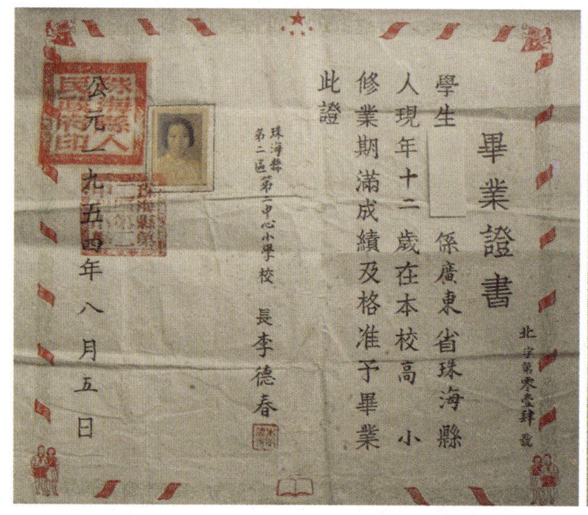
畢業證書

學生　　係廣東省珠海縣人現年十二歲在本校高小修業期滿成績及格准予畢業此證

珠海縣第二區第二中心小學校　長李德春

公元一九五四年八月五日

1954 年珠海县第二区第二中心小学学生毕业证书　杨世权　摄

中山縣縣政季刊　教育

（十一）訂定本縣義務教育實驗區暫行辦法並指定五區北山鄉為第一義務教育實驗區　查實行義務教育強迫學齡兒童一律就學實為救國根本之圖且本邑經　國府定為全國模範縣實施義務尤應先人一着茲遵照　部頒實施義務教育大綱及　廳頒實驗區強迫就學緩學免學辦法暨參酌本邑情形訂定中山縣義務教育實驗區辦法廿六條擬擇人口較多地方較濶鄉欵充裕之鄉村若干處定為義務教育實驗區每實驗區設一義務教育實施委員會受本局之監督指揮主持該實驗區內一切義教事宜並以第五區北山鄉鄉欵充裕先定為第一義務教育實驗區將此欵實驗區暫行辦法頒發遵守一面派遣督學學委分區學委隨時指導復經委定楊關守等為該鄉義務教育實施委員會委員依照辦法實施義教將來辦有頭緒即推行各處以期普及全縣（實驗區暫行辦法見規章欄）

1932 年 11 月，北山乡被定为中山县“第一义务教育实验区”（影印资料）　中山市图书馆　提供

十二村小学解散后，北山小学扩班安置部分原在十二村小学就读的学生，教学班由原来 6 个扩充至 12 个。同年，北山小学被评为香洲区一级学校。

2003 年 4 月，为纪念北山籍革命先驱杨匏安，北山小学更名为杨匏安纪念学校。至 2017 年，学校设置 1 ~ 6 年级教学班共 24 个，教职员工 68 人，在校学生 1280 人。先后获“广东省文明校园”“珠海市文明校园”“全国文明校园”等多项荣誉称号。

助学奖学　北山历来重视教育，投资办学、捐资助学办教育成为风尚。

民间捐助　清乾隆年间（1736—1795），北山杨氏在广州兴建杨泗儒书室和绍经堂书室，方便子弟在省城游学和应试。凤山书院创立后，北山人 100 余年一直资助办学。清同治八年（1869）和光绪十九年（1893），凤山书院校舍两次重修，所需资金，北山乡民、士绅“凡有力者，皆慷慨捐赀”。清道光六年（1826），香山县合县内各姓集资，在县城石岐修建崇义祠，以祀各姓先祖，并以此来置产业，便于学子每月上课，并可分得红金（出租房屋所分的红利），用作有志上进的学子北上应试的费用。北山乡以先人之名出资立 6 个牌位，为日后北山子弟北上应试分享红金。

1932年11 月，北山乡被中山县政府定为中山县第一义务教育实验区①。次年，在月辉杨公祠设立义校。校董由副乡长杨麒祥担任，教师主要由社会上的知识青年担任，讲课不计报酬，带有扫盲性质。经费来源，延寿堂年赞助 500 元，敦古堂年赞助 300 元，

① 资料来自 1932 年《中山县县政季刊》第二期，第 12 页。

1958 年，北山旅港澳同胞为家乡捐赠的柴油发电机　　杨世权　摄

绍经堂年赞助200元以及月辉杨公祠黄包车出租的部分收入。入学对象主要是贫困民众，他们白天谋生干活，只有夜晚才能上课。

1958 年，关心国家建设和家乡发展的北山旅港澳同胞，出资捐赠一台柴油发电机，为家乡解决照明问题。机器设备安装完毕后，生产大队管理委员会首先派出电工布设小学的照明线路，解决教师晚间备课和学生到校晚修的照明问题。

20 世纪 80 年代后，村委会除积极拨款投入办学外，还发动干部和群众筹集教学基金 10 万元，积极动员旅港澳同胞和到北山经商、办实业的外商，为教育事业捐资出力。1988—1996 年，北山旅港澳同胞及到北山投资办实业的外商，为北山教育事业共捐资港币 72.36 万元。

集体投入　改革开放后，在上级政府和教育部门的大力支持下，北山村集体积极参与学校管理，在基建、教学设备、教师待遇、奖学等方面投入大量资金。

1984—1985 年，北山乡政府从集体企业上缴利润中拨款 1.8 万元，用于为北山小学购置 100 套书桌椅、安装铁门、解决教室照明、绿化校园、奖学和资助教师赴京学习汉语拼音。1985 年，教育体制改革，北山乡政府直接参与北山小学的管理，将学校的发展和教学事务摆上议事日程。1987 年，拨款 18 万元，将北山小学从杨氏大宗祠迁出，在北山后林的纱帽地建设新校舍；拨款 6000 元，建设学校篮球场；拨款 3500 元，用作学

北山学校科教楼（1997 年）　　北山社区居委会　提供

校日常经费开支。1988 年，村委会拨款 10 万元，用于扩建校舍；拨款 1.2 万元，用于教学经费、改善教学环境；另发动群众和港澳同胞捐资办学，筹得人民币 4 万元、港币 16 万元。为把学校管理好，保证党和国家规定的教育方针贯彻落实，1989 年，北山村成立北山小学董事会，董事由杨应开、杨桂立、张金文、马展就、杨甘、杨坤、杨门允、杨汉强、杨启炽和杨桂伦等 11 人组成。当年，村委会拨款 21 万元给北山小学，用于建教师宿舍、学校基础建设和教学经费。1990 年，村委会拨款 7.1 万元给北山小学，用于建设学校围墙和运动场、教师福利和学校教学经费。1995 年，村委会克服资金紧缺困难，拨给北山小学 120 万元，用于兴建四层高的科教综合大楼，大楼于 1997 年正式投入使用。1997 年 8 月 3 日，北山村委会被珠海市人民政府评为全市“16 个尊师重教先进单位”之一。

2000 年，在香洲区教育局、南屏镇政府的统一部署下，北山村委会再次向北山小学投入 37 万余元，购置多媒体电脑，增设学校电教室，更新教学设备，进一步完善学校的教育、学习条件，使其成为名副其实的香洲区一级学校。2001 年，北山村委会被香洲区人民政府评为“香洲区尊师重教先进单位”。

北山在加大支持小学教育的同时，也重视对幼儿教育的投入。20 世纪 30 年代，北山两等小学附设幼稚园，进行学龄前的启蒙教育。日军占领时中止。1955 年，北山办起托儿所和幼儿园，园址设在东绪祠，后搬至保逷杨公祠。教师为村中小学和中学毕业的女青年，主要教儿童唱歌、跳舞、玩游戏和计算。20 世纪 70 年代，北山幼儿园始设中、小班，入园的儿童按年龄编入不同的班级，教育层次由低至高，教育内容由简到繁。1984年起，北山乡政府向每名入园幼儿每月收3元托管费，教师每月补助55元，教学资料和设施全部由乡政府提供。是年，乡政府支持北山小学开办学前班，聘请一名老师专门负责学前班的教学工作，教师工资不足部分由乡政府负担。1987年，乡政府专门拨款3000元，用于北山小学学前班的教育经费。次年，北山村委会从财政中拨出6万元，专门用于学前班的教育经费和奖励该村有进步的中学生。进入21世纪，随着改革开放的不断深入发展，民间办教育、开设幼儿园的风气日渐盛行。北山村委会（后为居委会）对私人资金开办的幼儿园给予大力支持，按政策提供方便。

文化

北山文化底蕴深厚，文化资源丰富，作为岭南文化的一片热土，建筑文化、谱牒文化、群众文化、创意文化聚集北山，有机融合，文化已成为北山的一张靓丽名片，享誉国内外。除特色文化外，北山一直致力于文化基础设施建设，成为人民群众享受文化成果的乐园。

电影放映　20世纪30年代，仅有一支电影放映队进入北山村放映电影一次，是中山县政府专门做的慰问演出。其间，村民想看电影，只有到澳门办事时，抽空到电影院看电影。北山解放后，驻北山的解放军部队电影放映队经常到北山向部队和驻地民众进行慰问演出。20世纪50年代末，珠海县、北山附近的湾仔镇先后成立县、镇（公社）两级电影放映队，放映队常到北山进行有偿电影播放。20世纪80年代，北山开办文化中心，开始有了自己的电影放映组，方便民众看电影。

有线广播　20世纪60年代，成立北山大队广播站。在生产大队部的楼顶安装一对高音喇叭，另用导线牵引，在全村各家各户入宅安装一个低音喇叭，每日分早、午、晚三个时段进行广播，广播内容有新闻、娱乐节目、村事通知、生产情况和好人好事。北山的有线广播持续了20多年。

电视　1974年夏天，广东省文化厅为支持北山的文化建设，向北山赠送一台“广州牌”真空管17吋黑白电视机。20世纪70年代末，家用电器进口限制逐步放宽，旅港澳的北山同胞陆续为家乡的亲友带回电视机。20世纪90年代后，国产集成电路彩色电视机逐步进入北山民众的家庭中。

文化室　1989年6月，由南屏镇政府文化站协助，村委会投资10万元，建立北山村文化室，由镇、村两级共管。文化室设在杨氏大宗祠，内有电视投影室、电影放映室、电子游戏室、桌球室、乒乓球室、儿童活动室、老人娱乐室、图书室等。1994 年，北山村委会投资 440 万元，兴建面积 4600 平方米的五层企业大楼。大楼竣工后，文化室从杨氏大宗祠搬入，后更名为“北山村文化活动中心”。2008 年，迁至北山会场，易名为“北山社区文化活动中心”。

图书馆 20 世纪 30 年代，北山乡设有图书馆，馆址在杨氏大宗祠内的北山公益社。20 世纪 40 年代后期，图书馆中止活动。2008 年 12 月，北山图书馆再次建立。北山图书馆（亦称科普阅览室）馆址在北山社区文化活动中心前座，占地面积 60 平方米。至 2017 年，馆内藏书 1 万多册，包括政治、经济、文化、农业技术及儿童读物。

北山大礼堂 又称“北山会场”“北山戏院”，是杨氏大宗祠的配套设施。清光绪三十二年（1906），北山杨族两等小学成立时曾以此为校址。大礼堂主要是作文艺演出、大型会议和村中重大事情商议的场所。其南北长 42 米，东西宽 16.5 米，建筑面积 693 平方米。主体建筑为硬山顶，南、西、北三面为砖墙，东为敞开式，不设墙。大礼堂北面为舞台及化妆间，南面为后座和后楼，中间为观众席，满员时可容纳 800 ~ 900 人。20 世纪 70 年代，大礼堂因受风雨长期侵蚀，渐成危房。1971 年，北山大队革委会将之拆除，在原址重建。1972 年，建筑竣工后称为北山戏院，亦称北山会场，2008 年改称北山社区文化活动中心。

广告橱窗 北山村（社区）的政务、事务广告橱窗共有 6 个，分别设于北山企业大楼南门、村（社区）西牌坊内侧、秀毓园新村南门及西门内以及工业区内。每个橱窗长约 10 米，宽 1.2 米，主要用于公告村（社区）的政务、事务、财务、远景规划和国家有关的法律、法令、政策以及上级政府部门和村（社区）相关事项的通知等。

北山大礼堂

秀毓园新村内的广告宣传橱窗（2016 年）

杨世权 摄

篮球爱好者在社区篮球场打篮球（2017 年）　　杨世权　摄

体育　北山地方富庶，民性活泼好动，体育运动在民间较为盛行。北山地处珠江三角洲水网地带，过去河汊比较多，游泳是北山人喜爱的一项水上体育活动，特别是夏天，一有空大家就喜欢下水畅泳一番。

球类运动是北山人较为喜爱的体育运动。北山的球类运动起源于科举制度废除后、北山小学成立时。其间，北山小学推行新式教育，学校的师资不仅有来自本乡的知识分子，同时也聘请澳门的教职人员。在澳门受过西式教育的教师，为学生传授西式的体育运动项目，北山的球类运动由此从学校推广至乡间，主要有篮球、足球、羽毛球和乒乓球。其中篮球运动普及比较早，20 世纪 30—40 年代起，北山的社会青年经常在村中打篮球。20 世纪 80 年代开始，北山在村中建乒乓球室和羽毛球场地，乒乓球和羽毛球运动在群众中很快活跃起来。近年来，北山区内已建起多个足球、篮球、羽毛球和乒乓球活动场地。体育设施的增加和场地的扩展，为村民和外来务工人员开展球类运动提供了便利。

医疗卫生　20 世纪 30 年代，北山就有中、西医医疗服务。当时北山没有专门的医疗机构，医师为乡民诊病，一种是在家中开店应诊，另一种是在药店里坐堂应诊。20 世纪 40 年代，在为北山乡民应诊的中医中，除普通中医外，还有专门医治骨伤科的跌打医生，他们通常既是医师也是武术教练。北山毗邻港澳，对国外的科技了解较早，对其防病治病的方法也较易接受，北山一些喜好西医看病的乡民，会舍近求远到澳门镜湖医院就诊。至于重病者，很多人也会到该院治疗。1938 年，澳门镜湖医院在湾仔开设广善医局后，到广善医局看病的北山人相对多一些。在北山为乡民进行西医服务的主要是普通西医科和为妇女生产接生的妇产科。环境卫生方面，20 世纪 30 年代，北山就有专门负责清洁街道和公共场所的洁净人员，每月工资从乡事委员会的专项费用中支出。

20 世纪 50 年代中期至 60 年代中期，北山乡间停止个体执业行医，个体医生都参加到集体的联合诊所。该段时间乡间民众有病，大多要到镇（大乡）联合诊所或县人民医院治疗。1960 年，北山大队管委会派出人员，到前山驻军部队的医疗队参加短期的医疗知识和技术培训，结业后回到大队为民众进行普通疾病的医疗服务。1968 年，北山大队实行合作医疗制度，成立大队医疗站。其间，大队统一抽调有医学基础和热心医疗服务的人员，经县有关医疗部门医学常识学习和医疗技术培训后，再回到大队担任医生为民众看病，从事乡间医疗服务。这些医生都是“半农半医”，既是医生也是社员，被称为“赤脚医生”。大队医疗站的成立，使北山有了专门防病治病的正式医疗机构。医疗站实行 24 小时全天候医疗服务，方便民众医疗就诊，做到小病不出村，大病及时转送。合作医疗站还积极配合上级医疗部门做好群众性的防止和治疗流行性疾病，保障民众的身体健康。

改革开放后，北山基层党组织和行政组织对原来的合作医疗制度进行改革，保证医疗站的正常运作，使群众继续能够“小病不出村，急病有医生，大病及时转送”。随着改革开放地不断深入，外地和港澳台客商到北山设厂经商日益增多和招来大批外来务工人员，北山人口急剧增加，给医疗站带来挑战。医疗站积极提高医疗服务质量，努力为群众做好医疗服务。其间，北山开设 7 家药店。

在抓好医疗服务的同时，北山村亦注重区内的环境卫生。自 1984 年起，村委会（居委会）连续多年分期分批拨款，成立清洁队，负责区内环境清洁；在区内定点设立垃圾

北山社区内设置的垃圾收集屋和流动垃圾桶（2017 年）　　杨世权　摄

池和放置流动垃圾桶，专门收集日常生活垃圾和废弃物；整治住宅区内 600 米的排水、排污渠道，将明渠改为暗渠；全面铺设自来水管，改善生活用水；做好经常性的灭鼠、灭蝇、灭蚊工作，为村民创造一个美好的生活环境。

综合治理

北山解放前，聚众赌博和吸食大烟是北山社会治安中最大的隐患。尤其是 20 世纪 40 年代，聚众赌博现象严重，一度赌博大行其道，很多人不事生计，沉迷于赌博。一些人为筹赌资，竟盗伐村中林木变卖，严重破坏了生态环境。另外，鸦片战争后，北山一些人染上吸食大烟的不良嗜好，开始是偷偷到澳门的烟馆吸食，其后慢慢将大烟膏带回村中吸食。吸食大烟使人嗜食成瘾，终日不务正业，更有甚者导致倾家荡产。

北山解放后，聚众赌博和吸食大烟等陋习得以收敛，维护了北山新社会治安的良好秩序。20 世纪 60 年代经济困难时期，虽然出现过偷渡外逃潮，一度影响村中民心和农业生产，通过惩处和教育，该情况基本得到遏止；村内偶有的小偷小摸现象和个别邻里的民事纠纷，经过相关部门的教育、调解基本得到妥善解决。

中共十一届三中全会后，随着农村改革不断扩大和深入，珠海市区扩大和城市发展，北山的社会经济格局逐渐发生变化。20 世纪 80 年代起，外商、外资进入北山开办“三来一补”企业。集体土地被统征后，离土不离乡的征地农民和外地到北山的个体户，纷纷办起个体小超市、饮食和各种服务业店铺。据统计，到 2017 年，在辖区 5.5 平方千米的范围内，共有“三资”企业、个体私营企业 32 家，小超市、餐馆、小五金、药店和服务行业等商铺近 400 家。另外，随着外来人口的增加，带动村中出租屋的出现。至 2017 年，北山有出租屋 780 栋，出租房间近 15000 间。北山成为南屏镇经济发展快、辖区管理面积大、治安综合治理任务繁重的社区之一。

面对社会经济格局的变化，辖区内社会人员组成多元化，北山基层党组织和行政组织充分发挥制度优势，按照社会运行规律办事，依靠良好的法律制度实施社会治安管理。

宣传教育 坚持“以人为本，立足社区”，充分利用社区内广告橱窗，张贴法制教育的宣传资料和海报，在主要通道和群众经常聚集的地方张贴大标语以及采用召开居民大会等方式，向群众开展法制教育、公民道德教育、党和国家的路线方针政策教育，以正确的舆论导向引导群众，加强群众的法律意识，提高群众思想觉悟，促进综合治理工作顺利进行。其间，不仅对常住人口进行宣传教育，同时也对外来务工人员进行宣传教育；不仅对成年人进行宣传教育，同时也对在校的小学生进行宣传教育。对外来务工人员，主要是深入出租房派发法制教育宣传单页，了解外来务工人员的思想和家庭情况，注意他们的思想动态。对在校学生，首先是通过黑板报进行宣传教育，其次是采用法律讲座的形式进行法制教育。

化解不稳定因素 在治安排查摸底中，曾发现在辖区内共有 9 名吸毒人员，情况发生后，综治组人员配合相关部门，对贩毒人员进行打击，对吸毒人员进行教育制止，对吸毒程度较深的进行强制戒毒，同时对这些人员建立档案，随时跟踪，有效防止吸毒、贩毒现象的滋生蔓延，确保社会稳定。

民事调解 随着经济的发展，辖区内诸如股份红利分配的争执、房屋份额的摊分等民事纠纷时有发生。社会治安综合治理工作组人员本着以和为贵和相对合理的原则，通过耐心细致的思想教育工作和协调，合情合理、妥善地将这些纠纷化解，为社区居民建立起和睦的亲戚、邻里关系。

应急保障机制 由于北山辖区内大小经济单位多，人口多，既有常住户籍人口，也有外来务工人员和流动人口，面对这些情况，社区基层党组织和居委会，经常研究、分析、排查辖区内的不稳定因素，建立一套应急保障机制。当辖区内社会稳定出现问题时，做到第一时间处理事态的人员到位，措施到位，并及时报告主管领导和分管领导，做到信息渠道畅通，做好化解不稳定因素的工作，尽量把问题解决在萌芽状态。

改革开放以来，因在社会治安管理中做了大量工作和采取有效措施，北山社会治安没有出现过大的问题，保障了一方平安。

◉ 村民生活

收入 北山解放前，村民基本以农耕为主，大部分贫苦农民靠租种地主耕地为主，每年除交租外，所余无几，存粮不多，如遇灾年，只能以瓜菜、薯类、芋头充饥，许多家庭中的年轻人弃耕到港澳打工谋生，地主与广大劳苦大众收入差距悬殊。北山解放后，封建土地所有制废除，先后成立互助组、合作社、人民公社，农民从个体劳动走向共同劳动的集体生产，村经济由原来的个体经济过渡到社会主义集体经济，村民收入水平逐步提高。到 20 世纪 60 年代中期，北山人均年收入 150 元。20 世纪 70 年代中期，人均年收入 160 元。

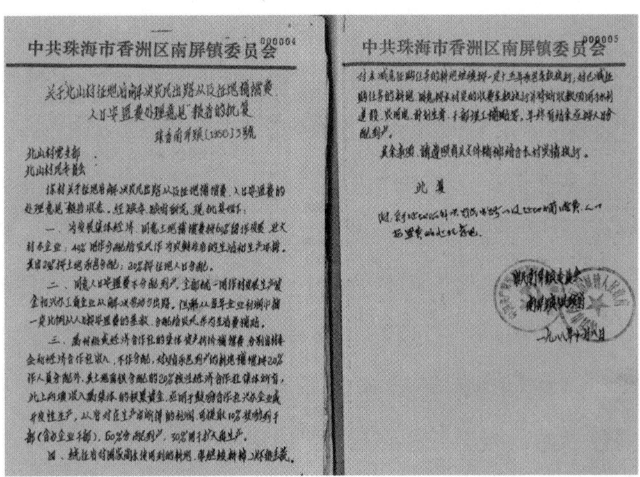

中共珠海市香洲区南屏镇委员会

关于北山村征地后解决农民出路以及征地补偿费、人口安置费处理意见”报告的批复

北山村党支部、

北山村民委员会：

此复

中共珠海市香洲区南屏镇委员会

1988 年，南屏镇党委、政府批复北山土地统征后解决征地农民相关问题的批复件（影印资料） 香洲区档案馆 提供

1982—1984 年，北山实行家庭联产承包责任制，调动农民劳动生产积极性，提高生产效率。除农耕外，随着北山外向型企业的增多，农民抽出部分劳动力从事农副业生产或投入到二、三产业，经济收入大幅增加。1985 年，人均年收入增加至 1178 元。1985 年 3 月至 1988 年 9 月，北山集体所有土地由市政府实施统征，北山农民成为离土不离乡的居民，粮食统一由市粮食部门按居民待遇给予指标供应，生活费用来源主要靠集体经济收益分配和征地补偿款，有部分人在村内或外出务工。随着工厂的陆续建立和外来务工人员增多，征地农民开始把多余的房屋改造成出租屋出租，增加家庭经济收入。北山村亦积极发展第二、三产业，壮大并夯实集体经济实力，让被征地农民能够分享集体经济发展的红利。到 2015 年，北山集体企业的股民年股份分红每人达 4800 元。另外，达到退休年龄后，每月还可领取集体经济发给的 180 元退休金。北山村民的年人均收入达 7800 元。到 2018 年，村民年人均收入超过 2 万元。

消费

20 世纪 80 年代前，北山人的消费绝大部分都是为解决衣、食、住、行所需。改革开放后，村民娱乐、美容、健身的消费比重逐渐增大。

衣 20 世纪 80 年代前，北山人的穿着消费支出较少。人们多购买布匹到裁缝店或自行量体裁制衣服，通常一套衣服要穿多年。坊间更有“新三年，旧三年，缝缝补补又三年”之说。个别家庭有缝纫机，令人羡慕。村中旅港澳的同胞，回乡探亲时多要带些布料或旧衣服馈赠亲友。20 世纪 80—90 年代后，村民衣着消费开始增多，逐渐改为购

买成衣（套装），衣着式样日益丰富，喜欢追求名牌。

食 20 世纪 80 年代前，北山村民饮食消费在日常开支中占比较大。村民的饮食结构比较单调，多以谷物、薯类、蔬菜为主，肉类较少。改革开放后，随着经济发展和生活水平提高，村民饮食消费支出占日常消费支出的比重逐渐降低，饮食结构逐渐多样化，肉类消费增多，西式面包、糕点、奶茶、水果等食物的消费逐渐普及，啤酒、果汁、汽水等饮料的消费不断增加，谷物、薯类的消费逐渐减少。村民的饮食习惯开始改变，不再只是一日三餐，饮下午茶（下午四时左右，三五知己坐到一起喝奶茶、吃糕点、聊聊天）渐成习惯。村民更趋向注重饮食健康，不再只是追求大鱼大肉，开始讲究绿色天然，健康与营养搭配。

住 解放初，北山村人基本住土木结构平房，贫苦农民多数没有属于自己的房子。土地改革后，没收地主 80% 的房产，分给无住房户。20 世纪 70 年代，开始有村民自建新房。改革开放后，北山开始出现建房潮。20 世纪 80 年代，北山先行建起华侨新村，共建户均面积 150 平方米的住宅 74 套。2000—2006 年，北山利用集体土地统征时预留的生活用地，采用个人部分出资、集体经济福利补助的方式，兴办安居工程，建起秀毓园新村。新村楼宇共 20 栋，共计 540 套，建筑面积 58342 平方米。至此，北山村民基本告别平房，住进新式的楼房。

行 北山村民出行传统上多为步行，外出要摆渡过河。20 世纪 60—70 年代，村民争相购买自行车，用于代步和作为生产劳动运输工具。20 世纪 80 年代以后，村民在交

秀毓园新村内的小汽车（2017 年）　　杨世权　摄

通方面的支出开始增多，人们出行开始乘坐公共汽车或坐出租车，个别购买摩托车。20世纪90年代中期，村中摩托车陆续增多。2000年后，私人小汽车开始走进村民家庭，随后陆续增多。

社会保障

医疗保障 1968年，北山大队实行合作医疗制度。办法是：生产队社员及其家属，每人每年只交一元钱的合作医疗费，在医疗站看病时只交一角钱的诊金，不用交药费；视病情需要，需到公社（镇）卫生院诊治的，经医疗站同意后，在卫生院看病的医疗费由生产大队与卫生院结账；需到县一级医院诊治的，经大队合作医疗管理委员会审核同意后，医疗费由生产大队报销。

2006年1月，香洲区人民政府统筹成立全区被征地农民（含家属）参加的合作医疗保险。凡参加该保险的人员，每人每年只需缴纳25元的保险金，当有病需要住院时，一年内，住院医疗费累计可报销7000元；2007年，报销限额增至15000元，个人超出的医疗费用，由区、镇两级统筹解决。

2008年1月，原有的合作医疗保险扩大为城乡居民基本医疗保险，范围覆盖至社区内有珠海户籍的每个居民及其家属。保险缴款方式有两种：一是每人每年缴款25元，年内住院医疗费累计可报销5万元；二是每人每年缴款250元，年内住院医疗费用累计可报销10万元，超出费用由市、区、镇三级统筹解决。至2018年，全社区应参医保人员742人，已参保人员742人，参保率达100%。应参加未成年医保人员（含异地务工人员子女）1297人，已参保人员1297人，参保率达100%

养老保障 家庭赡养 北山村民传统上主要通过家庭赡养方式养老，老年人依靠个人劳动收入和储蓄自行养老，或者直接依靠子女奉养。改革开放后，随着城镇化和村民生活水平的提高，北山许多家庭子女独立门户，搬入新居与父母分开居住，老年夫妇单独生活的家庭越来越多，“三代户”与“四代户”合居的家庭不断减少，传统的家庭养老观念逐渐弱化。

集体养老 北山解放后，经过土地改革、农业合作化、人民公社化运动，北山村集体拥有对劳动力、生产资料和劳动收益的支配权，村集体在上级政府的支持下，对已丧失或基本丧失劳动能力，生活没有经济来源的鳏、寡、孤、独、病残老人，实行社会救济性质的“五保”（即保吃、穿、住、医、葬）政策养老，其他村民也享有一定程度的养老保障。

土地统征后，北山建立起股份合作制集体经济组织，被征地村民除享受永久性的股份分红权外，还享受额外的老年人经济保障。1990 年起，北山从集体经济积累中给予五保户每人每月发放生活补助 80 元，军烈属每年发放生活补助 1200 元。从 1991 年起，实行基层干部退休制，男性满 60 岁，女性满 55 岁，按每人担任干部时间长短，每月发放相应的退休工资。从 1991 年 1 月起，对征地后仍健在的征地农民实行退休制度，退休年龄为男性满 60 岁，女性满 55 岁，每人每月给予退休金 80 元，2017 年起增至 200 元，每季度发放一次。另外，社区居民故去，每人发放安葬费 2000 元。

社会保险　为解决农村社会养老保险问题，珠海市社会保险局香洲分局于 1998 年 1 月起，在香洲区内实施农村社会养老保险，范围包括辖区内年满 18 周岁、未满 60 周岁，享受村股份分红或集体福利的农民。2005 年，出台《珠海市农民和被征地农民养老保险过渡办法》，对劳动力人口（即男 16 ~ 59 周岁，女 16 ~ 54 周岁）采取社会保险办法，通过个人、集体和区（镇）政府三方缴费，建立养老保险制度；个人可选择每人每月 40 元、60 元、80 元和 100 元不等的标准定额缴费，区（镇）政府和集体分别按本人缴费额的 15% 进行补贴，三方缴费全部进入个人账户，个人账户资金属于个人所有，最低缴费年限是 15 年。对 2005 年 12 月 31 日前男性已满 60 周岁、女性已满 55 周岁的老年人口采取社会福利办法，个人无须参保、缴费，免费享受市政府发放的每人每月 100 元的老年津贴福利待遇。2014 年 10 月起，珠海市进一步整合现行的新型农村和城镇居民社会养老保险，出台《珠海市城乡居民基本养老保险实施办法》，建立统一的城乡居民基本养老保险制度。开展城乡居民养老保险后，至 2018 年，北山社区应参保人员 868 人，已参保人员 861 人，参保率达 99%；已享受老年津贴 90 人，享受率达 100%。

文物胜迹

北山社区是一座具有780多年悠久历史的古村落，文物古迹众多，现存历史建筑90栋，包括保存完好的古祠10座和传统广府民居80栋。其中清道光八年（1828）落成的杨氏大宗祠是第四批广东省文物保护单位，建筑气宇恢宏，工艺精美，是珠海地区古建筑艺术的典范。据第三次全国文物普查，现存不可移动文物9处，分别是杨氏大宗祠、杨泗儒家族墓、东池祠、杨云骧府第、北山医帝庙、澄川祠、杨镇海府第、保遐杨公祠和章成祠。

◉ 祠堂

北山自南宋嘉熙元年（1237）立村后，由于经济基础薄弱，村居建设经历了颇长一段时间的经营才慢慢有了规模。明朝中晚期，北山村民除从事农耕之外，从经营煮盐和盐户集资开发墟市中获取丰厚利润。村民富裕后，不仅置办田地，还大兴土木，建房修祠，使北山逐渐呈现祠房联起的景象。清朝初年，由于清政府打击“反清复明”活动，北山被迫内迁，村庄此前建起的房屋和祠堂全被摧毁。时隔23年后，村民才得以返回故土。至清雍正年间（1723—1735），逐步恢复元气的村民开始着手考虑祭祀祖先的事宜。北山村先后建起龙溪杨公祠、概轩杨公祠、景辉杨公祠和月辉杨公祠。清道光年间（1821—1850），在一批行商坐贾和军旅人员的推动下，北山杨氏又陆续建起杨氏大宗祠、云隐杨公祠、鉴湖杨公祠、碧山杨公祠、东池杨公祠、东洲世公祠、东渚杨公祠、清标杨公祠、钟鲁杨公祠、允亮杨公祠、锦岳杨公祠、璠璵杨公祠和章成杨公祠等。朱氏和刘氏也建立族祠朱家祠和刘家祠。连同雍正年间所建，至此北山已建祠堂19座。清咸丰至同治年间（1851—1874），北山又相继建立8座祠堂，分别是鼎国杨公祠、保遐杨公祠、秋崖杨公祠、宅奄杨公祠、乐奄杨公祠、翘一杨公祠、德伍杨公祠和澄川杨公祠。其中4座分布在中、南、西方位，填充当时村中的剩余空位，使祠、房更加紧凑，村居更加宏伟。其余4座建在村北的基线上。至此，北山村在清朝共建有祠堂

杨氏大宗祠鸟瞰图（2017年）　　北山社区居委会　提供

27座，其中杨氏族人祠堂25座，朱氏族人祠堂1座，刘氏族人祠堂1座。在村北大约500米长的基线上，由东至西分别建有杨氏大宗祠、保遐杨公祠、鼎国杨公祠、澄川杨公祠、允亮杨公祠、东渚杨公祠、秋崖杨公祠、清标杨公祠、章成杨公祠、月辉杨公祠10座祠堂。北山祠堂建筑规模较大，因此，在当时香山县恭常都一带民众中流传着一句口头禅："北山祠堂，南溪庙。"至今仍有10座古祠堂保存完好。

杨氏大宗祠 杨氏大宗祠位于北山正街59号，占地面积8838平方米，建筑面积2520平方米，是珠海最大、保存最完整的宗祠。其建筑恢宏，工艺华美，为珠海市古建筑艺术的典范，在珠海地区的清代祠堂建筑中首屈一指。1986年5月，杨氏大宗祠被列为珠海市文物保护单位；2002年，被列为广东省文物保护单位。

杨氏大宗祠是北山杨氏始祖杨泗儒及其下杨氏四代先祖的宗庙，堂号为"绍经堂"。宗祠于明万历后期初建，清康熙元年（1662）村民内迁时被毁。清道光八年（1828）重建。该祠为三进院落四合院式布局。主体建筑坐南向北，总进深三间60米，面阔五间并两条青云巷和两厢房42米。整座建筑为硬山顶、青砖墙，中轴线对称布局，抬梁与穿斗混合式木结构。其屋脊、屋檐、山墙、基础之处，视其不同特征恰到好处地以石

杨氏大宗祠（2017年） 杨国雄 摄

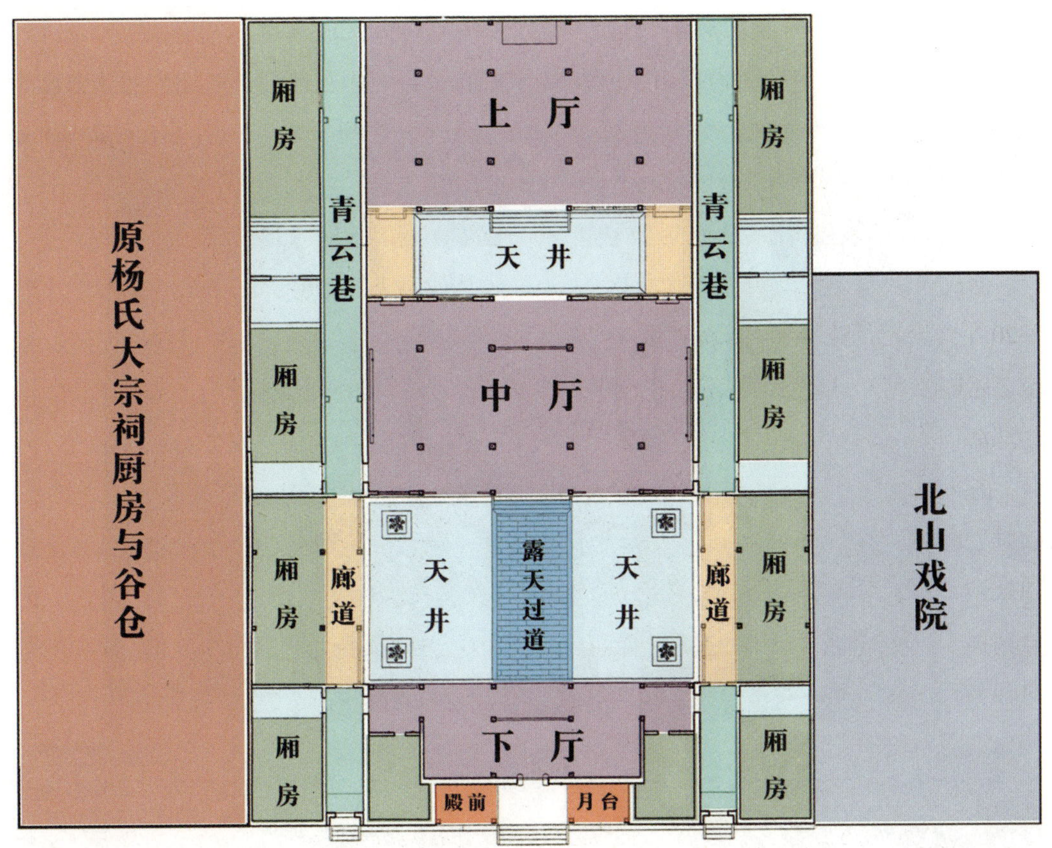

杨氏大宗祠平面示意图（2017 年）　　陈锴　制作

雕、砖雕、木雕、灰雕予以装饰。其中砖雕尤为精美，以花草、八宝、吉祥为题材，带有浓厚的三教（佛教、儒教、道教）合一思想。图案线条清晰，形态逼真，给人以愉悦、舒畅的感受。门口挂有“源分东汉，秀毓北山”的楹联，祠堂前立一对石狮子。门前及周围是园林草坪，筑有矮墙。

主座为三进夹两天井，三进即门厅（又称“下厅”）、中殿（又称“中厅”）、后殿（又称“上厅”），每进均为面阔五间，进深三间。正门为十二步架，中槽与前廊之间为墙，不设柱。正门为凹肚式门楼，前廊为斗拱承檩，中槽为瓜柱承檩，后殿前廊可见封闭状的雕板承檩的卷棚顶。前天井两侧的青云巷位置，以雕板承檩的卷棚顶通道作门厅和中殿的走廊。两边厢房均为四进一天井，与主座相应的三间，分别是用 11 檩、15 檩、19 檩直接架于山墙上的两面坡顶屋；与主座前天井相应的房间是 8 檩架于山墙上的向外单面坡顶屋；后天井中间横置一开八角门的矮墙。主座与厢房通过青云巷的两个 6 檩单坡顶矮雨棚过渡。主座有走马板、玻璃屏、通花瓷窗、石槛、石栏杆装饰，门厅前次间为高出平面 0.64 米的石平台。中殿前面外柱间为通花瓷窗的

杨氏大宗祠中殿（2017 年）　　杨国雄　摄

杨氏大宗祠后殿（2017 年）　　杨国雄　摄

杨氏大宗祠航拍图（2016 年）　　北山社区居委会　提供

墙，次间额枋上设木条架的玻璃屏。整座建筑由前向后逐渐升高，门厅比前埕高 0.55 米，中厅比门厅高 0.33 米，后厅比中厅高 0.6 米，每进升高处分别为 5、4、5 级带须弥状垂带的踏跺过渡。另外，前天井比门厅低 0.11 米，后天井比中殿低 0.15 米。外柱为石柱石础，内柱为圆木柱石础，柱础为瓜棱形、倒蒜头形、须弥座形。屋脊材质为灰泥，瓦沟用青板瓦，瓦垄筒状，墙用青砖，长、宽、厚分别为 28、8.5、5.5 厘米，丁卯砌沟灰砂。前后天井、走廊的地面斜铺 36.5×36.5 厘米的红地砖，前平台、前后天井、巷道地面则直铺长 1.5 米、宽 0.4 米的长条石板。大门前离外柱 1 米处，置带座的石鼓一对，在草坪内置与其相向的带座石狮子一对。前天井四角设长方形石质小花坛，种有紫玉兰。正脊、垂脊两端有博古装饰，中间为灰雕。多数有花牙子、雀替。封檐板正面木雕精美的花鸟纹饰。屋檐砖雕以花草、八宝为题材，工艺极为精美。

祠内悬挂有“绍经堂”横匾和“忠、孝、廉、节”四个大字（原为名儒鲍俊所写，20 世纪 50 年代均被拆去，现为新置）。1937 年，国民政府主席林森为北山杨氏开宗 700 周年纪念题写的“宗支蕃衍”一方匾额，至今仍悬于绍经堂上。祠内大天井西南角的花坛，至今仍保留一棵清咸丰初年杨云骧从上海附近购回的紫玉兰（又称“玉堂春”）。

链接：杨氏大宗祠建筑年份考证[①]

2008 年以前，相关文物管理部门曾以其建筑风格，认为北山杨氏大宗

---

① 摘自 2009 年 2 月 24 日，北山社区居民委员会致珠海市香洲区文化局《关于杨氏大宗祠建筑年份考证》。

祠建于清同治七年（1868）。北山社区居委会经走访北山社区内老一辈和查找资料，认定杨氏大宗祠该建筑时间有误，应为清道光八年（1828）。主要理由有三：

一是清雍正四年（1726）已有重建杨氏大宗祠的愿望。大致在明万历末，北山已建有杨氏大宗祠，规模不详。清康熙元年（1662），北山民众被迫迁时遭拆焚毁。回归故里后，民众经过几十年的艰辛再创业，逐步恢复元气。清雍正四年（1726），当时北山杨氏长房的各房长，正合议拟建长房大祠（即景辉杨公祠）。其间由杨绍熙执笔议例各人出资建祠。在议例时，杨绍熙提到，现在要建长房大祠，日后还要联合次房的族人一起重建杨氏大宗祠："……虽然溯海者必穷其源，报本者必推其始，则合族而建大宗以祀始祖泗儒公逮下三祖，又俟贤子孙联情合议，建令议庙宇，设蒸尝以隆孝享。所自是又予之厚望焉者……"。长房大祠于清雍正六年（1728）建成，次房大祠（月辉杨公祠）也随后建成。

二是杨氏大宗祠重建落成于清咸丰七年（1857）以前。清乾隆晚期，北山杨氏要进行第六次编纂族谱，由于当时长、次两房意见不统一，结果只好各修各的谱。同一族人，两房不能合修一谱是不正常的。清咸丰七年初，两房合议进行北山杨氏"绍经堂"七修族谱，这次修谱纠正了六修时各修各谱的做法，统一了意见，并向先祖昭告开始修谱。当时在谱序中有这样的文字表述："……爰于丁巳（1857）春初，集众公议合修询谋，佥同捐工费，要绍荣等考订编辑，即择二月吉日皆入大宗祠昭告列祖……"。从以上文字的表述，说明杨氏大宗祠的重建于咸丰七年前已经落成。

杨氏大宗祠前的铭牌　　杨世权　摄

三是杨氏大宗祠的重建落成于清道光年间（1821—1850）。2008 年进行北山杨氏族谱八修的编纂人员，在考证杨氏大宗祠重修年份时，专门走访了村中一些老前辈。据杨祥春提供，新中国成立初期，杨氏大宗祠内仍然存放有大批绣有清道光年份的旌旗。这些旗子都是过去耍大醮时用的。据杨桂立提供，杨氏大宗祠中殿的两边墙壁上，原挂有鲍俊所写的“忠、孝、廉、节”四个字，中殿厅堂上方悬挂着鲍俊所写的“绍经堂”横匾，横匾的落款有刑部山西司主事、前翰林院庶吉士加一级鲍俊拜书等字，但年份忘了，1953 年该匾额被拆走。从这些情况可见，鲍俊当时写这些字时，他仍在任内，且杨氏大宗祠即将落成。另据杨应绩提供，其父新中国成立前，曾做过大宗祠的管理人员，说大宗祠里面的“绍经堂”等大字是请山场人鲍俊写的。当时请鲍俊来写这些字花了五十两银，还专门请了一顶轿抬他来的。考鲍俊，清道光三年（1823）中进士，入翰林院任庶吉士（通常庶吉士三年后方能外委），后任刑部山西司主事，清道光十一年（1831）辞官，清咸丰元年（1851）病故。

综合上述情况推断，杨氏大宗祠重修落成大致在清道光八年（1828）。

龙溪杨公祠 位于北山南街 48 号，堂号“继述堂”，是北山杨氏分支次房的家祠，约落成于清雍正二年至四年（1724—1726）。祠堂面阔 10 米，进深 22 米，建筑面积约 220 平方米，占地面积 260 平方米，硬山顶，青砖墙，抬梁与穿斗混合木结构。杨龙溪是杨泗儒第七世孙。龙溪杨公祠是杨龙溪的后人为祭祀先祖所建的家祠。该祠与概轩杨公祠相隔仅 80 厘米，因此被北山村民称之为“孖祠”，是北山现存历史最久的祠堂。20 世纪 50—80 年代曾被用作生产队的仓库，90 年代改作北山幼儿园。2014 年，

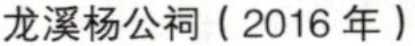

龙溪杨公祠（2016 年） 冯春玲 摄

龙溪杨公祠内景（2017 年） 杨国雄 摄

概轩杨公祠（2016 年） 冯春玲 摄

概轩杨公祠内景（2017 年） 杨国雄 摄

景辉杨公祠（2016 年） 杨世权 摄

香洲区人民政府将该祠列为不可移动文物，现被活化作文化产业用途。

概轩杨公祠 位于北山正南街 48 号，与龙溪杨公祠相邻，堂号不详，是北山杨氏分支次房下的一分房家祠，约落成于雍正二年至四年（1724—1726）。祠堂面阔 10 米，进深 22 米，建筑面积 220 米，硬山顶，青砖墙，抬梁与穿斗混合木结构。概轩杨公祠是杨概轩的后人为祭祀先祖所建的家祠。杨概轩（1458—1508），字德萃，概轩是其号，杨泗儒第九世孙。该祠在 20 世纪 50—80 年代曾用作生产队的仓库，90 年代改作幼儿园。2014 年，概轩杨公祠被香洲区人民政府列为不可动文物，后被活化用作文化产业用途。

景辉杨公祠 位于北山正街南二巷 11 号，堂号“敦善堂”，是北山杨氏分支长房大祠。该祠是北山现存祠堂中历史较长的祠堂，约落成于清雍正六年（1728）。祠堂面阔 12 米，三进，总进

钟鲁杨公祠三进屋顶（2016 年）　冯春玲　摄

深 30 米，建筑面积 360 平方米，整座祠堂（含东南后侧一东厢）占地面积 460 平方米，硬山顶，青砖墙，抬梁与穿斗混合木结构。该祠是北山杨氏长房族人祭祀分房祖杨景辉、杨技养、杨月溪（北山杨氏第五世、第六世和第七世）三祖的支祠（俗称“大祠”或“东祠”，次房大祠月辉杨公祠俗称“西祠”，20 世纪 50 年代已拆）。20 世纪 50—80 年代曾用作生产队队址。2014 年，景辉杨公祠被香洲区人民政府列为不可移动文物，安排作文化产业用途。

云隐杨公祠　位于北山正街南二巷 20 号，堂号不详，是北山杨氏分支长房下分房的家祠，约落成于清道光年间（1821—1850），现存客厅为祠堂的残留部分。祠堂主体于 20 世纪 60 年代拆除，现存客厅建筑面积约 80 平方米。该祠为杨云隐后人祭祀先祖所建，属分支家祠。杨云隐（1436—1511），讳瓒，字廷珪，云隐为其号，杨泗儒第八世孙，杨月溪长子。

钟鲁杨公祠　位于北山正街 6 号（北山企业大楼对面），堂号“崇本堂”，清道光年间（1821—1850）所建。祠堂为三进，面阔 8 米，进深 30 米，占地面积 340 平方米，建筑面积 240 平方米，硬山顶，青砖墙，抬梁与穿斗混合木结构。钟鲁杨公祠是杨钟鲁后人为祭祀先祖所建的家祠。杨钟鲁（1585—1661），讳传，字允习，钟鲁为其号，庠士（秀才的别称）。杨钟鲁为杨泗儒第十三世孙。20 世纪 50 年代后，钟鲁杨公祠先后用作生产队队部、生产队饲料加工厂和印刷厂。2012 年，钟鲁杨公祠被香洲区人民政府列为不可移动文物。

章成杨公祠天井（2017 年）　　杨国雄　摄

章成杨公祠（2017 年）　　杨国雄　摄

保遐杨公祠（2017 年） 杨国雄 摄

章成杨公祠上厅（2017 年） 杨国雄 摄

章成杨公祠 位于北山正街北一巷 9 号（北山企业大楼的东侧），堂号“安雅堂”，是杨章成后人祭祀先祖所建的家祠，约落成于清道光年间（1821—1850）。杨章成（1697—1787），字皆达，杨泗儒第十五世孙。祠堂建筑资金大部分为其孙杨济苍所出。祠堂横过两间，中间有一青云巷，东厢为客厅和厨房，西厢为主座，主座西边有一附屋花园。该祠面阔 23 米，进深 20 米，建筑面积 460 平方米，整座建筑占地面积 660 平方米，硬山顶，青砖墙，抬梁与穿斗混合木结构。20 世纪 50 年代起曾用作生产队队部和仓库，90 年代用作家具厂。2012 年，章成杨公祠被珠海市人民政府列为不可移动文物，后用作文化产业用途。

保遐杨公祠 位于北山正街北四巷 28 号，堂号“荫远堂”，落成于清咸丰九年（1859）。该祠

保逻杨公祠上厅（2017 年）　　杨国雄　摄

占地面积 1652 平方米，建筑面积 1452 平方米，横过两间，面阔 44.11 米，进深 32.9 米，硬山顶，青砖墙，抬梁与穿斗木结构。祠堂西为主座，东为带回廊的书房与厨房，东座南北两面为镬耳墙，东座与西座间有一花园。保逻杨公祠是杨保逻的后人为祭祀先祖所建的家祠。杨保逻（1653—1717），讳干良，字燮昊，保逻为其号，杨泗儒第十五世孙。20

保逻杨公祠东巡廊（2017 年）
杨国雄　摄

东池杨公祠（2017 年）　　杨国雄　摄

世纪50年代，保遐杨公祠曾用作部队营房，20世纪60—80年代曾用作幼儿园、托儿所，20世纪90年代至2000年曾为来料加工厂，2004—2010年曾为北山画家村，2012年后为广东全心书院（北山艺术中心）。2010年6月，保遐杨公祠被列为香洲区文物保护单位。

东池杨公祠 位于北山南街22号，堂号不详，是北山杨氏分支长房下二房的家祠，清咸丰年间（1851—1861）所建。该祠面阔22米，进深30米，建筑面积660平方米，硬山顶，青砖墙，抬梁与穿斗混合木结构。该祠是杨东池后人为祭祀先祖所建家祠。杨东池（1528—1598），讳惇，字叔厚，东池为其号，杨泗儒第十一世孙，杨景辉第六代孙。20世纪50年代后，该祠先后用作乡农会、乡供销合作社、乡民兵队队部、大队公共食堂、大队管理委员会、乡政府、村委会、社区居委会的办公室。2012年7月，东池杨公祠被珠海市人民政府列为不可移动文物。

秋崖杨公祠 位于北山正北街一巷26号，堂号不详，约落成于清咸丰年间（1851—1861）。该祠横过两间，中间一条青云巷，东为主座，西为客厅与厨房，面阔24米，进深27米。祠堂原建筑面积650平方米，硬山顶，青砖墙，抬梁与穿斗混合木结构。现存建筑为祠堂的大部分（主座上殿和西座），主座下厅已被拆卸（现已建成一民居，为北一巷34号）。秋崖杨公祠是杨秋崖后人为祭祀先祖所建的家祠。杨秋崖（1651—1705），讳干乔，字镇昊，秋崖为其号，杨泗儒第十五世孙，杨钟鲁孙。20世纪60—80年代，该祠主座曾用作敬老院，西座用作生产队的养猪场和养兔场。2014年，该祠被珠海市香洲区人民政府列为不可移动文物，经修旧如旧后用作旅游住宿场所。

秋崖杨公祠西座（2017年） 杨国雄 摄

秋崖杨公祠后座及西厢经改造后用作旅游住宿的场所（2017年） 杨国雄 摄

澄川杨公祠的大门和横门（2017 年）

正在筹划画展的澄川杨公祠中厅（2017 年）
杨国雄 摄

杨国雄 摄

澄川杨公祠 位于北山正街北三巷 8 号，堂号“敦睦堂”，落成于清同治四年（1865）。该祠横过两间，三进，中间一条青云巷，东为主座，西为客厅、书房和厨房，总面阔 26.3 米，总进深 43.6 米，总建筑面积 1146.68 平方米。祠堂为杨澄川后人为祭祀其先祖所建的家祠。杨澄川（1746—1797），讳池，字百汇（一称伯汇），澄川是其号，贻赠儒林郎（从六品文职）。清同治三年（1864），即祠堂落成的前一年，杨澄川孙杨大观捐官候选郎中加五级（从二品衔），并以此貤赠祖父杨澄川为通奉大夫（从二品文职衔）、祖母为夫人。正因为此职衔，祠堂建筑得以达至上述规模。20 世纪 50 年代中后期，该

澄川杨公祠中的瓜柱承檩木结构（2017 年）

杨国雄　摄

澄川杨公祠中的花板承檩木结构（2017 年）

杨国雄　摄

祠曾用作解放军营房；20 世纪 60—80 年代中用作生产大队的粮食、饲料加工厂，农具、家具、竹制品加工厂和燃油发电机房；2004 年至 2010 年 4 月曾用作北山画家村。2010 年 6 月，该祠被香洲区人民政府列为文物保护单位。2012 年后为广东全心书院（北山艺术中心）的一部分。

◉ 庙宇

除祠堂外，北山村内外还建有多座庙宇。清乾隆初期，在建祠堂的同时，由杨氏族人杨若周操持，在村西建文武帝庙。至清乾隆五十五年（1790），北山人合众出资，在村东兴建康真君庙，以祈护村民平安。此外，村内还建有二王庙、如天庙、哪吒庙等。村外有俗称“孖庙仔”的诸葛孔明庙和金花娘娘庙，还有洪圣庙和文阁塔。文阁塔高 3 层，内置文曲星菩萨，是北山的“一支笔”。村西的文武庙是北山的“一墨砚”。村民供奉菩萨，希望子孙刻苦读书，日后成为有用之才。

康真君庙　即北山东庙（今北山会馆所在地），俗称“康公庙”，是北山建立比较早且具有代表性的庙宇。庙内供奉着一尊康真君菩萨像。康真君（李烈），俗称“康公菩萨”。古人因康真君能镇邪魔、保民生而为其立庙，广东乡村多建康真君庙以镇村宅。康真君庙东面的荒埔称为东庙埔（即今小美居一带）。清乾隆年间（1736—1795），民众确定要建康真君庙后，曾几经选址，最后定址村东（今址），故该庙又称“东庙”。庙于清乾隆五十五年（1790）落成，占地面积约 200 平方米。此次建庙共有 548 名村民捐资，共捐银 617.97 两。庙宇建成后，大门特立一副对联，上联“道果登南极”，下联

“恩光著北山”，横批“康真君庙”。至清咸丰年间（1851—1861），庙宇建成已过60余年，几经风雨侵蚀，渐成危房。其间，有金山客倡议重修，村民积极响应，于清咸丰九年（1859）十二月对康真君庙进行重修。此次重修时，在庙的左右两旁增建医帝庙和财帛星君庙。共有390名村民捐资，共捐银609元。20世纪50年代至80年代中期，康真君庙和两侧的医帝庙、财帛星君庙曾用作生产队队部和仓库。其间（70年代），生产队对康真君庙和财帛星君庙进行改建翻新，部分改为两层楼。80年代中期至90年代初曾为来料加工厂，2007年起为北山会馆。

医帝庙　位于北山正街78号，清咸丰九年（1859）重建。医帝庙坐东南向西北，占地面积504平方米。面阔一间，两进夹一天井，硬山顶，青砖墙，石墙基，彩绘精美。大门嵌花岗岩门夹，石门额阳刻“医帝庙”，石门联阴刻“寿世功高扶造化，仁民术妙过岐黄”。庙左前侧有一残存围墙，左后侧有一口水井，2009年开设北山会馆时改为内

改作北山会馆的医帝庙（2017年）　　杨世权　摄

庭院。医帝庙是北山现存较好的庙宇，是研究珠海地区庙宇建筑的重要实物。

北山南庙 又称“二王宫”。庙址在南闸内，始建于清乾隆年间（1736—1795）。南庙内原供奉牛王爷菩萨和三山侯王菩萨。20 世纪 50 年代农业合作化后，南庙被用做生产队队部。60 年代，生产队拆除南庙屋顶，将墙身提高，改成两层楼房，下层用作仓库，上层用作生产队日常办公。后为北山社区南区居民小组的出租仓库。

北山西庙 即文昌庙，又称“文武庙”“文武帝庙”。该庙建在北山村西、钟鲁杨公祠西侧（即今北山市场内）。西庙约建于清乾隆初年。西庙内供奉文昌帝君和关帝君。庙早已拆除。原西庙的旁边是农田（今北山市场至南湾大道一带），被称为“西庙场”。

北山孖庙 又称“孖庙仔”，即诸葛孔明庙和金花娘娘庙的合称。孖庙建在北山村东东庙埔外，该处土名“虎落须”（今东桥工业区附近的东桥小学处）。由于两庙紧临，是双体庙宇，且两庙的建筑规模不大，因此人们习惯称之为孖庙仔。孖庙仔于 20 世纪 60 年代被拆。

◉ 古宅

满堂街的富家大屋 清咸丰至光绪中期（1851—1890），北山村民中有从行伍升至将军的人，也有一批从事商贸的生意人。他们从经营省、港、澳间商贸生意，逐渐发展为跨省、跨国经营茶叶、陶瓷和生漆，赚钱后回到村中添置房产。到清光绪中期，村北

满堂街富家大屋正门照（2017 年） 杨世权 摄

满堂街富家大屋群俯瞰（2017 年） 杨世权 摄

原名塘下的地方，经堆填夯实，27000 平方米的地域基本布满富家大屋及其附屋花园。因为每座大屋都有堂号，因此该区由塘下改名为满堂街。满堂街除 3 座祠堂外，其他大屋有：建于清同治十二年（1873）的下将军第府和花园、杨祖楷屋及其前地花园，落成于同治七年（1868）的茂礼、茂森屋和附屋花园，落成于同治十二年的杨祖潼四宅和附屋花园、杨训恭屋和附屋花园、杨祖泽屋和附屋花园、杨祖猷屋和附屋花园、杨祖声屋和前院、杨家宏屋和前院、杨祖绪屋和花园、杨祖藏屋和前院、永安堂和前院、杨祖垣屋和后花园、杨祖谋屋和花园、杨祖纬屋和花园、杨祖豪屋，约落成于清光绪十六年（1890）的杨祖眷屋和前院。共计 1 座将军府第和 16 座带花园的富家大屋，每座大屋的建筑面积都超过 300 平方米，且很多大屋都有两条青云巷。其中杨祖潼四宅有 3 条青云巷，建筑面积近 1000 平方米，门前还有一个 300 余平方米的花园；下将军第府除 860 平方米建筑面积外，门前还有一个近 1000 平方米的花园。

杨镇海府第 又称“上将军第”，位于北山正南街 42 号，约落成于清同治四年（1865）。府第面阔三间，总面阔 22.7 米，总进深 36.7 米，建筑面积 833 平方米。2012 年 7 月，杨镇海府第被香洲区人民政府列为不可移动文物。

杨云骧府第 又称“下将军第”，位于北山正街北二巷 23 号，约落成于清同治十一年（1872），堂号“退思堂”。建筑面积 860 平方米，三进两屋，主座第三进为后斗。整座建筑除主座正门外，还设一西侧门，侧门正对青云巷，青云巷将主座和书房、厨房分开，主座与书房中间为室内花园，占地面积约 100 平方米，围绕花园为一回廊。下将军

杨镇海府第（2016 年） 杨世权 摄

杨云骧府第（2015 年）
北山社区居委会 提供

杨应麟故居（2017 年）　　杨世权　摄

第正面的屋檐下，灰雕、砖雕、木雕琳琅满目，室内外墙壁上有壁画和唐诗字画，诗和画均为清末岭南壁画大师杨瑞石所作。2012 年 7 月，杨云骧府第被香洲区人民政府列为不可移动文物。

杨应麟故居　位于北山正街北一巷 11 号。主座面阔 12 米，三进，第三进为后斗，总进深 20 米，主座建筑面积 240 平方米。故居原为两部分，主座和书房、厨房及花园由一青云巷分开，书房、厨房和花园整体占地面积近 200 平方米。20 世纪 90 年代，书房、厨房及花园部分被改作他用。2014 年 7 月，杨应麟故居被香洲区人民政府列为不可移动文物。

截至 2017 年北山古建筑分布情况一览表

表 2

序号	名称	地址	落成年份	建筑面积（平方米）	建筑结构
1	杨氏大宗祠	北山正街 59 号	清道光八年（1828）	2520	砖木结构
2	保遐杨公祠	北山正街北四巷 28 号	清咸丰九年（1859）	1452	砖木结构
3	澄川杨公祠	北山正街北三巷 8 号	清同治四年（1865）	1146.68	砖木结构
4	康真君庙	北山正街 78 号	清乾隆五十五年（1790）	与医帝庙合计 1000	砖木结构
5	医帝庙	北山正街 78 号	清咸丰九年（1859）		砖木结构

续表 2

序号	名称	地址	落成年份	建筑面积（平方米）	建筑结构
6	东池杨公祠	北山南街 22 号	清咸丰年间（1851—1861）	660	砖木结构
7	钟鲁杨公祠	北山正街 6 号	清道光年间（1821—1850）	240	砖木结构
8	景辉杨公祠	北山正街南二巷 11 号	清雍正六年（1728）	360	砖木结构
9	章成杨公祠	北山正街北一巷 9 号	清道光年间	460	砖木结构
10	龙溪杨公祠	北山南街 48 号	约清雍正二年至四年（1724—1726）	220	砖木结构
11	概轩杨公祠	北山南街 48 号	清雍正二年至四年	220	砖木结构
12	秋崖杨公祠	北山正街北一巷 26 号	清咸丰年间	650	砖木结构
13	杨镇海府第（上将军第）	北山南街 42 号	约清同治四年（1865）	833	砖木结构
14	杨云骧府第（下将军第）	北山正街北二巷 23 号	约清同治十一年（1872）	860	砖木结构
15	清朝晚期所建的富家大屋	北山正街北一至北五巷（旧称大满堂）	清咸丰九年至光绪三十一年（1859—1905）	27000	砖木结构

◉ 古墓

杨泗儒墓　土名“狮子滚球”（今北山望牛石公园内）。杨泗儒是北山杨氏开宗始祖，生年不详，卒于南宋咸淳三年（1267）四月二十九日。其妻黎氏逝后与杨泗儒合葬同墓。1996 年，珠海市文物部门将杨泗儒墓定为珠海市不可移动文物。

杨玄文墓　杨玄文，杨泗儒长子，生年不详，卒于元大德八年（1304）八月初十。其妻陈氏，生年不详，卒于元至大元年（1308）十月二十日，逝后与杨玄文合葬同墓。杨玄文墓为二次墓葬。现墓地位于南屏水库东南山顶，土名“花园岗”，俗名“应天鼓”。1996 年，杨玄文墓碑被列为珠海市不可移动文物。

杨兰皋墓　杨兰皋，讳廷芬，字贻孚，别字仍安，号兰皋。生于清嘉庆十八年（1813）十二月十二日，卒年不详。按其第二次墓葬时间清同治八年（1869）以及杨兰皋在竹仙洞石刻所署杨兰皋名的年份推测，估计其卒年大约在清同治六年（1867）。

杨兰皋发迹后乐善好施，创立“敦古堂”义仓，购买潮田 950 亩，收成主要用于慈善事业，建桥修路，慷慨解囊。他去世后，家人将其二次墓选址在北山村后北面将军山的滴水岩溪流上游南侧。墓园坐南向北，墓向为正北偏西 1°，墓园右侧为钓雪祖（杨钧雪）山界，对着北山的透龙山（人称“北山龙脉”）。墓前左右两侧相距40米，竖立一对狮头圆柱华表，柱高5米。墓于清同治八年（1869）建成。青龙手石裙刻有《乩示山铭》。墓园所在地海拔近300米，可俯瞰北山村及前山水道两边的大片良田。

古街　古井　古木

古街

满堂街　至清道光年间（1821—1850），经过多代人艰辛营造，北山房屋建设自南向北延伸，从高至低逐级推至村北基线。基线以北100余米至石围墙，当时为田洋（田地）。该片田洋既可农耕，也可为日后人口增加、经济发展作为扩建屋宇的基地。清咸丰至光绪中期（1851—1890），北山的村居建设范围开始向北扩展，突破村北基线，围墙内的田洋，相当部分已被堆填夯实。经夯实的土地，已直接抵顶至北石围墙。新开发的区域占地面积约27000平方米，其间先后建起3座大祠堂、1座将军府第和16座带花园的富家大屋。区内布局四条南北走向的巷道，成为北山村居新的街区，使原来的村北变成北山的中心地带。新街区所在地原称塘下，该片地域内的祠堂和大屋建成后，每座建筑物都有一个堂号。因此，这一新的街区被定名为北山“满堂街”，村民亦称之为“大满堂”。

街道　清道光年间起，随着房屋连片建设，北山同时对街道及村居环境进行整治。为使街道通达顺畅，美化居住环境，大部分采用花岗岩石料铺设而成，石料为长条形，最长2米、宽0.3米、厚0.15米。没有石条铺设的小巷，则用散石块拼砌，只有个别小巷是泥路。由于铺设路面的石条像糖瓜条或冰糖块，外乡人将北山街道称为“糖瓜街”或“冰糖街”。

北山村内街道布局井然，既有环村街道，也有横直街道，营造出舒适便捷的居住环境。环村街道东起杨氏大宗祠围墙西北角，向南经康真君庙东侧沿原街市（今张润光屋前），经山顶街沿围墙直至大树下再到南闸，然后由南闸西下，沿蕹菜塘经白沙巷过东洲世公祠到西闸。其后，由西闸向东回经今北山村西牌坊后左转，经今北山企业大楼（原月辉杨公祠）西侧，过章成杨公祠、清标杨公祠、东渚杨公祠、允亮杨公祠、鼎国杨公祠等祠堂门前，再回到杨氏大宗祠门前。

杨氏大宗祠古井（2017 年） 杨世权 摄

杨云骧府第古井（2017 年） 杨世权 摄

杨氏大宗祠园内的玉兰花绽放（2018 年） 北山大院 提供

除环村街道外，清道光年间，村内共建有南北向直街 12 条、东西向横街 28 条。清咸丰至光绪年间（1851—1908），又在满堂街区内建 4 条南北向直街。在基本定型的北山古村范围中，共有大小街道 44 条，其中南北向直街 16 条，东西向横街 28 条。

古井 北山村内保存有古井 50 口，包括杨氏大宗祠古井、东池祠古井等。

古木

杨氏大宗祠内的紫玉兰 又名玉堂春。该树种极为珍贵，在整个华南地区仅有两棵，是清咸丰初年杨云骧花费白银 500 两从上海附近购回。每年元宵节前后，宗祠内玉堂春开满花朵，满园芳香。

古木棉 村内至今仍保存有超百岁树龄的木棉树 2 株，树干有十

杨氏大宗祠后（左）和南闸（右）的 2 株古木棉（2016 年） 杨世权 摄

秀毓园新村内的古木印度菩提树（2017 年）
杨世权 摄

层楼高。

印度菩提树 现在秀毓园新村内。

细叶榕古树 北山人原在湾仔石角咀斜坡种有数株细叶榕，在东堡村种有成片细叶榕，方便往来的行人、旅客歇脚乘凉。其中在东堡村所种成片细叶榕树，至今留有 2 株，在珠海大道华发新城十字路口的西侧。

古香樟树 在北山东庙埔，村民曾种下成片的香樟树。20 世纪 50 年代，该片香樟树群曾被有关部门有计划砍伐，用以支援珠海的经济建设。至今仍留有数株。

北山古树留存情况一览表

表 3

树名	树龄（年）	保护级别	胸径（米）	树高（米）	树冠范围（米）	数量（棵）
木棉	180 ～ 300	国家三级	1	15	15	2
紫玉兰	180	国家三级	0.3	4	4	1
香樟	152 ～ 200	国家三级	0.5 ～ 1	5 ～ 10	8 ～ 10	12
印度菩提树	180	国家三级	1.5	10	20	1
人面子	180	国家三级	0.8 ～ 1	8	12	2
细叶榕	100 ～ 180	国家三级	1	8	10	2
假苹婆	100 ～ 160	国家三级	0.5 ～ 0.8	5	5	3
朴树	100	国家三级	0.8	5	5	2

20 世纪初，北山人在东堡村种下的两棵细叶榕树　　杨世权　摄

北山新市场东北山先祖在东庙埔种下的香樟树群（2017 年）　杨世权　摄

◉ 古桥

瓦窑涌石桥 建于清道光初年。桥长约5米，宽1.5米。清《(道光)香山县志》卷二“梁津篇”记载:“瓦窑涌石桥，北山乡民捐建。”

北坑大陂石桥 建于清道光年间(1821—1850)。桥长约30米，宽1.5米。清光绪《香山县志续编》卷五“梁津篇”记载:“大陂桥在北山乡，乡人建坝拦水灌田，上架石梁，北山、南屏往澳公路。”

永济桥 建于清道光年间，原为木桥，后改建为石桥。俗称“三度桥”，是北山村民由村东外出，经东庙埔、民阁过三度桥到湾仔、澳门和湾仔至前山必经的桥梁。桥长40米，宽2米，为三跨度。清光绪《香山县志续编》卷五“梁津篇”记载:“永济桥在北山涌口，乡人往澳门通道。清咸丰六年，里人杨兰皋易以石梁，后为飓风摧圮。光绪二十三年，兰皋子重修，护以铁栏。”该桥以“永修堂”名义重修，于光绪二十四年(1898)完工。

南石桥 1933年南屏至湾仔的公路建成时，在路经北山墩后的溪涧上建一桥，名“南石桥”(即南屏至石角咀车路的石桥)。该桥为钢筋混凝土结构，长10米，宽4米，净高约5米，单孔。南石桥工艺精湛，桥体牢固。

◉ 书画　牌匾

水彩壁画 在北山古建筑中随处可见，尤其是清朝中晚期所建的富家大屋中。在现存的富家大屋中，很多壁画在“文化大革命”期间遭涂抹，后经清洗仍可依稀看出壁画的轮廓。水彩壁画分别画在屋宇头进大门内外的门上方和梁下之间、头进厅堂左右梁下和天井两侧过道的屋檐上方。壁画作品主要有人物、鸟兽、山川流水、花草树木、亭台楼阁等，色彩斑斓。画作均有作者署名，其中满堂街(今北山正北街各巷)古建筑的很多水彩壁画和字画都出自杨玉亭和清末岭南壁画大师杨瑞石之手。

墙壁字画 古建筑物中的字画由书法师傅书写在墙壁上，内容主要是唐宋诗，以唐诗居多。字画基本是一首一屏，也有一首两屏的。字画与水墨画相间并存，有两诗间一画，也有三画间两诗的。字画有唐李白的《静夜思》《客中作》《春夜洛城闻笛》

北山北街杨祖潼四宅中的3幅水彩壁画　　杨国雄　摄

《与史中郎钦听黄鹤楼上吹笛》，杜甫的《春夜喜雨》《八阵图》，杜牧的《山行》，孟浩然的《春晓》，王昌龄的《芙蓉楼送辛渐》，王之涣的《登鹳雀楼》，王维的《过香积寺》《鸟鸣涧》《竹里馆》，张继的《枫桥夜泊》，韩翃的《寒食》，高适的《别董大》，北宋程颢的《春日偶成》，汪洙《神童诗》中的《四季诗》及明唐寅的《桃花庵

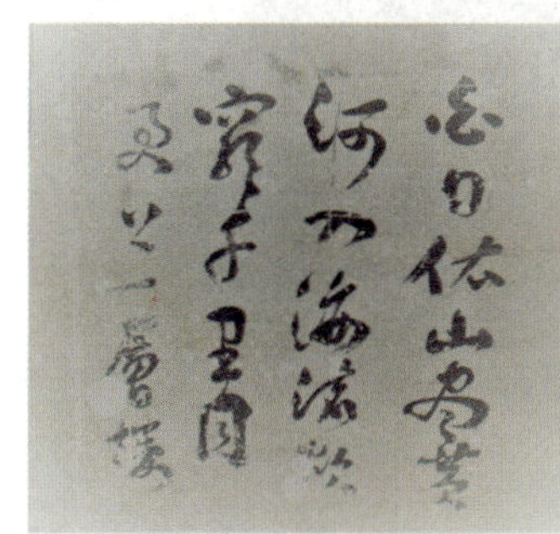

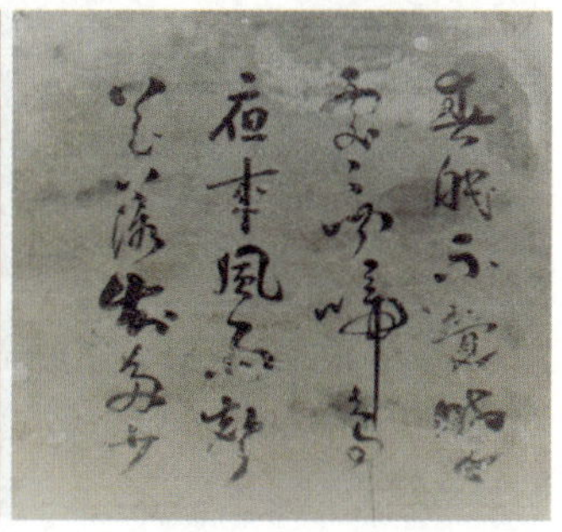

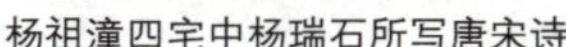

杨祖潼四宅中杨瑞石所写唐宋诗　　杨世权　摄

歌》等。字画的字体有楷书、行书和隶书，以行书居多，行书多以行草书写。字画均有书者署名。

楹联 是北山古建筑中最常见、最具文化气息的作品。有石刻、灰雕、木刻，以木刻居多，且以阳刻为主。楹联在祠堂门框、厅堂、民宅书房、神楼两侧触目皆是，有长有短，所表达的内容各有不同。如杨氏大宗祠大门的楹联：“源分东汉，秀毓北山”，揭示了北山杨氏的根宗源自东汉弘农杨氏，落籍北山生息繁衍。祠堂和古宅的神楼是过往人们供奉祖先的地方，神楼两侧多刻有“举目思祖功宗德，存心为子孝孙贤”，或“秋霜春露思先泽，云蔚霞蒸启后人”的楹联，教育后人饮水思源，感恩先祖开基创业的功德，继往开来。古宅一般都建有书房，以供子孙读书写字。书房入门的地方通常有小天井，天井靠墙一面筑有花矶，花矶上方墙壁上刻有灰雕，两侧则附楹联衬托环境，如“夜伴书声和笛响，风清花味透帘香”。原北山杨族两等小学选址在紧靠杨氏大宗祠西边的戏院后座。学校建成后，人们就在学校与戏院之间宽阔的巷道边上建了一个花矶，种上花草，并在花矶的墙壁上用油灰雕一副楹联以衬托环境。上联是“笠泽丛书林影外”，下联是“花香鸟语雨声中”，横批是“霁青”。在北山的古建筑中，还有教育后人行善积德的楹联，现今保存完好的保逷杨公祠大门两边刻有一副楹联“雀环昌凤岭，台鼎兆鳣堂”，即借用东汉时期弘农华阴人杨宝、杨震父子的故事，教育后人，积德行善必有好报。保逷杨公祠自清咸丰九年（1859）建成后，先后出了杨云骧，杨镇海、杨镇洪父

杨氏大宗祠西侧描写学校环境的楹联　杨世权　摄

保逷杨公祠大门的楹联　杨世权　摄

子，杨应麟（训强）和杨启彦等名人。

牌匾

诰命匾 北山现存的诰命匾为两屏三款：

一屏为清同治皇帝于同治三年（1864）二月二十六日，覃恩候选郎中加五级（相当于文职从二品，该职衔应为捐官）杨大观（字祖潼）的祖父杨百汇（讳池，号澄川）通奉大夫衔（文职从二品），其祖母容氏夫人。该屏木刻诰命为楷书阳文。匾曾被作木板用，阳文遭铲平，部分被毁掉。该匾原存放于澄川杨公祠，现存杨氏大宗祠内。

另一屏为两款。一款为同治皇帝于同治四年（1865）九月二十八日覃恩广东澄海营参将（武职三品）杨镇海（字祖泰）的曾祖父杨寿亭为武义都尉（武职三品），其曾祖母刘氏、容氏为淑人；另一款为同治皇帝于同治十一年（1872）十月初九，覃恩副将衔广东澄海营参将（武职从二品）杨镇海的祖父杨次宽武功将军衔（武职从二品），其祖母张氏、徐氏为夫人（夫人比淑人荣誉高）。诰命刻于蓝、红、白、黄四色木匾上，匾内文字为阳文楷书。现陈设于杨氏大宗祠中殿。

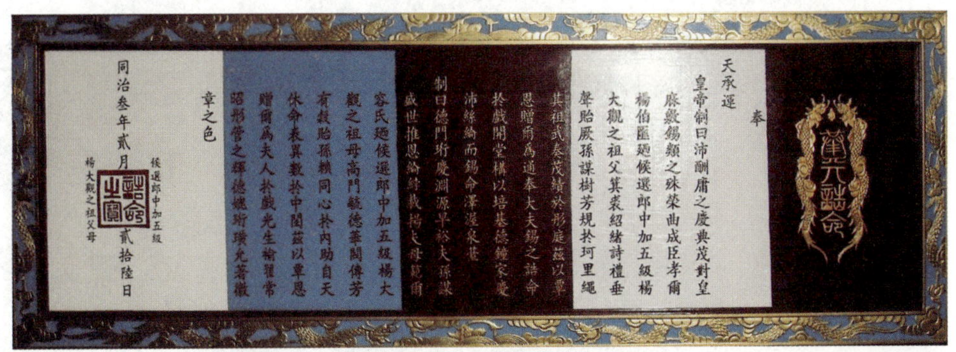

重新修复的清同治皇帝诰授杨大观祖父母杨百汇、杨容氏的圣旨 陈锴 摄

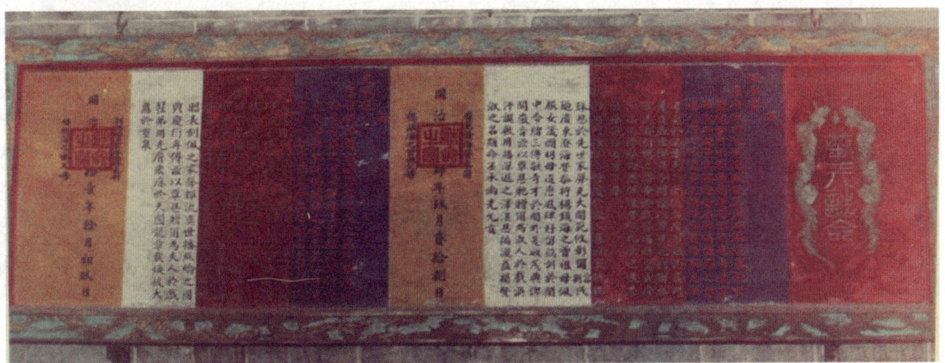

清同治皇帝诰授杨镇海祖父母和曾祖父母两轴合一屏的圣旨 杨少新 摄

“宗支蕃衍”横匾 该匾为1937年杨氏北山开宗700周年时，由杨泗儒第二十一世孙杨训登及其三子尊请国民政府主席林森手书。

“珠海县前山乡北山村幸福农业社管理委员会”横匾 该匾为1957年农业合作化运动由初级社转向高级社时，北山高级农业社组织管理机构名称的横匾。匾长156厘米，宽43.5厘米，厚约1.3厘米。该匾现藏于珠海市博物馆。

“珠海县南屏人民公社北山大队民兵营”牌匾 该匾为竖匾，高159厘米，宽21.2厘米，厚1.4厘米，是1961年北山大队正式成立民兵营军事组织时的名称牌匾。该匾与幸福农业社牌匾一样，用旧木板制成，背面为阴刻文字，字体为楷书。文字内容提及部分人的官衔。该匾现藏于珠海市博物馆。

“北山乡人民政府”牌匾 该匾为1983年人民公社体制撤销、北山生产大队革命委员会改为北山乡人民政府时的组织名称牌匾。牌匾为竖匾，高2米，宽39厘米，厚2.3

1937年，国民政府主席林森为北山杨氏开宗700周年时题写的“宗支蕃衍”横匾 杨少新 摄

“北山村幸福农业社管理委员会”横匾 珠海市博物馆 提供

“珠海县南屏人民公社北山大队民兵营”牌匾和“珠海市北山乡人民政府”牌匾 珠海市博物馆 提供

厘米。该匾现藏于珠海市博物馆。

◉ 古器具

春秋战国时期青铜短剑 1986 年 4 月，南屏镇广播站站长吴金喜路经北山村至东桥村的沙丘时，发现沙丘断层深 0.28 米处有青铜短剑 1 把，旁边存 3 块变体米字纹陶罐残片，但不见有文化堆积。青铜短剑剑身通长 21.8 厘米，单脊，喇叭形首，扁圆茎，茎中有一小孔，并饰小菱纹、小网格纹四道纹带，为春秋战国时的兵器。青铜短剑现收藏于珠海市博物馆。

宋代魂坛 1999 年年初驻澳部队珠海基地营房开基建设时，在北山后林南坡的墓地出土一宋代魂坛。魂坛高 53 厘米，坛口直径 10.3 厘米，坛底直径 17.4 厘米。魂坛现收藏于珠海市博物馆。

清乾隆时期铁钟 清乾隆五十五年（1790）北山村兴建康真君庙时，特意请工匠为庙铸造了一个大铁钟。20 世纪 50 年代后期至 60 年代，当时的生产大队曾将其挂在北山后林的最高点，专门用作生产大队社员劳动开工和收工报时之用。

春秋战国时期青铜短剑　　珠海市博物馆　提供

宋代魂坛
珠海市博物馆　提供

清乾隆时期铁钟
珠海市博物馆　提供

◉ 古碑 石刻

古碑

景辉杨公祠碑 该碑为清乾隆四十八年（1783）孟冬（农历十月）立。碑由两块黑色大理石组成，属阴文楷书碑刻。碑文为直书左读，立于景辉杨公祠东厢。现仍存。

景辉杨公祠碑部分碑文 杨少新 摄

真君康元帅庙碑 该碑立于今康真君庙东侧“本乡公约”入门右侧。由两块黑色大理石组成，每块大理石高 1.5 米，宽 72 厘米。碑文为阴刻楷书，直书左读。碑为“大清乾隆伍拾伍年岁次庚戌秋八月十七日阖乡信士立”。碑文记录了捐资建筑康真君庙的全乡 548 名信士的芳名及所捐银两数。全乡共捐资 617.97 两。其中，以杨泗儒名义捐资 200 两，其余 472 名杨姓村民捐资计 378.6 两，其他 75 名姓氏村民捐资计银 39.37 两。

北山乡税坦碑 该碑刻于清嘉庆年间（1796—1820）。碑文是申明北山的税坦范围，

北山乡税坦碑 杨世权 摄

真君康元帅庙碑 杨世权 摄

原立于北山洛洋村的洛洋村海上仙游诸君义墓志 杨世权 摄

康真君庙重修碑志 杨世权 摄

标题是“北山乡税坦”，正文共166个字。碑为座立式，长156厘米，宽61厘米，厚15厘米，花岗岩质，楷书阴刻。标题横书左读，字大小约6×6厘米；正文为直书左读，字大小约5.5×4.5厘米。该碑现藏于珠海市博物馆。

康真君庙重修碑志 该碑立于今康真君庙东侧医帝庙上座右侧。碑由两块黑色大理石组成，为楷书阴文，于清同治九年（1870）十月所立。碑文记录了康真君庙重修事宜及各捐款者姓名、金额。碑文由杨士龙撰写。

洛洋村海上仙游诸君义墓志碑记 该碑为清同治十三年（1874）八月十二日夜，澳门、湾仔、北山沿海一带住民以及估船、疍艇船户遭台风吹袭溺毙后，北山乡人捡到416名无名氏尸骨掩埋后立。碑为北山乡安澜堂主人于清光绪元年（1875）冬十二月所立。碑文标题为“洛洋村海上仙游诸君义墓志”，正文共329个字，为座立式，高约177厘米，宽46厘米，厚16厘米，花岗岩质，楷书阴刻。正文为直书左读，字大小约3×3厘米。该碑现藏于珠海市博物馆。

石刻

竹仙洞摩崖石刻 清同治年间（1862—1874），杨云骧在竹仙洞隐居时，题写“觉步”“云路”“紫门”字句，次子杨镇波亦写下《题竹仙洞》诗一首；乡人钟锦游竹仙洞后兴致盎然，随手写下长诗《竹仙趣》。诗句均被镌刻在竹仙洞岩石上，供游人鉴赏。

竹仙洞摩崖石刻群中的部分石刻　　杨少新　摄

此后，杨兰皋请书法家题写“鸿翔鹤聚”“洞天福地”“登高望远”等描绘竹仙洞胜景的字句，并镌刻在巨型岩石上。石刻均为阴刻。自清同治元年至光绪末年（1862—1908），竹仙洞共有诗、字句的岩石镌刻 14 处。1986 年，竹仙洞摩崖石刻被列为珠海市文物保护单位。

“钓雪祖风水石”石刻　　杨世权　摄

“钓雪祖风水石”石刻　石刻位于白面将军山滴水岩上游的祖高山。石刻为“钓雪祖风水石”六字，阴刻，每字 30 厘米见方。杨钓雪是北山杨氏第八世孙。“钓雪祖风水石”是杨钓雪裔后人所刻。

◉ 古迹遗存

旗杆夹　立旗杆夹是明清时期的一种礼制，考中举人、进士后都会在其所属的祠堂前立旗杆。旗杆上挂大幅锦旗，锦旗上写有或绣有某某的名字，高中什么功名，以此光宗耀祖和激励后人奋发图强，努力争取功名。旗杆夹不仅在高挂的锦旗上写有某某高中的功名，同时还在旗杆夹下方的夹石上阴刻某人什么时候高中什么科的功名，让世人长久记住。北山立有旗杆夹的祠堂有杨氏大宗祠、景辉杨公祠、月辉杨公祠、云隐杨公祠、保遐杨公祠、东洲世公祠和钟鲁杨公祠。上述祠堂在清代都有后人中举人或进士。

“泰山石敢当”　过去在北山闸门外和巷口、一些人家门口的墙脚边，摆放或镶嵌一块石头。石头高 0.66 米，宽 0.33 米，上面楷书阴刻“泰山石敢当”五个字。“泰山石敢当”石头被人们视为镇灾压殃的“保护神”，用以保护村宅平安。

据民间传说，“石敢当”的起源与黄帝有关。黄帝与蚩尤大战，蚩尤所向披靡，猖狂

杨氏大宗祠门前的旗杆夹　　杨世权　摄

北山北二巷民宅门前的“泰山石敢当”　杨世权　摄

之极，登上泰山大呼：“天下有谁敢当？”女娲投下一块泰山石，喝道：“泰山石敢当！”蚩尤落荒而逃。黄帝于是遍刻“泰山石敢当”，用于震慑蚩尤，最终打败蚩尤。

中国古代的先民，认为泰山石可镇灾压邪，于是就用自然石雕刻“石敢当”或“泰山石敢当”立于墙根、巷口、桥头、要冲，用以辟邪，以保护村宅平安。“石敢当”在不同地方有不同的样式，有浮雕的，有阴刻的；有刻有八卦图案的，也有无图案的；有的只刻“石敢当”，有的刻“泰山石敢当神位”。北山村所立的“石敢当”比较简朴，无装饰，文字全为阴刻的“泰山石敢当神位”。

2019 年北山杨氏大宗祠举办迎春敬老会胜景　　杨国雄　摄

古村保护与开发

北山是一座始建于南宋的古村落。作为珠海唯一的广东省历史文化名村，文化遗产丰富，文物古迹众多，现存历史建筑90栋。建于清道光八年（1828）的杨氏大宗祠是广东省人民政府公布的第四批省级文物保护单位。据第三次全国文物普查，村内现存不可移动文物9处。北山村民具有较强的文化传承和文物保护意识，尤其改革开放后，北山人在发展经济的同时，把古村保护放到重要位置上，努力保护历史遗迹，弘扬优秀传统文化，推进旅游发展，促进文化旅游融合发展。

◉ 古村保护

规划制定　北山村众多的文物古迹，具有较高的历史文化价值。新中国成立后，北山人对文物古迹的保护意识逐渐增强。改革开放后，随着珠海经济发展，珠海市总体规划将北山所在的南湾片区纳入主城区，北山开始实行城市化改造，旧村逐步转化为城市社区。进入 21 世纪，为更好地保护历史遗迹、弘扬传统文化，北山社区“两委”把制定古村保护规划提上议事日程。2006 年，北山召开村民代表大会，专门研究如何保护以杨氏大宗祠为代表的旧村古屋。此后，珠海市规划局与南屏镇委托华南理工大学建筑学院建筑与城市设计研究所编制《珠海市北山村社会主义新农村建设规划》《珠海市北山村历史文化保护利用规划》。

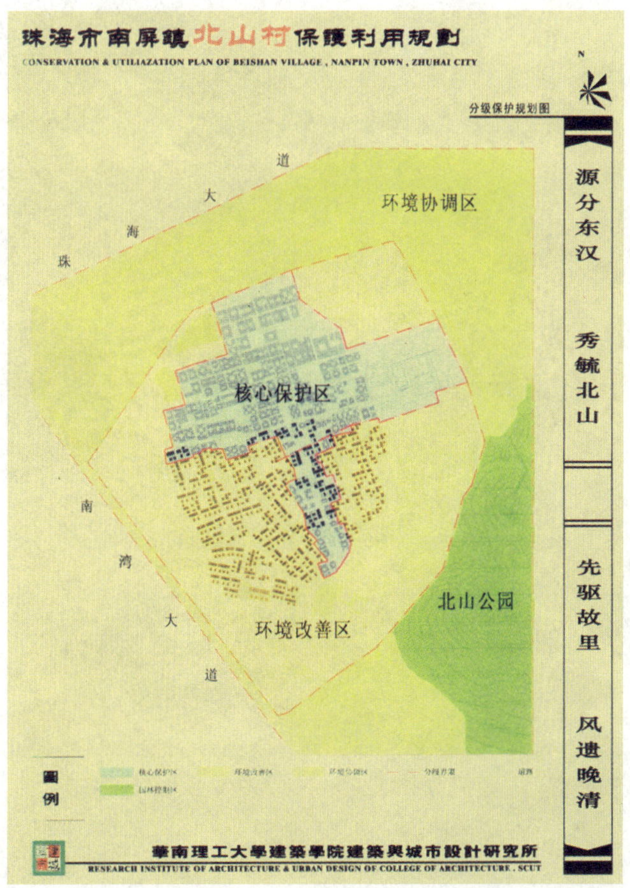

北山古村分级保护规划图

从北面俯视北山村居全貌（2017 年）

华发集团有限公司　航拍

保护原则 规划规定，对北山古村风貌的保护，坚持物质空间保护与地区生活文化脉络的传承发扬共同发展，采取系统保护，并从各个层次上展开。划定保护层次与范围，保证地区历史价值的整体延续。不限于单个文物建筑的保护，系统保护针对整个历史文化保护区。在空间上，对历史风貌进行总体控制，对构成历史风貌的环境结构、道路格局、建筑物、街道小品等人工要素和绿地景观、古树等自然要素实施整体控制。

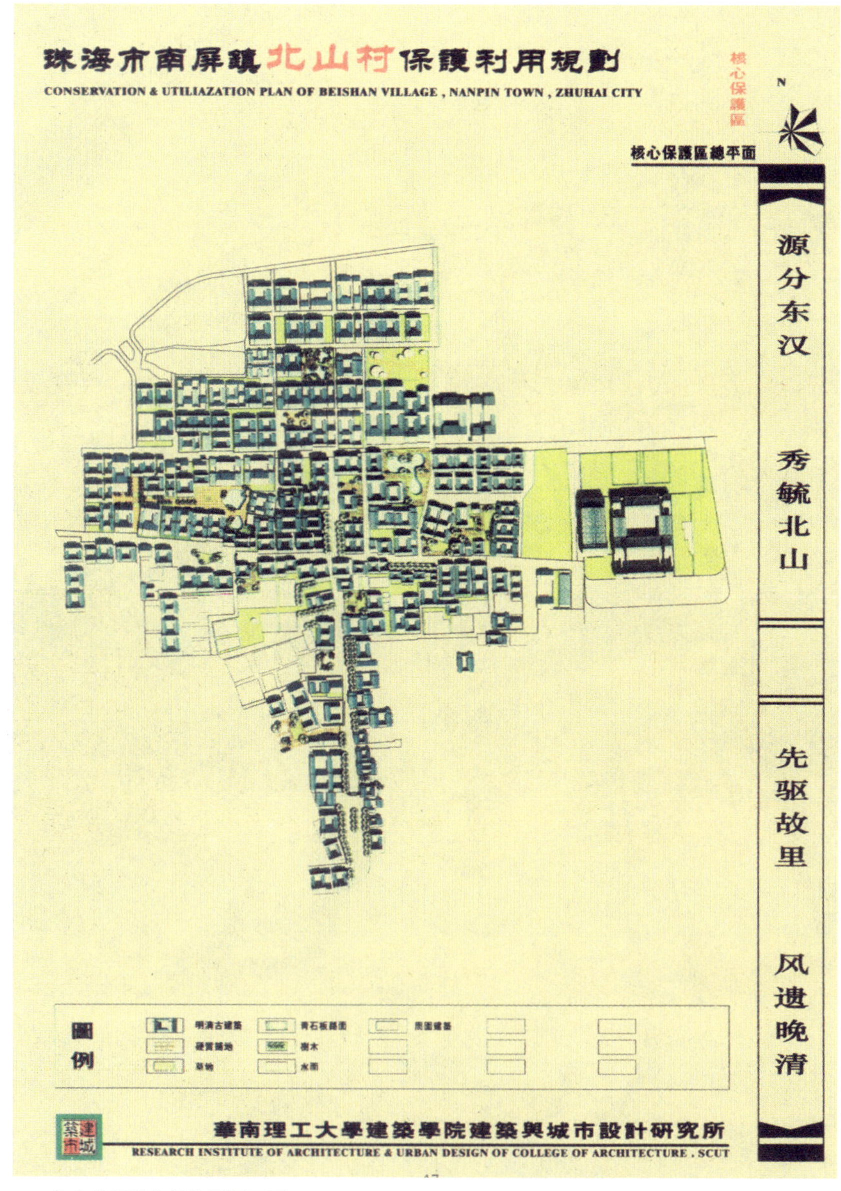

北山古村核心保护区平面图

保护内容

北山村现存传统广府民居 80 座，宗祠 10 座，分别是杨氏大宗祠、景辉杨公祠、龙溪杨公祠、概轩杨公祠、东池杨公祠、钟鲁杨公祠、保遐杨公祠、秋涯杨公祠、章成杨公祠、澄川杨公祠。据第三次全国文物普查，现存不可移动文物 9 处，分别是杨氏大宗祠、杨泗儒家族墓、东池杨公祠、杨云骧府第、北山医帝庙、澄川杨公祠、杨镇海府第、保遐杨公祠和章成杨公祠。其他古建筑还有康真君庙（医帝庙）、杨应麟故居、杨绍安堂、杨氏大宗祠古井、东池祠古井、北山戏院等。北山古村历史文化保护采取“冻结式”保护与“有机更新”相结合的保护方法，对现有保存完好的杨氏大宗祠、下将军府第等祠堂和古建筑采取“冻结式”保护，而对于传统民居则采取修复和转换方式；对于大部分现代住宅则予以拆除，按传统住宅类型进行有机更新，使之形成具有历史文化气息的生活社区。规划对北山村进行区域划分，分为核心保护区、环境改善区和环境协调区 3 个区域，总面积约为 62.34 万平方米。

核心保护区　历史风貌最为完整、历史建筑最为集中、保存状态最为完好的区域，总面积约 8.8 万平方米。核心区内现存历史建筑与历史环境占地面积约 3.56 万平方米，比例为 36.3%。

环境改善区　为保护北山村传统格局和历史风貌完整性而设定的建设控制范围。

环境协调区　为保护北山村现存的山水格局而设定的保护范围。

保护利用　改革开放后，北山村“两委”致力于古村保护和开发利用。除了争取上级政府和有关部门的政策和资金支持外，还想方设法争取社会力量的参与，广泛吸纳资金，包括争取社会基金和捐赠。

2007 年，毕业于广州美术学院的薛文、薛军两兄弟租下北山康真君庙，投入 200 多万元进行古貌修复和复原。至 2009 年 7 月，在原址建成具有鲜明岭南建筑特色的北山会馆。通过精心设计布局，会馆发展成为集艺术、休闲、文化交流与旅游于一体的新生态旅游点。

2011 年，北山会馆投资 400 多万元，对残旧的康真君庙进行修复，修旧如旧，恢复原貌。至是年 6 月，改造成为杨匏安陈列馆，对外免费开放，成为珠海著名的红色教育基地。2013 年，以北山大院为管理主体，投资 1000 万元，对保遐杨公祠、澄川杨公祠进行保护性开发利用，恢复原貌，在祠内设立北山大院、北山太极会馆、北山大院艺术中心等。2013—2016 年，北山大院投资约 500 万元，维护及复原杨氏大宗祠，在祠内设广东省一级文化站、珠海市爱国主义教育基地、全国文化信息资源共享工程基层服务点。2014 年，北山会馆投资 400 万元，对章成杨公祠进行修复利用。2016 年 3 月，北山大院投资约 500 万元，对龙溪杨公祠、概轩杨公祠进行修复和维修保护。

北山古村保护和开发利用，以古建筑为依托，按照“传承历史文化，维系民族精神，推动产业创新，实现文化繁荣”的理念进行规划。北山大院内以清、雅、文、逸为基调，聚集、吸纳独立文化品牌，引进素和善食（禅斋）、清愔桐庐古琴馆、北山太极会馆、韵裟旗袍、北山精舍、停云书房等符合古建筑文化氛围的个性文化品牌，为古建筑群注入生命力，营造浓厚的产业氛围。2016 年 10 月 1 日，广东卫视《社会纵横》栏目以《小村庄的大变化》为题，对北山村的发展变化和北山大院的创意文化产业建设进行报道，引起广泛关注和反响。至 2017 年，北山累计投入资金超 2000 万元，对杨氏大宗祠、保遐杨公祠、澄川杨公祠、秋崖杨公祠等在内的 7 座古建筑进行修复，恢复古建筑原貌及古祠堂的风貌和底蕴，挖掘与传承民俗文化传统。同时，对北山村名人先烈的故居进行修葺，整理发掘新史料，并对先烈的崇高精神予以宣传与推广，推进北山村宗祠文化博物馆的建设和北山村族谱及村志的修编。

申报省级历史文化名村 北山村历史悠久，文化底蕴深厚。北山位于珠海大道与南湾大道的交会处，毗邻港珠澳大桥连接线湾仔互通出口，地处珠海城市区位核心地段，旧村居住点正是珠海市名人文化、历史文化遗产较为集中的区域。北山村重视历史文化的保护和传承，2006 年，在市、区、镇政府和有关部门支持下，积极申报省级历史文化名村，聘请华南理工大学建筑学院编制《珠海市北山村历史文化保护利用规划》。2009 年，经广东省人民政府批准，广东省住房和城乡建设厅、文化厅公布北山为第二批省级历史文化名村，成为珠海市唯一的省级历史文化名村。

旧村改造 北山旧村占地面积约 32 万平方米，总建筑面积 42 万平方米，村中居住人口密集。作为广东省历史文化名村，北山旧村改造涉及历史文化名村的建设、村落古建筑的保护和修复，投入大、平衡难。2014 年，珠海市政府在市城乡规划和土地管理委员会第五次会议上，根据《珠海市城市更新管理办法》第五十六条，决定北山旧村改造采取政府组织方式实施，确定珠海华发集团作为项目实施主体。旧村改造充分发挥北山交通便利、临近珠海华发商都地理优势，以古建筑为历史名片，以北山世界音乐节为现代品牌，融合历史及现代元素，重点发展旅游、酒店、办公、商业等服务业，建成集文艺娱乐、居住、购物、办公为一体的综合社区，将北山打造成珠海乃至全省标杆性的文

改造前

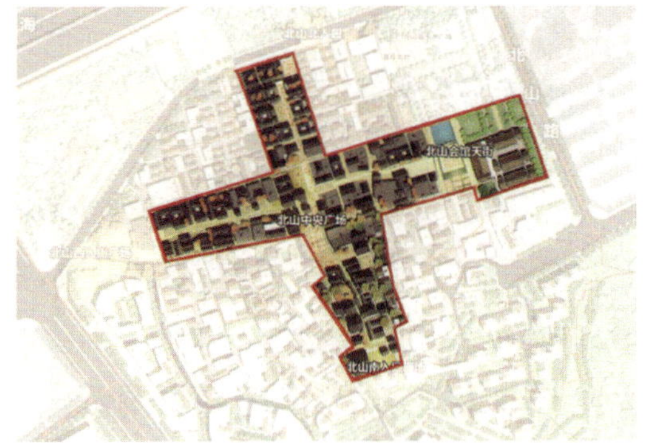

改造后

北山旧村改造前后规划布局图　　珠海华发集团　提供

化艺术旅游区和珠海城市新名片、文化新坐标。

北山旧村改造规划范围内共有文物保护建筑 13 处，历史建筑线索 30 处。更新改造以活化历史古建筑、丰富配套功能为原则，以旧村的“十字街”规划进行统一布局，符合整体规划布局的，进行保护修缮，周边发展环境不利于古建筑保护的，进行迁移，拆旧如旧，重现古村“十字街”的历史风貌。包括对传统风貌建筑、历史建筑进行抢救性修复，对外立面及主体结构进行修复，鼓励原产权人委托开发主体进行经营、修缮保护，用作公共服务设施，如保留祠堂功能，做文化研究、文化体验、展览馆等。新建的

北山旧村改造后的效果图　　珠海华发集团　提供

体量大、色彩浓重，对古村历史风貌影响严重的建筑进行拆除，对体量适中的新建筑进行改造和功能置换。新建、改建建筑，要求在建筑高度、体量、外墙材料、色彩上与核心区内的传统建筑及历史建筑相协调。

北山旧村更新改造与区域城市更新项目相配套，对辖区的交通基础设施进行升级改造，在不割裂传统街区完整性的前提下，重新规划定位地区道路等级，新增北山一路、北山二路、环山路等道路，新增 1 处公交首末站、6 处社会停车场，保留 1 处加油站。

北山旧村更新改造后，建成 2 个社区公园、1 所幼儿园、1 个农贸市场、1 个二级邻里中心，多种业态相结合，配套居住、商业服务，创建混合利用社区，打造多用途居住文化产业中心。

◉ 旅游开发

开发建设 北山是岭南著名的明清古村落，省级历史文化名村，历史悠久，古迹文物众多，现存历史建筑 90 栋，包括保存完好的古祠 10 座和传统广府民居 80 座。其中清道光八年（1828）落成的杨氏大宗祠是广东省文物保护单位，建筑气宇恢宏，工艺华美，是珠海地区古建筑艺术的典范。北山还是华南地区最早系统传播马克思主义的先驱、国共国民革命统一战线的开拓者之一、青霜坚傲骨的共产主义烈士杨匏安的故乡，为北山留下了一笔宝贵的红色资源。北山依山傍水，环境优美，先辈筚路蓝缕，打造出竹仙洞风景区；后人传承优良传统，着力打造民生安居工程，规范和美化居住环境，为珠海首个国家级生态村。北山地处珠海市核心地带，东望香港，南连澳门，交通便利，伴随改革开放后城市化进程，周边兴建起华发新城等规模较大的花园小区，华发商都等现代化大型购物中心与北山仅一路之隔，传统与现代、喧闹与宁静在这里交会，构筑出得天独厚的特色景致，具备较高的旅游开发价值。

改革开放后，伴随珠海城市建设和北山经济飞速发展，北山村在做好古村文化保护的同时，同步开发旅游业。进入 21 世纪，北山进一步依托省级历史文化名村的招牌，联合市文体旅游局，借助社会力量，对古村建筑和名人故居进行修复，对现有的古祠堂进行修旧如旧，竭力恢复其历史建筑原貌及古祠堂的风貌气蕴；活化利用古建筑，创建北山会馆、北山大院等文化创业基地，每年举办两次北山世界音乐节，将其打造成为北山乃至珠海的一张文化名片。在珠海市委、市政府支持下，挖掘整理北山红色资源及历史人文资源，兴建介绍革命烈士生平的杨匏安陈列馆、展示杨匏安和中共最早的监察委员会委员事迹的北山廉政文化公园以及再现珠海近代 21 位杰出人物的珠海名人雕塑园等一批新的文化景点，为历史文化名村增添了神韵。其间，北山加强旅游项目配套设施建设，大力支持民宿改造和餐饮服务业，提供北山特色美食、珠海当地美食以及全国各地美食给游客们品尝体验。每年组织开展千叟宴、祭祖、醒狮等传统民俗活动，举办国内外优秀艺术家展览及交流活动、北山艺术讲堂、特色庙会等活动，开拓以文化旅游、特色节庆、特色展览等特色文化产业为引导的文化旅游项目，引进非物质文化遗产项目，如粤剧、书法、国画、古琴等，搭建文化旅游平台，增强对中外旅客的吸引力，提升北山的景区人气和旅游知名度。组织北山村史编纂工作组，进入各家各户开展调查走访，用文字、摄影、摄像等手段，将北山的山川地貌、人文历史、民间传说、文物古迹等汇集整理，为旅游开发奠定坚实的基础。

2008 年北山画家村首个创意文化产业开办后，带动了一批创意文化单位驻足落户。这些创意文化单位不定期地举办画展、音乐会、沙龙、讲座等活动，也带动文化旅游产业的发展。2008 年，广东省旅游局授予北山村“广东省旅游特色村”称号。2016 年 6 月，北山居委会根据形势发展，制定发展特色旅游项目的规划，争取市、区、镇政府和社会资金支持，优化资源配置，加快特色旅游产业升级，延伸旅游产业链，提升北山旅游文化品位。规划项目包括杨氏大宗祠加装视频监控、杨氏大宗祠数字导览系统、北山艺术中心公共教育功能升级工程、北山村史博物馆等。截至 2017 年年底，北山以其深厚的历史文化底蕴、丰富的旅游文化内涵、优美的生活环境、滨海休闲旅游的显著特色，融入珠海生态旅游和文化旅游大局，广受旅客的青睐和欢迎。

2008 年，广东省旅游局授予北山“广东省旅游特色村”称号

景区景点

北山古建筑 北山辖区内的13处古建筑，有清早期建筑3处，分别是景辉杨公祠、龙溪杨公祠和概轩杨公祠；清中期建筑3处，分别是杨氏大宗祠、钟鲁杨公祠、章成杨公祠；清晚期建筑7处，分别是东池杨公祠、秋崖杨公祠、保遐杨公祠、澄川杨公祠、上将军第、下将军第和杨应麟故居。大部分古建筑至今保存完好。此外还有历史建筑线索30处，相当一部分集中在满堂街。这些都是北山乡村旅游观赏、考察古建筑文化的好去处。其中清道光八年（1828）落成的杨氏大宗祠是广东省文物保护单位，建筑气宇恢宏，工艺华美，是珠海地区古建筑艺术的典范。

竹仙洞 位于北山社区东南约2000米处，即珠海市南湾城区仙桥路南端、南湾大道南侧竹仙公园内。竹仙洞形成于清同治年间（1862—1874），初由北山人杨云骧营造。据清《(同治）香山县志》卷四记载："竹仙洞在北山乡东南四里。群山夹拱，中隔溪涧，石桥横跨如偃虹。岩溜琤琮，味尤清冽。里人杨云骧构石室其中。花木幽邃，往来游人恒于觞咏焉。"清同治元年（1862），杨云骧辞去和平营都司一职，回北山开辟竹仙洞隐居。他修桥铺路，栽花植木，以怡晚年。修筑竹仙洞时，题写"紫门""云路""觉步"等字句，请人镌刻在大石上，并在石壁上写下《竹仙洞感事述怀》诗一首。其次子杨镇波亦赋诗《题竹仙洞》助兴。清同治二年（1863），北山人杨钟锦畅游竹仙洞后，为其

山水相连的竹仙洞（2018年） 杨国雄 摄

清光绪二十六年（1900），澳门以竹仙洞郊游活动为背景制作成的明信片背面照
张益茂 提供

胜景赞叹不已，也赋长诗《竹仙趣》，予以勒石。

竹仙洞内有一条有名的山径，名“44 级石”，是北山慈善家杨兰皋出资所修。杨兰皋少时家境贫寒，其母为了家计，每天都要沿着竹仙洞崎岖的山路上山打柴，十分辛苦。杨兰皋曾发誓：假如日后自己发达了，定要修一条路，使上山的路好走。清咸丰末年，杨兰皋发迹后，如愿请人在竹仙洞的山上修了一条 44 级台阶的山径。清同治初年，杨云骧开辟竹仙洞后，杨兰皋也曾参与其间，他请书法家在竹仙洞作“鸿翔鹤聚”“登高望远”“洞天福地”等描绘竹仙洞胜景的摩崖石刻。自清同治元年至光绪末年（1862—1908），竹仙洞共有诗、字句的岩石镌刻 14 处。

竹仙洞山清水秀，怪石嶙峋，自然景色优美，再叠加人为的文化特质，形成秀美的人文景观。竹仙洞开发后，成为北山及周边民众和澳门人经常游玩和踏青的地方，是香山县著名的旅游景点，引起许多文人墨客的关注和向往。清宣统年间（1909—1911），广东谘议局副局长丘逢甲曾到澳门，听闻竹仙洞风景优美，想要一游，可惜无暇前往，只好在澳门青洲遥望竹仙洞自作遐想，并写下《竹仙洞》诗。

1959 年，国家为解决澳门供水问题，将竹仙洞修成水库，部分景观一度被淹没。20 世纪 70 年代后，有关部门对竹仙洞的旅游项目进行修复和开发，增设娱乐和服务配套设施，成为珠海著名的旅游景点。

珠海名人雕塑园 坐落于北山文体公园内，占地面积 1.8 万平方米。该园由珠海市文化体育旅游局和南屏镇人民政府牵头、相关企业和社区出资赞助兴建，于 2009 年 8

月落成。园区内放置珠海近现代以来涌现出的（以出生时间先后排列）鲍俊、莫仕扬、陈芳、容闳、黄槐森、唐廷枢、徐润、唐国安、唐绍仪、容星桥、卢慕贞、徐宗汉、蔡

珠海名人雕塑园（2017年）

昌、苏曼殊、苏兆征、林伟民、杨匏安、鲍国宝、唐涤生、古元和容国团等 21 位杰出人物的铜像，每个铜像的座基均有个人简介，免费开放。

杨世权　摄

北山廉政文化公园（2017 年）　　杨世权　摄

北山廉政文化公园　中共珠海市纪律检查委员会于 2017 年建立的廉政教育公园。公园与杨匏安陈列馆相望，坐落于北山社区文体公园东北。园内设有党员入党誓词墙、杨匏安和第一届中央监察委员会委员简介、杨匏安雕像、杨匏安家人的革命事迹及杨匏安对子女廉洁教育的事例等，是北山红色教育旅游景点。

杨匏安陈列馆　参见本志“杨匏安·纪念场地·杨匏安陈列馆”。

北山会馆　参见本志“特色文化·创意文化·北山会馆”。

北山大院　参见本志“特色文化·创意文化·北山大院”。

北山廉政文化公园内的杨匏安雕像（2017 年）　　杨世权　摄

北山旧物仓 前身是北山戏院，建于清末，改造后仍保留木梁结构，带有浓厚的民国风。仓内的生活旧物包括食器、花器、家具、工具、装饰品、旧电器、老建材等，通过旧物件，可勾起一代人的记忆。

停云书房 位于杨氏大宗祠东厢，前身是珠海的第一家私塾，经修缮改建为特色书店。书房名"停云"取自辛弃疾词"偶向停云堂上坐，晓猿夜鹤惊猜"(《临江仙·停云偶作》)。书房主人用心倾力地设计出书房里的每一个细节，带给读者"书"与"美"交融的独特享受。

旅游线路

北山独具特色的旅游景点在市、区旅游部门和各级媒体的宣传推介下，统一整合成珠海精品旅游线路。

红色教育旅游线路 杨匏安陈列馆—北山廉政文化公园。

北山一日游 杨氏大宗祠—杨匏安陈列馆—停云书房—北山会馆—北山旧物仓—北山里 + 文创美食街—北山大院—珠海名人雕塑园—北山廉政文化公园—竹仙洞。

旅游服务

改革开放以来，北山辖区内餐饮、住宿等服务业随着外来人口的不断增加，有了长足发展，为北山旅游业的发展起了促进作用。近年来，北山注重旅游项目配套设施建设，大力支持民宿改造和餐饮服务业等的建设，形成一批独具特色的旅游服务设施。

餐饮服务 北山社区内餐饮业兴旺，大小门店共 79 家，其中酒楼 3 家，大排档 20 家，快餐、小食店 56 家。游客可以根据自己的喜好选择餐饮。

北山里 位于北山文体广场东侧，集聚众多特色美食，既有传统的广式美食打边炉，也有港式茶餐厅，还有烧烤等潮流美食。食客可以在这里一边进餐，一边聆听音乐，体验别样的乡村旅游风味。

文创美食街 位于北山街巷里。街巷原有的旧宅被北山人或外地人租赁改造，打造成各具特色、富有文艺气息的临街小店，俗称"文创街"。这里是最能感受属于北山市井气息的地方，从大大小小的巷道里，可以挖掘到美味的小店和属于自己的惊喜，在发现中感受"酒香不怕巷子深"带给人的喜悦。

住宿服务 北山社区内有独具特色的民宿、酒店各 2 家，公寓 20 家，其中较有特色的有北山居民宿、北山精舍。旅客可以根据自己的实际需要选择入住。

交通服务 北山的旅游景点，除竹仙洞在北山社区近郊外，其他都在北山社区居

夜幕下的北山里（2018 年）　　杨世权　摄

住点范围内。北山交通便利，从各个方向皆可搭乘公共汽车至北山、华发商都站、南屏站。至 2017 年年底，途径北山的珠海市公交车有 5、14、16、18、25、34、60、80、81、82、83、86、201、202、206、207、601、601B、603、605、608、609、K5、K6、K7、K8、K9、K11 路以及中山市公交车 991 路。如自驾游，可导航至杨氏大宗祠，在北山文体广场建有规范的收费停车场，为观光者提供便利。

城际轨道　北山距广珠城际铁路前山站仅 2000 米，距珠海站（拱北城轨站）仅 5000 米。城轨站到站后，附近的珠海市公交车 34、207、601、601B、B2、K5 路均可经北山进入旅游景点。

城际公路　广珠东线点对点的大巴车到达珠海市香洲区后，可乘坐珠海市公交车 5、14、201、605、609、K6、K9 路到达北山旅游景点；广珠西线点对点的大巴可在南屏站下车直接步行进入北山旅游景点。

港珠澳大桥珠海口岸　珠海市公交车 25 路直接由口岸经北山进入旅游景点。

特色文化

北山村文化底蕴深厚，建筑、族谱编纂、舞龙、舞狮等传统文化源远流长。民国时期，北山自发成立曲艺社等文艺组织。新中国成立后，群众文化活动更趋活跃。改革开放以来，思想开放的北山村民，在发扬光大传统文化的同时，积极接受新鲜事物，创意文化产业聚集北山，传统文化和现代文化实现有机融合。北山已成为岭南文化的一片热土，文化成为北山的一张靓丽名片。

◉ 建筑文化

村居布局

北山村居大规模建于康熙二十三年（1685）至道光年间（1821—1850），村居布局体现出典型的岭南古村的文化特征。

围墙 为了防止盗贼的侵扰，村民在村居四周建筑了一道坚实的护村围墙。围墙除山坡地段有荆棘不设实体墙外，大部分地段为实体墙，墙高 2 米，基底宽约 1.5 米，墙顶宽 0.8 米。围墙用坚实的花岗岩石块垒砌而成，墙顶种满仙人掌以防盗贼攀爬。整个围墙长约 2 千米，将约 0.35 平方千米的村居包围在内。围墙以秀毓园新村内的印度菩提树附近为起点，向北至康和花园东北角，再折向西，至文体公园西南角拐弯处，向南至欢乐岛幼儿园，再向东拐弯至白沙街，然后向东南过北山商业街后，接北山工业区北，再接南闸，南闸东侧起向东延伸至南安亭。南闸东侧筑有 10 余米长的围墙，围墙至南安亭一段为山林地，满地荆棘，不设围墙。然后由南安亭起，再设围墙向东北方向延伸，直至杨沃耘屋（此处原为杨氏大宗祠的因是园）。自杨沃耘屋至秀毓园印度菩提树段不设围墙。另外，村北围墙与当时村居北线的建筑物（东起杨氏大宗祠，西至章成杨公祠、月辉杨公祠为基线）相距 100 余米，其间全为田洋。田洋主要是用作防贼的缓冲区，因村北为田洋和水网地带，海贼多从北面骚扰；也可用作日后村居发展的后备用地。至 20 世纪 80 年代初，北山村围墙全部被拆除。

闸门 石围墙将北山紧紧包围，为方便村民平日农耕出入及对外交往，分别在围墙的东、南、西三面各设一道闸门，北面围墙外全是田洋，没有通道。因此，北山曾建北胜馆，为象征性的北闸。

北山的闸门墙身色彩斑驳，上方用石灰雕刻花草树木，门额上方镌刻瑞气祥和的文字。东闸门外刻“紫气东来”，内刻“腾蛟起凤”，1947 年新迁建的东闸，外刻“祥开日华”，内刻“同我王道”；南闸门外刻“离明启曜”，内刻“川媚山晖”；西闸门外刻“西山爽气”，内刻“彩绚长庚”。

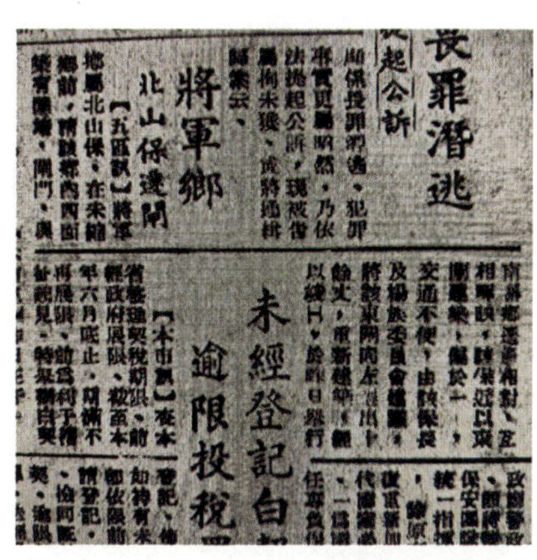

罪潛逃

起公訴

將軍鄉

北山保建閘

未經登記

逾限投稅

1947 年 7 月 4 日，《开明报》报道新迁建的北山东闸门落成典礼

吴流芳　提供

沟塘　北山村居因地势走向，皆为坐南向北。村民在北围墙外约70米处的田间，开挖了一条自东向西的大水沟。水沟全长400多米，宽约5米，东起石水门，西至狗仔灶墩（今北山路北至北山文体公园西北角拐弯处），像一条玉带紧紧系在北山村的前腹（村北），成为村北大片农地淡水灌溉的命脉。平时沟塘东接西汲，分别从竹仙洞、滴水岩引入山溪水，汇集后引灌农田；每逢大雨，又可将村内的积水吸纳，然后排出前山水道，使地势低的村北免受雨水淹浸。除此之外，村民在村东、村西各挖掘一口大塘，东称“塘馆塘”，西称“福庆园塘”。村内的建筑物因地势走向，除南部个别因地势向西外，其余基本是坐南向北。另外，北山村民在村外东边建有一个文阁塔，塔高3层，内设文曲星菩萨，文阁塔象征北山的一支笔，其对应北山村西的文武庙是一个“墨砚”。

渠道　清咸丰至光绪年间（1851—1908），在满堂街区域房屋建设过程中，北山村的渠务同步进行整治，进一步理顺满堂街与原村居的排水渠道的衔接，整治是由杨镇海提议。整治包括2条大明渠和3条暗渠：

东明渠　自祖时（颇祥）屋东侧挖一明渠，直接与允亮杨公祠前地西北角与贻范（祖鼒）屋前地水渠衔接，再经允亮杨公祠前地大明渠向东接澄川杨公祠屋明渠，渠至近文祖空地东侧再向北进入保遐杨公祠前田洋。此条明渠主要是将鼎国杨公祠、训守大屋、八柱厅大屋、允亮杨公祠、东渚杨公祠附近的渠水、地下积水、日常生活废水等引入田洋，再流入风水沟。

西明渠　在祖谋屋后至屋西侧建一大明渠，然后将章成杨公祠、清标杨公祠及附近祖守屋、祖得屋一带的生活废水、地下积水、雨水导入明渠，然后排至风水沟。

暗渠　暗渠共有3条：训恭（菽祥）屋及花园之间的暗渠；祖眷屋西侧至祖潼花园西侧的大暗渠（渠宽1.2米，上盖横条大石板）；祖绪屋侧到祖声屋侧的大暗渠（渠宽1.2米，上盖横条大石板）。上述3条暗渠直接将满堂街的大部分生活废水、积水、雨水引出石围墙外田洋，再排入风水沟。

此次渠务整治后，理顺了中心街东片村民的生活废水、地下积水和雨水排放去向，中心街西片村民的生活废水、地下积水、雨水去向，仍按原有渠道走向，自东向西经杨祖得屋后小明渠流入西闸大明渠，再流向风水沟。

建筑结构

北山祠堂的建筑结构为木结构，基本形式是先在地上筑土为台，然后在台设础，础上立柱，柱上安放梁架，然后以枋连梁组成间。因地处华南沿海地区，台风、暴雨多，房屋均为硬山顶，青砖墙，抬梁与穿斗混合木结构。

抬梁式 建筑方法是沿着房屋的进深方向在石础上立柱，柱上架梁，再在梁上重叠数层瓜柱或花板，自下而上，逐层缩短，逐层加高，到最上层梁上立瓜柱，构成木架构。

穿斗式 沿着房屋的进深方向立柱，不同的是柱子之间的间距较密，柱子直接承受檩的重量，不用架空的抬梁，而以数层“穿”贯通各柱，组成一组组的架构。

雕镂艺术

北山宗族核心的祠堂和富家大屋，建筑时为彰显宗族的财力和社会地位，往往是合一族或一支系之力，重金聘请能工巧匠为建筑物雕镂。在北山古建筑物中至今仍存留着大量精美的艺术作品，显示出北山古村落蕴涵的深厚文化积淀。

石雕 主要有石狮、石龙、石凤、石人和石柱、石梁、石础等石刻条纹。

灰雕 现存的古建筑物中有大量的灰雕。灰雕大都在房屋前后的瓦檐下、两边山墙、祠堂前后瓦檐下、闸门内外，大多是彩色浮雕，内容多为诗词、浪花、山水画、亭台楼阁、花草树木、二龙戏珠、鸟兽虫鱼、人物活动等。

东池杨公祠的石雕（2017 年） 杨世权 摄

章成杨公祠的灰雕（2017 年） 杨世权 摄

杨氏大宗祠的砖雕（2017 年）

杨世权　摄

杨氏大宗祠的木雕（2017 年）　杨世权　摄

砖雕　集中展现在祠堂正面的瓦檐下方，有人物、书简、如意、花草、瓜果、花篮、浪花等。

木雕　展现的范围较广，北山祠堂和民宅中的神楼、厅堂的花罩、屏风、檐口花板、梁栿、雀替、斗拱、驼峰（梁上的垫木）、托脚等比比皆是。做工上，雕刻有深有浅，也有镂空。木雕有云纹、回纹、花草、瓜果、树木、昆虫（蜻蜓、蝴蝶）、蝙蝠、如意、书简、字画（福禄寿全、如意吉祥）、龙凤呈祥等图案，还有门神和戏剧场面。尤其值得称道的是杨氏大宗祠首进头门梁架上的木刻，为戏剧场面，人物栩栩如生，各具形态。从流派上分，属于广府木刻。

◉ 谱牒文化

杨氏族谱编纂

杨氏自南宋嘉熙元年（1237）落籍北山，至 2007 年共进行了 8 次族谱编纂。

第一次杨氏族谱编纂　南宋嘉熙元年（1237），因避难，杨泗儒携妻儿自南雄珠玑巷南迁至北山并落籍。元至正元年至十四年（1341—1354），杨泗儒带到北山的杨氏族谱因兵戈扰攘丢失，四世孙杨平叟便开始着手编纂北山杨氏族谱。此次所修族谱，只是一张由始祖杨泗儒至杨平叟及其儿孙的世系图，杨泗儒以上的先祖等情况均缺考。

第二次杨氏族谱编纂　明永乐六年（1408）三月，北山杨氏开始第二次族谱编修。

此次修谱前后由两人完成。始由杨里正（北山杨氏第六世孙）开笔并作序，其后由杨月溪（北山杨氏第七世孙）补充完善收篇。第二次修谱与第一次修谱相隔时间约 54 年。

第三次杨氏族谱编纂 修谱时间为明天启四年（1624）二月，与上次修谱时间相隔大约 210 年。由杨泗儒第十三世孙杨国光（又名天瑞）编修并作序。之前杨国光曾修成一谱，但该谱只收录长房一支（杨景辉逮下），而次房一支（杨月辉逮下）未被录入，即族谱未全。为此，杨国光将两房未全之谱，一一增修编写。此次修谱按五代为一图序编排，并按先编长房族人、后编排次房族人的顺序排列，以便于辨认长次亲疏。该谱上可追根到先祖杨泗儒，下可了解当时各族人基本情况，后人称之为“大全谱”。

第四次杨氏族谱编纂 修谱时间为清康熙十九年（1680）十二月，与第三次修谱相隔 56 年。由杨元昶主笔。其时正值北山人被迫迁离在外，谱序记载：“康熙壬寅（1662）季春（三月），京官奉旨插界（用物件插桩划界）。仲夏（五月）寨兵赶逐人眷，焚祠毁屋，平墙伐木。梓里悉成坦荡，田地竟俱抛弃。乡族萍梗散离恭谷（恭都、谷都）露处。”该记述与《(民国）香山县乡土志》卷三“兵事录”附录“国初移界事”中的记载相符。杨元昶四修族谱时，北山村民仍未返回故里。第四次修谱，为便于日后辨别北山杨氏的根宗苗裔，平辈相互尊重，故重新明确长、次两房字辈排序，自始祖起至东（长）西（次）两房，“将”字只凑韵，分赋八言两律（一房一律），书传万世，遵只命字，周复循环。长房字派：儒文士叟景英敦，珪积敷和于允元；昊若功仁贻祖训，祥麟威凤羡慈孙；颙邛誉望昭诚正，齐治均平理学尊；保世裕如昌炽远，位名禄寿自恒存。二房字派：儒文士叟道纯全，常隆子宜为着炫；登鸿德厚饶钟秀，兰桂盈阶奕叶联；天爵修成来席聘，诗书礼乐颂声传；高节芳踪辉宇宙，三公仍是我家贤。

第五次杨氏族谱编纂 修谱时间是清乾隆十三年（1748）二月，与四修时隔 68 年。由杨绍熙（若乔）等五人执笔，五人均为杨泗儒第十六世孙。

第六次杨氏族谱编纂 第六次修谱时，由于两房主事修谱人员意见不合，造成两房各自修谱。长房修谱时间为清乾隆五十八年（1793）十二月，与五修相隔 45 年，由杨泗儒第十七世孙杨范写谱序。负责长房修谱的人员有十六世孙杨成化、十七世孙杨昭伍等五人、十八世孙杨定国等六人。次房修谱时间为清乾隆五十四年（1789）四月，与五修相隔 41 年。次房六修家谱序由杨泗儒第十八世孙杨本仁执笔，负责编修的人员有十八世孙杨治国等八人。

第七次杨氏族谱编纂 第七次修谱是在清咸丰七年（1857），与长房六修时间相隔

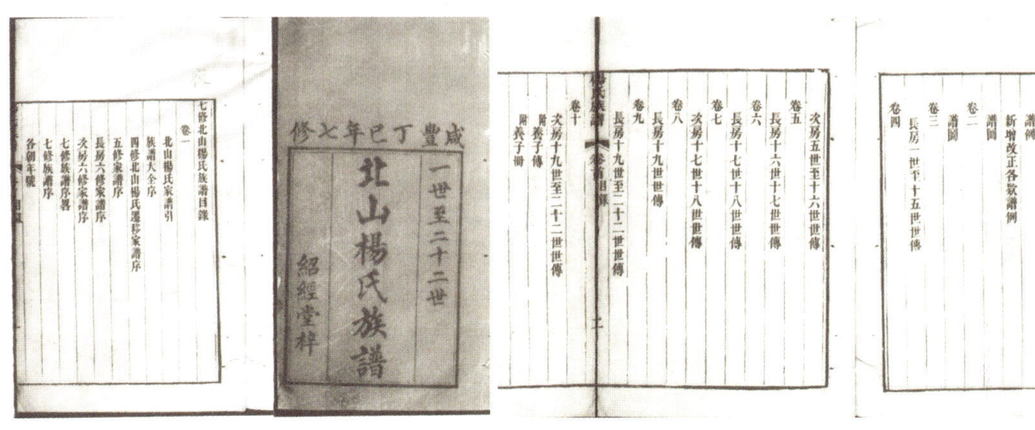

七修北山楊氏族譜目錄
卷一
北山楊氏家譜引
族譜大全序
四修北山楊氏遷移家譜序
五修家譜序
長房六修家譜序
次房六修家譜序
七修族譜序略
七修族譜序
各朝年號

成豐丁巳年七修
一世至二十二世
北山楊氏族譜
紹經堂梓

次房五世至十六世世傳
卷五
長房十六世十七世世傳
卷六
長房十七世十八世世傳
卷七
次房十七世十八世世傳
卷八
長房十九世世傳
卷九
長房十九世至二十二世世傳
卷十
次房十九世至二十二世世傳
附養子傳
附養子冊

譜例
新增改正各款譜例
譜圖
卷二
譜圖
卷三
長房一世下十五世世傳
卷四

七修《北山杨氏族谱》封面及部分目录　　杨世权　摄

64 年，与次房六修时间相隔 68 年。七修族谱纠正了六修时两房各修一谱的做法，统一两房意见后合修一族之谱，并于当年二月择吉日，到杨大宗祠向先祖昭告开局编修。参与修谱的共 17 人，分别为十八世孙杨明林、杨式侯、杨绍荣，十九世孙杨士谦、杨敬丕、杨天叙、杨云骧、杨有斌、杨炳熙、杨应魁、杨煦春、杨天照、杨天保，二十世孙杨羽仪、杨文焕、杨韬、杨超文。杨绍荣撰写序略，杨天叙作谱序。七修《北山杨氏族谱》以木刻印刷，全套共十卷，印制套数不详。20 世纪 50 年代初，有人在当时的北山乡政府见过该族谱，60 年代亦曾有人在北山坊间见过。至 1997 年北山杨氏着手第八次编纂《北山杨氏族谱》时，曾在全国遍寻七修《北山杨氏族谱》未果，仅能收集到全套十卷中的一、六、八卷。1972 年 6 月 30 日，七修《北山杨氏族谱》十卷被美国哈佛燕京图书馆收集并整理后陈列。经友人相助，该套七修族谱被制作成电子文档，于 2016 年 5 月初传回北山。

2007 年出版的八修《北山杨氏族谱》　　杨少新　摄

第八次杨氏族谱编纂　北山杨氏第八次修谱始于 1997 年，2007 年定稿出版，历时 10 年，与第七次修谱相隔 140 年。八修族谱时组织成立北山杨氏《绍经堂》族谱编纂委员会，以二十三世孙杨麟亮（门允），二十四世孙杨步梱、杨子刚，二十五世孙杨东溢及谭慕椿为顾问；二十四世孙杨子刚、杨永灿，二十五世孙杨润全为荣誉会长；二十四世孙杨成杰为会长；二十一世孙杨平光、二十三世孙杨桂立、二十四世孙杨日高为副会长；成员有二十一世孙杨平光，二十二世孙杨树洪、杨伍一、杨北成，二十三世孙杨桂立、杨肇新，二十四世孙杨成杰、杨日高、杨世权。此次修谱，因经验不足，又缺乏七修《北山杨氏族谱》作参考，所修之谱仅为世系图。且资料阙如，所列世代人员名单有错漏、支系错排问题，各人也缺少事迹纪实。

朱氏族谱编纂 北山朱氏族谱的修编自何时起，资料欠考。据考，上次修谱时间为20世纪40年代。

北山朱氏以朱世光为始祖。朱世光祖上历世日久，年湮难以查考。朱世光生二子，长子朱全义无嗣，次子朱丞恩生子朱材汉、朱奇汉。至此，北山朱氏世光祖族分两房，同处北山生息繁衍。

据《北山朱氏族谱》考证，朱世光上祖原居江苏省徐州县。北宋庆历年间（1041—1048），流徙至广东省广州府香山县良字都仁厚乡，居住在第七图四甲（今中山市石岐镇东南郊一带）。明正德四年（1509），其时朱氏第五房朱世光户，由良字都迁居至南恭常都北山乡鬼子地（土名）居住，以农耕为业。

朱世光，生于明成化十三年（1477）。自北山落籍开基至2017年，已传十八世。

北山朱氏曾于20世纪40年代进行过一次修谱，于2008年再次合族续修族谱。北山朱氏族人排辈字派为：世丞汉继朝近茂，胜广赞逊国永能；昭德尚贤荣万众，厚立礼宗守兰謦。

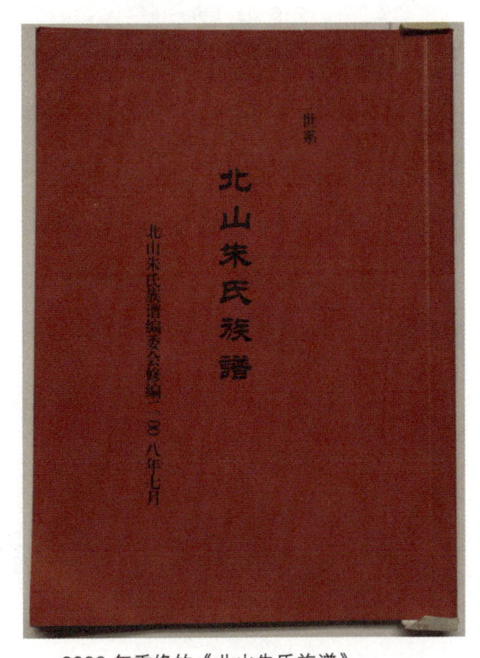

2008年重修的《北山朱氏族谱》

杨世权　摄

◉ 群众文化

舞狮 北山舞狮活动一直长盛不衰。只要有喜庆活动，无论规模大小，总会有舞狮活动。舞狮由一个大头和尚、鼓师、锣手等十余人组成。据传北山舞狮锣鼓的韵律，是从澳门罗梁馆所学，其七星鼓法铿锵有力。1945 年，为庆祝抗日战争胜利，北山成立胜利醒狮队。2017 年，胜利醒狮队再次恢复。

舞龙 北山舞龙是伴随“耍菩萨”的庙会活动兴起的。20 世纪 30—40 年代，北山共有两个舞龙会馆，一个是金龙会（联合堂），会址设在龙溪杨公祠，会员基本是青年农民，入会要交一定会费；另一个是银龙会，会员大部分是富家子弟，会址设在东洲世公祠。1948 年 4 月 27 日，萨拉沙就任葡萄牙总理 20 周年，澳葡政府举行庆祝活动，特邀周边地区的舞龙会前往舞龙助兴。在所有应邀的舞龙会表演中，北山金龙会最为出色。他们穿戴整齐，动作稳健、有力。表演结束后，参演的 87 人合照留影。20 世纪 40 年代末后，北山再未举办舞龙活动。

扒龙舟 北山地处珠江三角洲水网地带，历史上，每年农历五月端午节，北山周边的水乡都举行龙舟竞渡活动。在清朝中晚期举行的一次竞渡活动中，北山参加人员大部分是杨族长房东池裔的青壮年，共 31 人。龙舟进入挂定角（一水域名）水面，突然狂风骤起，北山龙舟翻沉，除打鼓指挥者外，其余 30 人溺死。此后，北山再未参加龙舟竞渡活动。

纸扎制作 北山民间纸扎制作历史较长，分为大型和一般两种。大型纸扎制作伴随“耍菩萨”应运而生。20 世纪 50 年代以前，北山每年（除日军占领时期外）均有“耍菩萨”活动。在“耍菩萨”的巡游队伍中，一般都携有纸扎作品。纸扎所用的材料主要是细竹条、竹篾、砂纸条、糨糊、透明纸、鸡皮纸和颜料等。大型纸扎的能工巧匠，多是世家（富家）子弟，拿手绝活是制作仙鹤、凤鸡、麒麟和大象，其作品色彩斑斓、栩栩如生。制作工场主要设在下将军第和秋崖杨公祠。小型纸扎制作主要是灯笼、风筝等。二十世纪四五十年代，小型纸扎的工匠主要有杨家乃、杨湘麟等。杨湘麟的小纸扎制作

北山胜利醒狮队为新春敬老会舞狮助兴（2017 年） 杨国雄 摄

1948 年 4 月 27 日，北山金龙会应邀参加澳门庆祝萨拉沙就任葡萄牙总理 20 周年活动后合影 杨新超 提供

手艺一直延续至 20 世纪 70 年代。

文艺组织 自民国至新中国成立，北山先后组建多个群众性文艺组织。20 世纪 30—40 年代，群众性的文化娱乐组织有 3 个，分别是天同音乐会、文锋曲艺社和研究剧社。天同音乐会设在云隐杨公祠客厅，文锋曲艺社设在景辉杨公祠。研究剧社成立于抗战前夕，设在鑑湖杨公祠。

新中国成立初期，新成立的文艺组织为北山文娱组。文娱组活动至农业生产合作社成立初期解散。1966 年年底，由当地回乡知青和民兵青年组成的文艺宣传队成立，名为“北山毛泽东思想文艺宣传队”。宣传队一直活动到 20 世纪 70 年代初解散。

改革开放后，北山陆续成立了新的群众性文艺组织。2005 年 2 月，秀毓曲艺社成立，社址在北山会场（现为北山社区文化活动中心）。2007 年 2 月，北山曲艺社从秀毓曲艺社中分出独立。至 2017 年，北山有自娱自乐的北山秀毓曲艺社、北山曲艺社、北山秀毓舞蹈队、北山舞动风韵健身队、北山乒乓球协会、北山胜利醒狮队等群众文艺组织。

文艺演出 北山群众性的文艺组织，在不同的历史时期丰富和活跃了乡间的社会文化生活，为民众带来了欢乐。民国时期，文艺组织的活动和演出不以赢利为目的，为民众演奏乐曲和表演戏剧，只为过把“戏瘾”。演出多在晚上，每次演出，必先于当天傍晚派人着装粉墨、敲响锣鼓过街公告，以招徕“粉丝”（拥趸），并吸引邻村的曲艺“发烧友”和看客。戏剧节目多是自编自演，有时没有剧本，仅凭导演简略介绍一下大致的剧情就开始演出，表演时全凭演员的临场发挥，以至常有“爆肚戏”，出现演员台词接不上的现象，使观众笑场。

其时，文艺组织的成员大多数以种地为生，演出都是业余文艺爱好。他们最初登台演出时，难免有怯场和出错，经过多年演练后，逐渐培养出过硬的演出功夫，节目也逐渐得到观众的好评。有时还被邀请外出表演。除了古装戏，也演时装戏，配合形势对群众进行宣传。抗战开始后，研究剧社配合驻扎在北山的抗日救国十四工作团，以歌曲、话剧等方式进行宣传，发动民众积极投身抗日救国运动。演出的剧目有《松花江上》《九一八》《打回老家去等》等。

新中国成立后，北山文娱组表演时装剧，主要是配合党的路线方针形势需要进行宣传。最初节目主要是控诉旧社会封建剥削、宣传劳苦大众翻身解放、宣传征兵工作等，剧目主要有《白毛女》《红日消除瓦上霜》《征兵前夕》。抗美援朝时期，曾演出《杜鲁门自叹》等短剧，鼓励民众积极支持和投身抗美援朝运动；国家开展统购统销时，演出

《一面小白旗的风波》，号召民众支持国家政策；成立互助组和农业生产合作化初期，演出的剧目主要是宣传成立农业生产互助组、合作社的好处，动员广大农民积极参加互助合作和农业生产合作社运动。同时也演出讽刺时弊的剧目，如讽刺当时一些部门的官僚作风等。其间，演出的剧本主要是由县文化部门提供。当时北山文娱组在前山区颇有名气，组织有方，演技精湛。经常受邀到邻村邻乡登台表演，均受到好评。还曾到珠海县人民政府所在地唐家参加汇报演出，受到观众欢迎和赞誉。

1966 年年底成立的北山毛泽东思想文艺宣传队，主要是在生产大队内为群众演出。其间，也曾到附近驻军部队慰问演出。宣传队主要是以文艺节目的表演形式来宣传毛泽东思想。

改革开放后，北山民众的生活水平逐步提高，文化娱乐的方式也逐渐增多，看电影、电视习以为常。北山民众中的曲艺爱好者在村委会（居委会）的支持下组建曲艺社，每逢村中有大的喜庆活动，他们都积极参与表演节目。平日还到市场与周边社区的文艺"发烧友"中开展文艺切磋，提高技艺水平，以更好地为民众提供丰富的精神享受。

交谊舞和健身舞 2000 年前后，群众性的交谊舞和健身舞活动悄然兴起。2005 年，秀毓园新村第三期工程完结后，北山旧村的住户陆续入住秀毓园新村。随着住户的入住，新村内文化生活日渐活跃，以群众性交谊舞为主，形成园内群众自发组织、社区居

北山曲艺社成员在北山社区新春敬老活动中登台献艺（2014 年）

北山社区居委会　提供

委会扶持的交谊舞会。群众性的健身舞活动，其活动地点带有流动性，一般在中新国际花园广场和杨氏大宗祠门前空地。人员相对较稳定，舞者大多是中老年妇女，以社区居民居多。2009 年珠海名人雕塑园落成后，园内旷地成为活动场所。秀毓园内的交谊舞群体、健身广场舞群体也逐步移入，园内热舞地段有 3 处以上。

◉ 创意文化

北山大院 进入 21 世纪后，在市、区、镇各级党委、政府的支持下，北山在弘扬优秀传统文化的同时，努力实现中华优秀传统文化的创新性发展，依托保遐杨公祠、澄川杨公祠，建立珠海市文化创意产业基地——北山大院。大院面积约 6000 平方米，由多座百年古建筑组成，环境典雅，文化气息浓厚。大院成立后，开展国际文化艺术交流活动，以古建筑为依托，按照“传承历史文化，维系民族精神，推动产业创新，实现文化繁荣”的理念进行规划。大院内以清、雅、文、逸为基调，聚集、吸纳独特的文化品牌，引进素和善食（禅斋）、清愔桐庐琴馆、北山太极会馆、韵裟旗袍、北山精舍、停云书房等符合古建筑文化氛围的独具个性的文化品牌，为古建筑群注入生命力，塑造出独具岭南特色的城市花园，营造浓厚的产业氛围。

大院内的珠海北山艺术中心，设有中国书画艺术、古琴、棋艺等培训机构，进行琴、棋、书、画技艺培训。大院内的澄川艺术空间，是珠海唯一融合古建筑的高水平艺术展览空间，主要承担文化艺术展览、国际文化艺术交流活动，为珠海乃至全国艺术家和爱好者提供交流和服务平台。其间，举办“北山汇”东方文化展览会，开展包括汉文化推广、文艺表演、诗词歌赋会演等多种艺术形式的节庆活动，营造珠海特色文化氛围的生活圈，形成产业集聚效应。

北山大院积极打造创业孵化与青年创业平台，为珠海民族服饰、茶业、香料、陶瓷等原创手工匠人及年轻设计师提供生产、销售、交流、培训等资源对接与个人成长机会，定期举办别具特色的东方文化产品展示会、特色庙会等活动，为珠海创意产业的发展提供交流的平台。每年大力支持举办千叟宴、祭祖、醒狮等传统民俗活动和国内外优秀艺术家展览、北山文化艺术讲堂、特色庙会等活动，开拓以文化旅游、特色节庆、特色展览等产业为引导的项目，引进粤剧、书法、国画、古琴等非物质文化遗产项目，丰富基地艺术文化内涵，增强对中外游客的吸引力，促进非物质文化遗产的保护、传承、创新与发展，提升基地景区人气和旅游知名度。2016年10月1日，广东卫视《社会纵横》栏目曾以《小村庄的大变化》为题，对历史悠久的北山村的变化和北山大院的创意文化产业建设进行报道。12月，作为珠海市文化创意产业特色基地，北山大院艺术文化社区正式挂牌。

北山大院已逐步发展成为中西文化交融荟萃的国际性文化艺术旅游胜地和珠海的城市地标性旅游会客厅。至2017年，北山大院作为公共服务平台，已有22个各具特色的文化机构和品牌入驻，已举办200场艺术展览、文化会展及文化艺术交流活动。

北山大院（2017年）

陈锴　摄

2009 年 7 月，北山会馆开业　　　　北山会馆　提供

北山会馆　由康真君庙旧址、医帝庙、财帛庙及本乡公约四部分组成，占地面积约 1000 平方米。2007 年 7 月，薛文、薛军两兄弟出资，以“修旧如旧”的修缮理念改造而成。北山会馆落成之初，就确定了会馆包括文化交流、教育讲座、展览导游、艺术表演及工作坊等多元功能。2010 年 1 月 2—3 日，会馆在杨氏大宗祠举办名为“北山图兰朵之夜”大型旅游艺术活动。从 2010 年下半年起，决定每年 4 月举办“北山世界音乐节”，每年 9 月举办“北山国际爵士音乐节”，以大众化的音乐作为切入点，在北山汇聚世界各地的音乐，搭建中西方文化交流的桥梁。至 2017 年，北山音乐节已连续举办 15 届，名声在外，成为珠海新增的靓丽的城市名片，在珠海文化创意产业中具有标杆意义。会馆依托音乐节的成功举办，爵士乐培训学校、创意设计工作室、特色音乐主题客栈等落户北山，给古村落注入了现代时尚元素。

除音乐节外，会馆还引进中西方先进文化产品在古村落内进行交流、展示、体验和交易，不定期举办画展、音乐会、沙龙、讲座等文化交流活动，如举办“爵对新鲜”新乐会，推荐本土新生代乐队；举办“爵对荒岛”音乐会、寻找遗失的碎片——珠海古村落之旅、“爵对蓝调”叶向明油画作品展、“爵对焦点”国际大师摄影展、“爵对新鲜”志愿者成长计划、《心安·自觉》《素山》《硬质与柔性三人画展》画展等。2013 年 1 月 11—13 日，由珠海灵雅文化传播有限公司主办，珠海市哲思广告策划有限公司承办，北山会馆等单位和个人支持，在北山会馆举办“青出于蓝”首届陶瓷艺术鉴赏交流会。北山会馆还开放薛翊汉纪念馆、北山戏院、艺术商品店等，为社会提供更为丰富的艺术

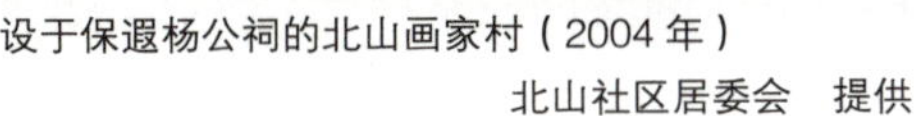
设于保暹杨公祠的北山画家村（2004 年）
北山社区居委会　提供

北山雕塑院（2017 年）　杨世权　摄

体验与生活乐趣；汇集各式极具特色的文化企业，努力塑造一个集创意、艺术、文化交流、旅游、商务活动为一体的多业态良性发展的商业生态文化圈。

2016 年 12 月，作为珠海市文化创意产业基地，以北山会馆和北山戏院为核心的北山中西文化基地正式挂牌。

北山画家村　2004 年，珠海市鮀园文化发展有限公司、珠海市美术家协会油画艺术委员会、珠海市油画艺术委员会创作展览基地联合创办北山画家村。画家村设在保暹杨公祠和澄川杨公祠，占地面积 2596.59 平方米，既是画家创作基地，也是画展场所。每年都有来自全国各地的油画家及画院学生聚居北山，进行采风、写生、创作和艺术交流。他们把北山画家村作为油画研究、创作、展示的基地与平台，许多油画家也通过画家村把作品推向海外。2010 年 4 月，画家村迁至南屏海鲜街。

广东全心书院　2012 年 11 月，广东全心书院挂牌，院址设在保暹杨公祠，由北山与全心书院有限公司合作开发，主要用于国学、书法培训交流。同年 12 月，书院举办一期艺术品拍卖会。2014 年，该处同时挂牌为北山艺术中心。

北山雕塑院　2010 年年初开业。主要负责人为郑北森夫妇，均毕业于广州美术学院。郑北森是广东省美术家协会会员、珠海市艺源景观工程有限公司技术总监。2009 年，他们租下北山北街 20 号的古屋，耗资 20 余万元进行“修旧如旧”。该院主要业务为艺术雕塑、壁画、家居装饰、园林景观，产品包括砂岩、各种木料、不锈钢和铸铜等雕塑。

◉ 北山音乐节

北山音乐节由 TPR 华美天培教育集团于 2010 年创办。创办以来，成功打造了“北山国际爵士音乐节”和“北山世界音乐节”两大各具特色的音乐节品牌。举办地点位于改造后的北山戏院，在保护历史建筑的同时，将艺术家和创意产业引入北山。至 2017 年年底，两大特色品牌共成功举办 15 届，来自六大洲 50 个国家的 400 余位音乐大师登上北山音乐节的舞台，吸引了超过 10 万名乐迷、200 家国内外媒体亲临现场。作为珠海的城市文化名片，经过多年沉淀，北山爵士音乐节已探索出一条独具特色的道路，并在国内外形成一定影响力。

北山国际爵士音乐节

每年 9 月底或 10 月初举行。2010 年 10 月成功举办第一届，至 2017 年，已连续举办 8 届。

第一届北山国际爵士音乐节　2010 年 10 月 2—3 日在北山戏院举办。主题为“越来乐好”，由 8 位世界爵士大师领衔，来自荷兰的巴斯兄弟乐队和澳大利亚的 Logic，享有马来西亚鼓王之称的 John Thomas 带领的爵士三重奏乐队，及在上海世博会上代表瑞士国家级演出的瑞士顶级爵士乐队 Rusconi，加拿大、法国、挪威、美国等 14 个国家和地区的 10 支顶级爵士乐队倾情加盟。音乐节期间，还举办了国内外知名美术家、设计师、美食家主办的画展、海报展、艺术讲座、美食派对等活动。

第二届北山国际爵士音乐节　2011 年 10 月 2—3 日在北山戏院举办。来自 10 个国家的 11 支乐队、40 余位爵士大师参加盛会，其中来自瑞士的 Rusconi 在斩获 2010 北山国际爵士音乐节“最受欢迎乐队”后再度回归。该届北山音乐节代表中国与日本、韩国、印度尼西亚、泰国、马来西亚等国家结成亚洲爵士音乐节联盟，同时分别与欧洲各国使馆围绕音乐开展深度文化交流。

第三届北山国际爵士音乐节　2012 年珠海北山艺术周暨第三届北山国际爵士音乐节于 10 月 19—27 日举行。来自美国、塞尔维亚、意大利、巴西、丹麦、荷兰和中国 7 个国家的 40 位国际爵士大师，其中包括美国节奏口技演奏家（beatboxer）Butterscotch、塞尔维亚 EYOT 四人组合、意大利 Luca Clarla 四重奏等原创音乐的先锋代表齐聚珠海。本届音乐节围绕“以音乐为桥梁，以文化促旅游”宗旨，音乐与城市文化旅游相结合，吸引港澳台和珠江三角洲的游客到珠海参加音乐节，打造“音乐孵梦王国”，拉动珠海旅游经济发展。

第四届北山国际爵士音乐节 2013年9月27—28日在北山戏院举办。以“给梦想来点音乐”为主题，来自10个国家9支乐队30余位顶级乐手参加。本届北山国际爵士音乐节更加关注年轻人，首次将“北山·校园音乐之旅”系列活动从珠海市各高校延伸至中小学，增强年轻人对音乐和梦想的认知与了解；更加关注音乐本身——每晚安排三支乐队，以音乐工作坊形式与现场观众进行零距离交流互动；音乐节还代表中国与日本、韩国、印度尼西亚等国家结成亚洲爵士音乐节联盟，分别与欧洲各国使馆围绕音乐节开展深度文化交流，并与法国驻广州总领事馆进行跨界合作，在音乐节期间同时举办《爵对边缘》法国艺术家 Criss Cusson 油画作品展，让观众在音乐的熏陶下欣赏艺术。

第五届北山国际爵士音乐节 2014年9月20—21日在北山戏院举行，主题为“爵对摇摆”（Let's Swing）。应逐年持续递长的观众需求，拓展使用户外场地，增加2000人次的容纳量。首次设立戏院舞台、宗祠舞台、集装箱舞台及音乐工作坊4个舞台，来自13个国家的18支乐队合力表演。延续本土艺术家推广交流计划，邀请珠海本土艺术家与国际乐队合作演出，碰撞出多元音乐文化的火花，培养与带动本土艺术的对外推广。为庆祝北山国际爵士音乐节五周年，组委会还在北山会馆举办亚洲首届“亚洲爵醒——

第四届北山国际爵士音乐节现场（2013年） 北山会馆 提供

亚洲爵士音乐研讨会”，邀请来自亚洲7个国家及地区（韩国、印度尼西亚、马来西亚、泰国、中国、中国香港、中国澳门）的爵士音乐协会代表出席。继续开展“给梦想来的音乐——走进校园”活动，增强年轻人对音乐和梦想的认知与了解。

第六届北山国际爵士音乐节 2015年9月29—30日在北山举行。继续沿用“Let's Swing”——“爵对摇摆”的主题，并将“摇摆”扩展到珠海的街头巷尾。来至13个国家和地区的9支爵士乐队、近30位爵士大师将舞台搬到北山户外广场，让观众体验爵士乐作为“街头文化”的本初。该届音乐节还邀请了中国爵士钢琴演奏家罗宁到现场演出；金爵士乐队作为第一支珠海本土的爵士乐队登台亮相，与国际爵士乐大师同台献技。主办方还带领当地青年艺术家走进珠海各大地标及社区，以街头卖艺的形式，普及爵士乐，推广当地青年艺术家。

第七届北山国际爵士音乐节 2016年9月16—17日在北山举行，以“Amour爱·爵醒”为主题。来自9个国家和地区的8支爵士乐队、30余位世界音乐家，包括格莱美奖获得者Veronica Nunes和Ricardo Vogt Duo、音乐世家出身的Dom La Nena等联袂演出。该届音乐节延续传统的每晚两场音乐大师工作坊，让乐手、乐器与观众近距离接触；特邀珠海当地音乐人，用尤克里克弹唱的方式为每位进场的观众演奏；新设“海珠啤酒嘉年华”，与交友互动机构合作，在现场设置观众互动游戏环节，提升音乐节的互动性与趣味性。

第八届北山国际爵士音乐节 2017年10月4—5日在北山举行，来自法国、塞尔维亚、马其顿、丹麦、瑞士以及荷兰等多个国家乐手组成6支乐队轮番登台表演。该届北

第八届北山国际爵士音乐节（2017年） 北山会馆 提供

山爵士音乐节在入口处加入了灯光长廊的设计，以绚丽的灯光营造出了音乐节独有的浪漫气氛；突破以往传统形式，将舞台设立在一个硕大的帐篷内，整个舞台的声学环境科学立体，所有的乐队都可以尽情展现现场水准，乐迷们在近距离欣赏爵士乐的同时，还可悉心品味即兴自由演奏的魅力，提升音乐节现场整体的体验感。此外，Goodone 旧物仓于音乐节期间在广场上设立可真慢照相馆，为乐迷朋友拍摄怀旧气息的艺术照；乐营联合澳门设计中心在演出舞台后方设立“好玩设计”展，现场展示了许多文艺、清新、独特的物件，深受青年乐迷欢迎。

北山世界音乐节

于每年 4 月举行。2011 年 4 月成功举办第一届，至 2017 年，已连续举办 7 届。

第一届北山世界音乐节 2011 年 4 月 22—24 日，北山会馆（珠海灵雅文化传播有限公司和 TPR 华美天培教育集团）协助珠海市文体旅游局、珠海市香洲区文体旅游局，以“音乐让世界更美好”为主题，以北山戏院为主场地，举办中国首届世界音乐节。该届音乐节邀请享誉世界、被媒体称为“爵士钢琴莫扎特”的加拿大钢琴演奏大师戴维·布雷德，曾于 2008 年受香港艺术节邀请、以其乐队名称打造《笙得起》全新音乐节目的中国香港乐队 SIU2 和中国、尼泊尔、马来西亚、加拿大、古巴、荷兰、非洲等国家和地区的 10 支世界乐队倾情演出。音乐节期间，约 5000 位中外音乐爱好者欢聚一堂，倾听来自西方和东方的音乐。

第二届北山世界音乐节 2012 年 4 月 14 日在北山戏院举行。此次北山世界音乐节以“民族的就是世界的”（smart music，small world）为主题，邀请来自马来西亚、法国等 8 个国家和地区的 6 支民族乐队，包括充满吉普赛风格的法国激情摇摆家庭组合 Swing Brosse System，马来西亚 Bassa Nova 新天后 Liyana Fizi、斯里兰卡、新加坡、马来西亚、中国香港四地组合 Red Taurus 等，来自中国本土的世界风新势力玩具船长组合，将汉语文化融入世界音乐风，以潮汕南澳岛方言演绎歌曲，为该届音乐节增添亮色。

第三届北山世界音乐节 2013 年 4 月 21—22 日在北山戏院举行。来自 13 个国家及地区的 30 余位乐手汇聚珠海登台表演，约 6000 名观众来到音乐会现场观看演出。该届音乐节以“声西击东”为理念，以“给梦想来点音乐”为口号，走进校园、走进社区。汇聚了中国香港本土“世界爵士、潮流指标”的 maRK 年轻力量，受到年轻人的青睐；南洋女神 Liyana Fizi、中国本土米粉乐队以及中国台湾世界轨迹乐团把世界民俗音乐带上北山舞台，民俗腔调融汇东西方特色；Nina Van Horn 强劲的蓝调，亚洲爵士天后罗玧宣与瑞典爵士吉他大师 Uif Wakenius 的激情表演，为本届音乐节增添亮色。在音乐节现场，发起支援雅安地震灾区的爱心募捐活动，情系雅安，为雅安祈福，共募捐筹得 1.5 万元善款，寄往雅安灾区。

第四届北山世界音乐节 2014 年 4 月 19 日在北山开幕。该届音乐节延续“声西击东，南腔北调”的主题，首次在位于北山戏院内主舞台红星舞台、北山瓦舍里的黄星舞台以及杨氏大宗祠正花园里的绿星舞台同时表演，来自 8 个国家和地区的 7 支乐队 30 余位乐手和 7 支本土粤港澳乐队在 3 个舞台齐齐登场，不同特质的音乐在北山 200 多年的古祠堂里交融表演。该届音乐节还筹备了本土艺术家推广交流计划，促成珠海本土艺术家王学辉和 Kim Angelis 的合作，中国传统的弹拨乐器三弦与小提琴现场碰撞，演绎出别样风格的音乐。此外，会场内同时设置世界美食区、创意市集区，让乐迷们在欣享音乐的同时品尝美食、购物。

第五届北山世界音乐节 2015 年 4 月 18—19 日在北山举行。该届音乐节的舞台全部搭在户外，宗祠和广场等多个舞台同时进行表演，来自 12 个国家和地区的 16 支乐队轮番登台，合力上演了一场世界音乐盛会。

第六届北山世界音乐节 2016 年 4 月 22—24 日在北山举行。12 个国家和地区的 40 余位乐手齐聚北山，激情表演。该届音乐节依然继续让西方音乐在东方奏响的“声西击

第六届北山世界音乐节（2016 年） 北山会馆 提供

东”主题，由两天增加为三天。与珠海横琴吧呗科技有限公司联手，联合举办首届吧呗音乐产业展览会，内容涵盖六大板块——演出经纪、音乐教育、乐器制造、音响工程、音乐旅游以及音乐版权交易。与国家运营平台七弦琴版权交易网络合作，促成优秀音乐版权项目交易。此外，音乐节期间，每晚开设音乐交流工作坊及音乐讲座，通过乐队现场向观众近距离演示，普及乐器及乐理知识，创造群众与国际大师交流的机会，引导观众赏析世界音乐。

第七届北山世界音乐节 2017 年 4 月 22—23 日在北山举行。来自法国、意大利、荷兰、立陶宛、阿根廷等 10 个国家和地区的 30 余名乐手，包括法国 Celtic Social Club 乐队、意大利音乐百变怪杰 Boris Savoldelli、荷兰 Soul Sangam 乐队、阿根廷 Tonolec Trio 乐队、蒙古族原生态音乐组合旱獭乐队以及三届格莱美奖得主 Ricardo Vogt Duo 等登台表演。该届音乐节主题为“声西击东，‘乐’不宜迟”，既体现了世界音乐的多元性与包容性，又表现出北山世界音乐节与乐迷同乐的炙热之心。为响应主题“‘乐’不宜迟”，组委会在现场设置儿童游园场及儿童小舞台，同时携手珠港澳设计师，与大学生创业者们共同举办“北山文创‘包剪揼’——粤澳两地文创艺术交流展”主题展，让观众近距离感受三地浓郁的文创艺术氛围。首次与广东星外星文化传播有限公司合作，整合两者音乐力量，实现音乐资源的合作共享，拓展音乐产业的深度与广度，力求多方位满足音乐爱好者的各种音乐需求。

链接：南方时论：传统村落与文化基地有机结合的范式[①]

5 月 12 日，第十二届中国（深圳）国际文化产业博览交易会在深圳会展中心正式拉开大幕。当天，珠海北山力禾文化产业投资股份有限公司与中国国家运营平台七弦琴版权交易网在文博会主会场举行签约仪式，建立了战略合作伙伴关系。此举旨在激发南中国音乐知识产权行业的协作发展，促进优秀音乐版权项目交易，站在一个全新的高度，将音乐文化产业交流推至文化传播的至高点。

这则消息也许不大引人注目。如果了解北山音乐品牌，就会刮目相看了。

① 原载 2016 年 5 月 13 日《南方日报》，有删节。

不久前，历时三天的第六届珠海北山世界音乐节圆满落下帷幕，来自12个国家的40位顶级乐手，延用“声西击东”主体，继续打造了一场视听的饕餮盛宴。除了每年4月的世界音乐节，他们还有每年9月的爵士音乐节。这两个音乐品牌，以搭建中西方文化交流的桥梁、汇聚世界各地的音乐为目标，进而让音乐融入寻常百姓生活、让艺术成为所有人触手可及的追求。从2010年到现在，短短几年时间，北山音乐节已从当初的籍籍无名跃升为中国十大音乐节之一，并被誉为“南中国最好的原创音乐节”，成为珠海新增的靓丽城市名片，并代表着珠海文化创意产业在全省的地位。

也许很多人同样没有想到的是，北山，原本是一个有着200多年[①]历史的传统村落，现在的北山居委会隶属香洲区南屏镇。中国共产党早期优秀的理论家和革命活动家杨匏安，就出生在北山。北山保留了许多传统建筑。杨氏大宗祠建于清同治七年（1868年）[②]，是珠海最大的一座祠堂。此外，还有由民国戏院旧址改造而来的北山戏院、原本为“医帝庙”的北山会馆、包括保暹杨公祠、澄川杨公祠在内的北山大院……北山音乐节就是依托这些村落传统建筑来举办。自身独特的建筑风格和历史名村的独有性，古村落中式舞台与无国界世界音乐济济一堂，使北山音乐节从诞生之日起就别具一格，传统建筑也由之焕发了勃勃生机。

……

传统村落承载着传统文化的精华，作为农耕文明不可再生的文化遗产，不啻乡村历史、文化、自然遗产的“活化石”和“博物馆”。与此同时，传统村落也是我们的文化家园，那里有我们的基因、我们的根。党的十八大以来，习近平总书记高度重视中华优秀传统文化，并将其作为治国理政的重要思想文化资源。总书记反复强调，中华优秀传统文化是中华民族的突出优势，是我们在世界文化激荡中站稳脚跟的根基，中华民族伟大复兴需要以中华文化发展繁荣为条件，必须结合新的时代条件传承和弘扬好中华优秀传统文化。党的十八届五中全会明确：“要加大传统村落民居和历史文化名村名镇保护力度，建设美丽

① 编者按：时间有误，实为780年。

② 编者按：杨氏大宗祠建立年份为清道光八年（1828）。

宜居乡村。”我们看到，方方面面已经开始付诸行动。在建立国家传统村落名录的同时，中央财政拨付每个村落平均300万元的资金支持，既体现了中央层面对保护传统村落的重视，更为全社会发出警示，那就是：在发展进程中，必须保护好中华民族的精神家园，让民族文化的根脉薪火相传。

毫无疑问，保护传统村落同样必须处理好继承和创新的关系，实现创造性转化和创新性发展。所谓创造性转化，就是要按照时代特点和要求，对传统村落中那些至今仍有借鉴价值的内涵和陈旧的表现形式加以改造，赋予其新的时代内涵和现代表达形式，激活其生命力。所谓创新型发展，就是要按照时代的新进步新进展，对传统村落的内涵加以补充、拓展、完善，增强其影响力和感召力。北山做到了这一点，成为传统村落与文化基地有机结合的范式。

如同观澜版画村、大芬油画村一样，北山在保护传统村落建筑的同时，将艺术家和文化创意产业引入了产业园，经过深入广泛的资源链接和整合，倡导“积极、正面、健康、绿色、环保”社会价值观，以音乐的名义，融合建筑、时尚、设计、艺术、旅游、教育和人文等多种元素，逐步打造有新文化标杆的北山文创基地，让这片社区中的岭南文化旧式经典激发出了新的精彩。在不久的将来，他们还计划将北山世界音乐节进行延伸，最快在2017年举办专业性、权威性处于国内第一、世界顶级的“北山世界音乐颁奖典礼”，邀请全球世界音乐风格乐手来到北山献艺，并成立专业评审团队，为具有特色音乐风格、音乐贡献的音乐家颁奖，打造北山世界音乐标杆平台，确立北山在音乐文化产业的领头地位。

传统村落与文化基地有机结合，形成具有独特风格的版画小镇、油画小镇、音乐小镇，观澜、大芬、北山的成功范式值得推广。

航拍北山村北排污渠（2019 年）　　珠海市大西洋传媒有限公司　提供

文明乡村

新中国成立后，在党的领导下，北山人民开始建设社会主义新家乡。改革开放后，伴随着珠海开放和城市建设的发展，日益富裕的北山人努力改善居住条件和居住环境，先后兴建华侨新村和秀毓园新村，基础设施建设日新月异。2011 年 10 月，北山创建成为珠海首个国家级生态村。2016 年 12 月，获“广东省宜居社区”称号。在物质文明不断提高的同时，北山人着力加强社会主义精神文明建设，使北山真正成为文明乡村。

◉ 村务管理

中共基层组织 新中国成立后，北山的经济建设和村政事务都是在中共基层党组织的直接领导下进行的。1954 年 6 月 18 日，中共北山支部成立，最初有党员 5 人。

北山基层党组织成立后，在上级党委的领导下，充分发挥战斗堡垒和政治核心作用，保证党和国家的路线、方针、政策在北山贯彻落实。积极带领群众完成各项生产任务，促进经济发展；参与各项重大决策；加强党员的思想教育和组织的自身建设，并支持共青团支部、妇女代表会开展工作和抓好民兵工作。

中共十一届三中全会至 20 世纪 80—90 年代，北山基层党组织紧跟党中央改革开放的步伐，带领群众落实家庭联产承包责任制，抓好农业生产，同时积极引进利用外资，建立外向型企业，建成北山工业区，增加经济收益，壮大集体经济，解决土地联产承包后北山富余劳动力的出路，带领全体村民走上开放兴村的富裕道路。

进入 21 世纪，北山基层党组织带领全体党员认真开展“三讲”教育活动、先进性教育活动。中共十八大以后，进入改革开放新时期，组织党员开展党的群众路线教育活动，认真学习习近平新时代中国特色社会主义思想，更好地发挥党员的先锋模范作用。同时注重抓好组织建设，把在改革开放中涌现出来的优秀分子吸收入党，壮大党员队伍，使党组织真正发挥战斗堡垒作用，带领北山人民积极发展集体经济，提高生活水平，努力建设繁荣、富裕、民主、文明、和谐的新北山。2008 年 6 月，北山党支部被中

2008 年，北山党支部被中共珠海市委授予“先进基层党组织”称号　　北山社区党支部　提供

共珠海市委授予“先进基层党支部”称号。2016 年 2 月，北山社区党支部升格为党委。至 2017 年年底，共有党员 70 余人。

村政组织 明洪武十四年（1381）始，朝廷诏令推行里甲制，在乡村以丁粮多者为里长。明万历三十八年（1610），北山以杨素恂为里长。其后，杨素忠继为里长。明天启二年（1622），杨素谅接任里长。

1925 年，香山县改称中山县后，县政府在乡村推行基层自治，在乡村设置乡政委员会。乡政委员会由乡民大会选举产生，选出的乡委经县公署审批委任，实行一年一选，连选连任。1927 年春，乡人在北山杨氏大宗祠召开乡民大会，成立北山乡政委员会，大会选举乡政委员长（乡长），并呈请中山县公署批准任命。北山乡政委员会后改称乡事委员会。

1940 年 3 月至 1945 年 8 月，北山处在日伪统治时期，日伪推行“维持会”管治。在开始的一段时间，乡里主管乡政事务的主官称为维持会长，后又改称乡长。1945 年 8 月抗战胜利后，北山恢复乡村自治。到新中国成立前，国民党政府在国统区乡村大力推行联保制，首席保长实质上行使乡长职权。

1949 年 11 月，北山解放。是月至 1958 年年中，建立北山乡政委员会，又称“乡政府”。1958 年年中，北山乡政府撤销，建立政权组织和集体经济组织相结合的高级农业生产合作社。人民公社成立后，实行政社合一的管理体制，生产大队管理委员会管理生产和全大队（村）的公共事务和公益事业。“文化大革命”期间，北山大队管理委员会改称为北山大队革命委员会。中共十一届三中全会后，恢复北山大队管理委员会名称。北山大队管理体制一直延续 1983 年年底。

1983 年 12 月，人民公社管理体制撤销，原公社管理委员会和生产大队管理委员会分别改为区公所和乡政府，乡政府属基层政权组织，原生产小队改为村民委员会。北山乡政府下辖 3 个村民委员会。1987 年，广东省人民政府将原来设置的区、乡架构改制，撤区改镇，乡政府改为村民委员会，原生产小队一级的村民委员会改为村民小组。改制后，北山村民委员会从基层政权组织变为群众性的村民自治组织，行使全村的政治、经济、行政管理职能。北山村民委员会通过村民代表大会选举产生，每届任期三年。

2001 年，珠海市香洲区对城区基层自治组织实施新的管理模式，把村民委员会统一改为社区居民委员会。同年 9 月，北山村民委员会改称为北山社区居民委员会（以下简

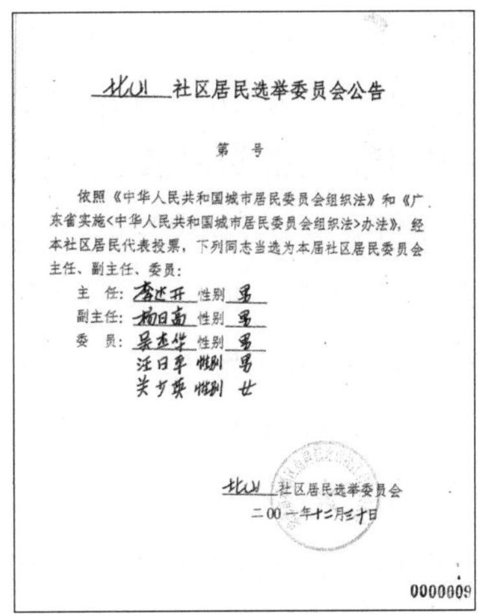

北山社区居民选举委员会公告

第　号

依照《中华人民共和国城市居民委员会组织法》和《广东省实施<中华人民共和国城市居民委员会组织法>办法》，经本社区居民代表投票，下列同志当选为本届社区居民委员会主任、副主任、委员：

主　任：李述开　性别　男

副主任：杨日高　性别　男

委　员：吴杰华　性别　男

汪日平　性别　男

[illegible]　性别　女

北山社区居民选举委员会

二〇〇一年十二月三十日

0000009

2001 年 12 月 30 日，北山社区居民委员会选举结果公告（影印资料）

香洲区档案馆　提供

称北山居委会）。居委会每届任期三年，其成员可以连选连任。至 2017 年，北山居委会任期已进入第七届。

群团组织

共青团基础组织　北山共青团组织始建于 1953 年。北山团支部成立后，在党支部领导下，带领团员和青年积极投身各项社会活动，发挥骨干模范作用。1963 年 3 月，响应毛泽东“向雷锋同志学习”的号召，团支部组织和发动全北山的团员和青年做好人好事，助人为乐，关爱老人，在自身的工作岗位上积极做好本职工作。1964 年，全国农村掀起“农业学大寨”高潮，北山团支部带领全大队的团员、青年，把学雷锋和“农业学大寨”运动结合起来，教育全体团员、青年努力改造世界观，树立全心全意为人民服务的思想；在农业生产第一线积极工作，为建设家乡新面貌做出自己应有贡献。“文化大革命”期间，北山团支部的组织建设和团员活动一度陷入瘫痪。1972 年上半年后，北山团支部工作和活动逐渐恢复。

改革开放后，北山团支部紧跟形势，组织团员、青年积极投身农村经济体制改革，支持家庭联产承包责任制的落实。集体土地统征和“村转居”后，努力提高团员的思想觉悟，组织团员开展政治学习，努力学习文化知识、科学技术，积极参加生产实践，为村（社区）的经济建设、治安保卫、民兵工作做贡献。

北山妇女代表会　1953 年土改运动结束后，成立北山乡民主妇女代表会，1958 年改称北山乡妇女代表会，2001年后改称北山社区居民委员会妇女代表会。

新中国成立后，北山广大妇女的思想得到解放，开始走出家门，参加社会活动。1955年，北山乡民主妇女代表会组建北山村托儿所和幼儿园。广大妇女从繁重的家庭事务中解放出来，积极参加生产劳动、经济建设，同时也参与生产管理、多种经营。20世纪50年代末，北山大队生产队和大队两级干部共36人，其中妇女干部10人。20世纪60年代末70年代初，生产队开展多种经营，北山有多名妇女成为生产骨干。

20世纪80年代，北山乡妇女代表会积极维护妇女、儿童合法权益，向群众宣传婚姻法，引导群众移风易俗，提倡婚事新办。同时积极做好托幼工作，增加设施，提高托幼工作质量。北山集体土地实行统征后，妇女代表会在党组织和村委会的支持下，大力扶持、鼓励妇女个人创业，从事商业、饮食服务业等，积极解决妇女就业问题。“村转居”以后，妇女代表会积极开办妇女学校，作为妇女提高文化知识、工作技能的教育基地。

妇女代表会积极配合计划生育部门做好当地的计划生育工作。随着外地到北山经商、办企业和务工人员日益增多，自2004年起，妇女代表会积极配合计划生育部门，对当地常住人口和外来人口的计划生育工作一视同仁，做到同管理、同服务、同考核，把计划生育工作扎扎实实地做好。

民兵组织 1950年，北山民兵组织建立。1954年，北山遭遇大旱，民兵积极投身抗旱活动，日夜奋战，使北山大部分农田免遭旱灾威胁。在大办农业互助组和成立农业合作社运动中，民兵带头参加互助组和合作社。1957年，农村大力开展水利建设，民兵冒着严寒走在水利建设的最前头。1958年10月“大办民兵师”时，北山成立基干民兵连。1961年，珠海县成立民兵师，北山民兵组成民兵营。为加强战备，1964年下半年，北山民兵营组建武装民兵排，实行民兵与驻军部队联防。1969年，武装民兵排加强战备训练。1979年年初，北山武装民兵排扩建为武装民兵连。

1981年3月，北山将民兵改为普通民兵和基干民兵两种，女民兵数控制在民兵总数的10%左右；严格掌握民兵政治条件和身体条件；民兵制度与预备役制度相结合，取消武装民兵，保留基干民兵和普通民兵。1982年起，逐年裁减民兵人数，民兵组织逐步向专业化分队建设方向发展。部分民兵骨干接受“一专多能”训练。1987年，开始组建民兵应急分队，同时着手加强民兵专业技术分队的建设。20世纪50—80年代，北山民兵组织派出人员参加湾仔避风塘、石角咀水闸、竹仙洞水库、洪湾围堤和水闸的修筑以及围堤的抗洪抢险和横琴中心沟的围垦。2000年后，北山区内曾发生多宗火警，民兵积极冲在救火灭灾的最前面，及时灭火，减少了经济损失。民兵组织在北山生产建设和抢险救灾中发挥了主力军作用。

◉ 公共设施建设

道路

新中国成立前的道路建设 北山位于珠海市主城区西南方与南屏、湾仔同处牛筋头—雷公石壁山系的婆罗岛，四周环水。新中国成立前，北山与外界的沟通主要有三条道路：一为与湾仔、澳门的道路；二为与前山的道路；三为与邻村南屏的道路。由于生产力和经济发展的落后，北山村一直没有可通往外界的公路。

北山至湾仔、澳门的道路 南屏至湾仔的公路未修筑之前，北山和南屏村民到湾仔、澳门，走的是一条长约 4 千米、弯曲狭窄的道路。该路起点为北山村西闸口，经村内的白沙巷出南闸，终点为湾仔码头。北山村内路段为石板路，村外三分之一路段为山坡路，三分之二为田间道路。清道光年间（1821—1850），由村民捐资修建。穿越田间的路段，路基为花岗岩石块垒砌，路面为田泥沙土堆填夯实，宽 2 米。1933 年南屏至湾仔汽车公路建成后，南屏村民结束绕道北山村到湾仔、澳门的历史。北山借助该道通往湾仔，构筑由南闸至南湾公路衔接路段，使北山村民可借助南湾公路到达湾仔码头。原有的旧路变成次道，直至不再使用。

北山至前山的道路 北山对外交往的重要通道。道路实际只建了北山村至北山码头路段，路至北山码头便止，村民到前山须在北山码头乘船横渡前山水道，再进入内陆。此路为历史上北山人到前山进入内陆的主要通道。北山至前山的道路历史较为悠久，自宋、元以来，村民与内陆的交往，均循此道。该道路的走向受围垦影响，历史上有过三次变动。20 世纪初，上茂丰围、长盛围筑围后，北山码头迁至上茂丰围与长盛围的交界处（今华发新城东北），前山码头设在今前山路南端。北山至码头的道路走向改为：自北山东闸出，经五里排、鸭氹经东堡，出同兴、大红花园、沙葛直至长盛围到北山码头，此为北山至前山道路的最终走向。该路五里排段为石基泥沙路，路面宽 2 米；鸭氹至沙葛路段为沙丘路面；长盛围段为围基路，黏土围基，基底宽约 4 米，路面宽 2 米，由沙和黏土混合夯实。道路由村民出资修建。

北山至南屏的连村道路 又称“北山大路”，长约 500 米，路面宽 2 米，穿越两村之间的耕地而过，为石基泥沙路。道路由北山西闸西出至南屏村东，终点为南屏贯成亭。该道不但是北山至南屏两村交往的通道，在南屏至湾仔公路未修好前，亦是南屏村民到湾仔、澳门陆路的必经之路。此外，还是南屏村民到前山的主要通道。该道至北山西闸口后再连接一条沿北山风水沟的环村道路，然后在五里排处与北山至北山码头的通道连接，构成南屏到前山的通道。至 20 世纪 80 年代中仍然通行。

除上述道路外，在北山至湾仔、北山至北山码头通道间，还有一条连接通道，南起北山至湾仔通道的西祠围段，然后向北进入三度桥，出三度桥后在北山东堡处与北山至北山码头通道连接，又构成湾仔至前山的通道。该道的标梭围段为泥沙路段，三度桥段为围基路段。直至 20 世纪 80 年代，仍是湾仔至前山的繁忙通道，亦是北山人去湾仔、澳门的另一通道。过去部分北山人从旧东闸出，经东庙埔、白地进入三度桥，过永济桥南走芦兜下，在仍安亭处与由南闸出牌坊的北山至湾仔的通道会合。

新中国成立后的道路建设 1957 年冬，在大力开展水利建设的基础上，通过群众运动，开展乡村道路和田间大道的修筑。其间，开挖正心沟，目的是落实“中间排灌渠，

南湾大道北山路段（2016 年） 杨世权 摄

两岸机耕运输道”的构思。正心沟是将原来风水沟到力创围的弯曲小沟裁弯取直、拓宽，直达力创围和大道围交界北端，然后构筑一新闸门，形成一条长800米、宽5米、深1.5米的河沟。河沟可通行农艇，两岸道路路面各宽3米，可通行农耕机械。河沟建成后，由于地势及蓄水灌溉的原因，沟的上段和中段分别加建了两座水闸。水道通行农艇的设想一直没有实现。河沟两岸的机耕道路则在运送农业物资方面发挥了一定作用。

正心沟开挖后，为方便农业物资的运输，又在村内的满堂街北、训恭屋前，沿排污渠方向破开石围墙，修筑一条长80米、宽4米的大道与风水沟连接，并在沟上架设一座长5米、宽3米的石桥，构成北山北出通道。通道与正心沟两边道路连接，实现交通连接。

北山所处的婆罗岛，与岛外可通行机动车辆始于1964年。当年，珠海县为适应经济发展和国防建设，修筑东起拱北关闸，西接湾仔镇的拱湾公路（又称“国防路”），由于跨越前山水道，拱湾公路利用1960年修好的石角咀水闸，在闸上铺设桥面，使拱湾公路在石角咀与南湾公路相衔接，但受边防管理所限不能随意通行。1970年，北山将南闸

珠海大道北山路段（2016年）　　杨世权　摄

至南湾公路衔接的长近 1 千米的路面，拓宽至 4 米，既适应机动车辆的通行，也方便交通运输。

位于香湾公路翠湾路段、横跨前山水道的南屏大桥建成通车前，香洲、前山通往北山的车辆靠渡口渡运。1985 年年初，南屏大桥动工兴建，1987 年 11 月建成通车。1988 年，珠海市城建部门对翠微至湾仔的香湾公路翠湾段进行改线，按城市一级公路标准进行改建，工程于 1990 年 10 月竣工通车，南屏以南路段命名为南湾大道。南湾大道北段紧挨北山西北，向东南穿过。城市一级公路建在北山村口，方便了北山民众对外交往和厂商到北山投资办实业。

1990 年年底，经前山立交桥、珠海大桥至珠海港管理区的珠海大道动工兴建。全线双向八车道，水泥混凝土路面，中间分隔带宽 8 米，为城市快速干道，1996 年 11 月经省公路局批准为省道。珠海大道自东向西紧靠北山北面，1993 年 11 月，主干道全线通车。

进入 21 世纪后，北山周边市政建设特别是住宅建设提速，进一步带动北山交通发展。2007 年，华发新城至竹仙洞的仙桥路铺设双向四车道的水泥路面。至此，北山村民从东、南、西、北 4 个方向皆可搭乘公共汽车。至 2017 年年底，途经北山的公交线路超过 30 条。

仙桥路（2016 年）　　杨世权　摄

石角咀公路桥（2016 年）　　杨世权　摄

桥梁　清代，北山有瓦窑涌石桥、北坑大陂石桥、永济桥三座古桥，均由村民出资兴建。

1933 年南屏至湾仔的公路建成时，在路经北山墩后地段的溪涧上架一桥，名“南石桥”（即南屏至石角咀车路的石桥）。该桥为钢筋混凝土结构，长 10 米，宽 4 米，单孔，净高约 5 米。南石桥工艺精湛，桥体牢固。

1964 年，珠海县为适应经济发展和国防建设的需要，修通拱湾公路。在跨前山水道处，借助 20 世纪 50 年代末建成的石角咀水闸架设水闸桥梁，全长 162 米，高 7 米，共 39 孔，其中，38 孔各宽 3.5 米，一孔宽 7 米，属永久式钢筋混凝土结构，车道宽 4 米。该桥为婆罗岛与内陆沟通的第一道桥梁，是前山水道上首座沟通南湾区与珠海内陆、可通行机动车的水闸桥梁，为经济发展和国防建设发挥了巨大作用，北山也因此受益。

1985 年年初，珠海市人民政府动工兴建南屏大桥。1987 年 11 月建成通车，结束香洲至湾仔公路进入南屏时须由轮渡载车横渡的历史，使香湾公路翠微至湾仔线畅通，也为北山民众的对外交往活动提供了方便。

1995 年，珠海大道前山大桥建成通车，结束了北山码头过河摆渡的历史。

码头

历史上北山村民与内陆交往及到澳门商旅，须渡船才能到达。码头是北山对外交通的重要设施。

前山大桥（2016）　　杨世权　摄

湾仔长埗头码头 为北山所建。该码头较长，自湾仔乡口至河面（乘船点）足有 245 米[①]，被称为“长埗头”。

石角咀码头 为北山所建，是北山、南屏和附近村民去澳门的登船之处。石角咀码头较长埗头码头建设时间稍迟，路程离北山稍近。石角咀码头建成后，北山、南屏村民，尤其是挑重担者多舍远求近，选此处登船。

北山码头 北山村民与内陆交往的咽喉要地。北山人与内陆交往，须经该码头摆渡过河，然后经前山进入内陆。

由于经济和技术条件所限，上述 3 个码头的建设较为简陋。建筑材料主要是花岗岩石条，长约 1.5 米，横截面 0.3×0.4 米，重约 150 千克。石材采用纵横铺设，即一层纵铺，一层横铺，使码头比较牢固。另外，考虑到潮涨潮退的情况，码头均筑有靠船平台，以方便乘客上下船。石角咀和长埗头码头自 20 世纪 50 年代实施对澳门封关后，没有特别许可，一般旅客不能通行。1963 年开放小额贸易后，湾仔对澳交通的码头只启用了湾仔码头。北山码头的使用一直延续至 20 世纪 90 年代中期。前山大桥通车后，北山至前山的横水渡停航，北山码头也停止使用。

邮电通信

邮政 北山邮政服务始于清末成立的前山大清邮局。清光绪三十四年（1908）10 月 11 日，前山设立三等甲级大清邮局。邮局设立后，分别在翠微、南屏、北山、湾仔、三

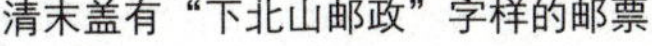
清末盖有“下北山邮政”字样的邮票　　张益茂　提供

① 何大章：《中山县湾仔乡土地理》第三章“地理环境”，1947 年。

灶、坦洲、关闸 7 个村镇设立信柜，北山正式开通邮政服务。北山的信柜由专人负责管理。前山邮局定期由邮差（亦称“步差”，俗称“巡城马”）将外来邮件送达信柜，信柜的管理人再将邮件派发到收件人家中；同时信柜管理人亦将各家各户要寄出的邮件交由邮差带走，经邮局寄出。新中国成立前后，北山负责管理信柜或邮政代办的人先后有杨训燕、杨琯祥、谭桂媚、杨颇祥、杨明仔等。前山邮局开设后，起初邮件主要是来自澳门、广州、石岐、平岗、下栅、南朗、江门等地，寄往香港的邮件直至 1920 年才开始由澳门经转。在很长一段时间里，由于邮路不顺畅，北山村民与香港亲友的信函、包裹、家用（钱财）等往来传递是由民间“巡城马”代劳，通常是一个星期来回香港和北山村一次。其间，北山村的民间“巡城马”有杨训兆、杨居祥、杨麟熙。

1942 年 9 月 1 日，前山邮局由二等甲级修正为二等乙级。随着邮政业务的增加和扩大，北山邮政服务亦由信柜扩大为邮政代办。1948 年，前山邮局的邮政服务范围增加至 10 项，即寄发邮件、寄发包裹、开发汇票、兑付汇票、兑付侨汇、收存储金、简易寿险、代收库款、代售印花、保价业务。至此，村民的各项邮政业务逐步转为依赖邮局代劳，加上 1950 年拱北关封关，民间的“巡城马”逐渐停止运作。

新中国成立初期，前山、下栅邮局的业务仍为传统的国际函件和国内函件、包裹、邮政汇兑、侨汇等。1950 年，邮局开始办理报刊发行业务，北山的邮政代办亦随之增加报刊派发服务。1953 年，北山农村信用合作社成立。次年，原属邮政派发的侨汇转由信用合作社负责派发，一直延至 20 世纪 80 年代。1957 年，南屏邮政代办所改为邮政所，

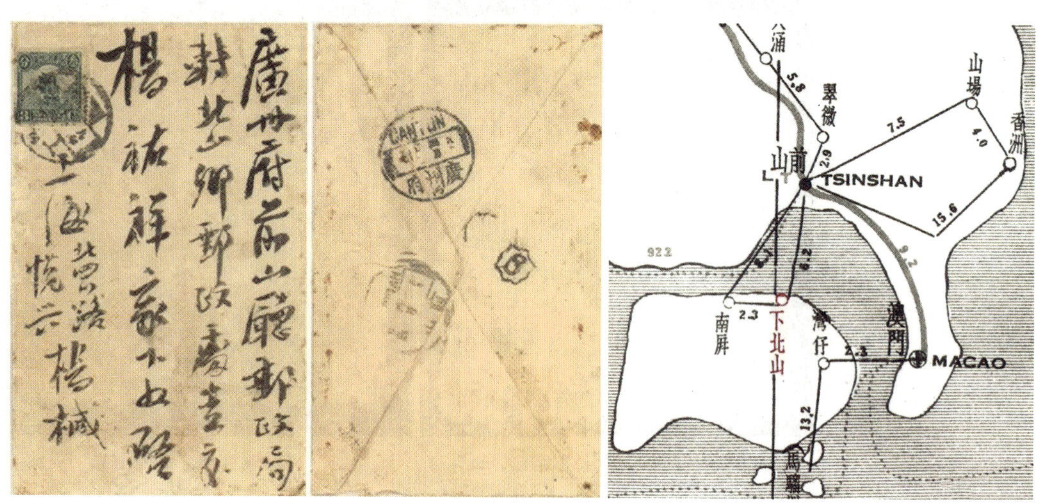

1920 年 4 月，北山一杨姓从上海寄给家人家书所用的信封，此信经广州转前山再转北山　张益茂　提供

1936 年，中华民国交通部邮电总局编印的邮电舆图中前山邮局的网络图　张益茂　提供

1959 年再改为邮电所。自此，北山的邮政服务直接与南屏邮政所衔接，不再与前山邮局联系。1969 年 12 月，南屏邮电所分设为邮政和邮电两个支局。北山的邮政信函、包裹等和电话、电报业务分别与南屏的邮政和邮电支局联系。1973 年 8 月，邮政和邮电合并，复称南屏邮电支局，业务也合办。

改革开放后，邮政、电信业务量大增，邮政、电信机构再次分设。随着经济建设和珠海城市建设发展，到北山经商办企业的人日益增多，外来务工人员与日俱增，邮政业务量也随之增多。1987 年 5 月，南屏邮电支局特快专递邮路开通，方便了在北山设厂经商以及外来务工人员有关信函和文件资料的传递。过去北山每日的信函、包裹等邮件一般只有几件，最多不超过十件，报刊只有 10 多份。至 2008 年，北山每日的邮件派发量达 200 件，报纸、刊物的派发量每日增加至 60 ~ 70 份。自 2012 年起，北山陆续有快递公司成立并投入运营，加快了邮件的传递速度，增加了邮件的传递量。

电报 清光绪三十三年（1907），前山设立电报站，电报电路只有石岐至前山 52.5 千米单线一条，主要用于沟通石岐至澳门的金融和商业行情。1937 年 6 月 1 日，前山邮局开始代办电报、电话业务。北山村民拍发电报，到前山邮局办理，接收电报则由邮差将电报内容送达。1939 年，前山电报站停业。抗战胜利后，1946 年 2 月，前山的电报业务复办，电报站改称电信局。同年 9 月，前山电信局迁往石岐，原前山电信局改为中山电报局前山收报处。收报处不能拍发电报，民众拍发电报只能随收随寄给中山电信局拍发。由于不方便，民众很少拍发电报。

1959 年，南屏邮政所改为邮电所，开通电报业务，民众可就近接受电报服务。进入 21 世纪，随着互联网、固定电话和无线电话（俗称“手机”）的发展，村民已基本不使用电报。

固定电话 北山使用电话与外界沟通，始于 20 世纪 30 年代初。珠海地区农村通电话，首先在关闸（今拱北）、中山港（唐家）兴起。1932 年，前山五区开设民办联乡电话局，用瑞典 50 号单线开通前山至湾仔、南屏、香洲、古鹤电话，线路全长 20 千米，北山开始有电话与外界联络。当时北山的电话机设在杨氏大宗祠内。村民很少使用电话，只有特别紧急时，才通过电话与外界联系。

新中国成立后至珠海市成立初期，北山对外电话通信联络，使用的是一台须经南屏总机接驳电话的磁石式电话机，主要担负上级开会通知、紧急指示传达和村民有急事与外界联系等任务。珠海建市后，邮电部门加强农村电话网的建设，逐步淘汰磁石式电话

20 世纪 50—60 年代使用的铁壳手摇磁石式电话机

杨世权　摄

机，开设载波机，新增农村电话中继电路。1984 年，北山村的电话开始由过去的“一台式”逐步向多台迈进。1985 年，南屏邮电支局开始实行农村电话半自动拨号，北山的电话机开始转换为半自动拨号机。同年，南屏邮电支局开通自动电话，北山开始使用按键自动电话进行对外联系。1987 年珠海市程控电话开通后，农村电话网并入市内电话网统一管理。北山除村委会设有电话外，企业和商铺亦开始安装电话。1988 年，北山安装了第一台住宅电话。2008 年后，北山 480 户常住户已全部安装住宅电话。

手机　1988 年 12 月 28 日起，珠海市开始有公众手提移动电话服务。北山第一个使用手提移动电话的是符开森。当时使用的是“水壶型”手提模拟机，坊间称之为“大哥大”。进入 21 世纪，随着移动电话由模拟机走向数字机，功能由音频通话到发放文字信息，移动电话逐渐在村民中普及。有人甚至拥有 2 部以上手机，村民与外界的沟通和信息交往多由手机完成。2017 年年底，100%住户拥有手机。

无线寻呼机　与手机同时进入通信领域的还有无线寻呼机（BP 机），20 世纪 90 年代中后期，北山村很多人配备有无线寻呼机。进入 21 世纪后，随着手机的普及，村民已不再使用无线寻呼机。

互联网　20 世纪 90 年代中后期，互联网逐渐开通。进入 21 世纪，北山民众家庭陆续开通互联网，安坐家中打开电脑登录有关网站，随时可以浏览当天国际、国内发生的大事，了解市场信息和查阅资料，还可以网上聊天、购物。民众还可以通过手机看电视节目。

水电消防

供水　北山人在立村时便开挖水井，解决日常饮用和其他生活用水，如遇火灾还可用于汲水灭火。新中国成立后，北山村共有家井110个、街井8个。改革开放后，随着人口增长，日常用水量急剧增加，原有水井已远远不能满足民众用水需求。北山村于1984年和2000年先后投入资金52万元，铺设大口径水管，将竹仙洞和滴水岩的溪水引入村中，然后在村内高处建一座120立方米的大水池，再铺设锌铁水管，将水引至各家各户。之后村民用水完全接入珠海市自来水供水系统，再无缺水之忧。

供电　1984年、1991年，北山从集体经济中先后两次共拨款24万元更新区内民用供电线路，安装360千瓦的变压器，保证村民用电和供电安全。

消防设施　北山村历来重视消防工作。清末民国初，北山就有机械式的消防设备，共4台手推抽压式消防车，三大一小，如遇火警，消防人员可推着消防车投入灭火救灾中。除家井和街井等汲水灭火设施外，1945年，乡政府还在杨氏大宗祠附近专门挖了一个20×20米的水塘，种上荷花，如遇火警可以汲水灭火。

新中国成立后，北山进一步加强消防工作。20世纪50年代，北山除沿用原有的消防设备外，还增加手动推压式消防水枪。改革开放后，越来越多的外商、外地资金进入北山开设商铺和工厂，消防安全工作日趋重要。2000年，北山村成立由党支部委员会和村“两委”组成的消防工作领导小组，在领导和指导区内消防安全工作的同时，

杨氏大宗祠附近既可供消防用水又可观莲的莲塘（2016年）　　杨世权　摄

北山社区配置的微型高压机动消防车（2016 年） 杨世权 摄

分别在全村及工厂区内利用已建立的自来水网络，定点布设消防水龙头，主要街口都安装一个消防水龙头，全村布设消防水龙头 19 个。2007 年秀毓园新村建成后，园内定点设置消防栓 10 个。在定点布设消防栓的同时，北山又投资 13000 元，购置一台流动式配备汽油发动机的高压抽水灭火车以及 200 多米长的配套帆布软喉。灭火车配备一台抽水机，抽水机通过汲水管可从 8 米深处汲水，也可以通过喉管从自来水管中汲水，扬程达 32 米。

◉ 村居建设

华侨新村 新中国成立初期，正值国民经济恢复时期，国内建材物资短缺，北山民众对居住的旧屋只能维护修缮，修旧如旧，用拆卸的旧材料修缮旧房子。部分祠堂被拆，木材和砖块用作地方政府公共设施的建设。至 20 世纪 70 年代，民用钢筋、水泥等建筑材料供应有所缓和，部分村民凭外汇指标购置建筑材料建新房。

改革开放后，随着人口增长和生活水平提高，村民开始考虑改善居住条件和生活环境，村民建房需求持续增强，部分旅居港澳的同胞也纷纷向乡政府提出申请，要求划拨宅基地建屋。北山乡党支部、乡政府顺应民众要求，对经审查认定符合条件的，均划拨建房用地。建房用地面积一般每户控制在 150 平方米以内。1985 年 1 月，珠海市侨务工作会议召开，要求各乡落实好侨房政策，对在 20 世纪 50 年代初被错划、错分的侨房予以清退。经查核评定，北山应退房屋 23 座，应安置第一批退房户 35 户。另外，至 1985

年，还有经年申请而未解决的村民结婚分房户、旅居港澳同胞和外来户 27 户，合计应安排建房户共 62 户。乡党支部和乡政府积极筹划解决建房用地问题，决定从 1985 年 7 月起，新建民房用地不再安排在村内，另在村外规划土地用于建新房。1989 年，新房用地安排在紧挨旧村东南方的原训玩果园一带，建筑用地面积 25840.8 平方米，规划建设楼房 74 栋，并定名为“华侨新村”。1991 年年底，华侨新村落成，分为 10 个小区，主街道宽 6 米，次道宽 4 米，每户建筑用地面积 150 平方米，户与户之间间距 2 米。华侨新村建成后，珠海市交通部门开建沟通主城区至珠海西区的珠海大道。为支持市政建设，1991 年，北山东堡村原 10 户人家举家搬至华侨新村附近，所建新房与华侨新村连成一体，成为村东南初具规模的住宅新区。

秀毓园新村 1985—1988 年，珠海市国土部门对北山村集体所有的 3209 亩土地实施统一征收后，每个被征地农民（含家属）预留 40 平方米的住宅用地，全村预留住宅用地共 81 亩。北山村决定集中使用住宅用地，不直接分配到个人，通过建设楼房式住宅，改善群众居住条件，美化居住环境，与珠海城市建设相衔接，同时也为日后村居拆迁改造预留建设用地。随后，珠海城区建设范围不断扩大，北山村所在区域被纳入主城区。1999 年 11 月 15 日，村“两委”举行联席会议，决定成立北山村村民住宅筹建领导小组，统筹负责新村建设，将新村定名为“秀毓园”。2002 年 5 月，秀毓园新村安居工程正式破土动工，分三期进行。至 2006 年 9 月，完成三期安居工程新村建设。前后实际建起楼房 22 栋，合计 540 套，其中大套 320 户，小套 220 户，总建筑面积 58342 平方米。秀毓园新村街道井然、清洁，绿树成荫、空气清新，楼宇间隔合理，生活环境舒适。至 2006 年年底，被征地农民陆续从原有的旧村搬进秀毓园新村，从过去的平房住进宽敞的楼房，秀毓园新村成为北山村民新的集中居住点。2008 年，秀毓园新村被有关部门誉为社会主义新农村的样板。2012 年，秀毓园安居工程作为珠海市十大幸福村居工程之一，获市政府拨款 1000 万元，其中 100 万元用于新村内园林绿化、道路、自来水扩容、消防设施添置，其余 900 万元用于村外周边道路建设。2016 年 12 月，北山社区获“广东省宜居社区”称号。

国家级生态村创建 改革开放后，北山村在发展经济的同时，重视环境建设。在上级政府和有关部门支持下，不断加大资金投入，完善村内道路绿化、路灯等环境卫生配套设施。秀毓园新村建成后，北山社区积极创建国家级生态村。专门成立创建生态示范村领导小组，注重加强对旧村的生态保护，采取“冻结式”和“有机更新”综合运用的方法，聘请华南理工大学建筑学院编制建设规划。与此同时，通过引进投资商进行保护性开发，对古建筑进行修旧如旧，办起北山会馆、北山画家村等创意文化产业，形成具有北山人文特色的文化聚落。2006 年，委托广东省生态环境和土壤研究所、广东省农业环境综合整治重点实验室，对北山自然生态环境资源科学利用和环境污染治理等情况进行调研，制定北山生态环境建设规划，将北山划分为城镇发展区、生态构架区两个生态功能区，明确发展规模、空间结构和用地布局，为实现经济社会可持续发展提供了科学依据。在珠海市和香洲区环保部门的指导下，北山组建专业化的绿化、苗圃培育和清洁队伍，负责新旧村的绿化和环境清洁。居委会从集体经济中每年抽出资金 200 万元，对村容村貌和东桥社区至北山社区的山桥路、北山路的道路路面进行整治，完善和绿化道路；整个社区配置路灯；做好街道清洁卫生和生活垃圾的无害化处理。

北山国家级生态村创建成效显著，地表水环境质量、大气环境质量和声环境质量均符合功能区划要求，主干村道基本配套建设绿化带，有效地减轻了机动车尾气和扬尘对环境的影响，环境质量保持良好，无重点工业污染源。清洁能源普及率 100%。森林面积 2.8 平方千米，森林覆盖率达 56%；绿化总面积 3.8 平方千米，绿化覆盖率达 76%。村域内实行三级粪池无害化处理，没有外排污染环境现象发生，人畜粪便处理率 100%，畜禽粪便资源化利用率达 100%。生活垃圾定点收集，集中运到市沥溪垃圾堆填场进行处理。生活垃圾清运率 100%。生活污水经排污渠进入南区污水处理厂处理，生活污水收集率达 70%，村内没有污水横流现象。

1995 年，北山村获“全国造林绿化千佳村”称号。2006 年，入选《广东最美乡村名录》，获“广东省生态示范村”“广东省卫生村”称号。2007 年，获“广东省文明社

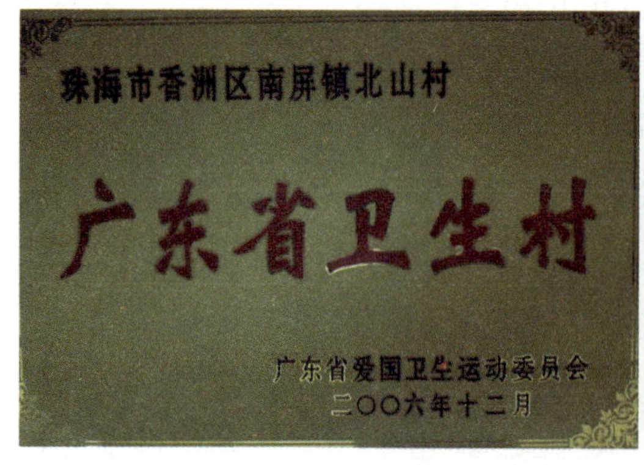

2006 年 12 月，北山被广东省爱国卫生运动委员会评为“广东省卫生村”

2007 年 12 月北山被中共广东省委、广东省人民政府评为“广东省文明社区”

区”称号。2008 年，获“广东省旅游特色村”称号。2009 年，获“广东省历史文化名村”称号。2011 年 10 月，获“国家级生态村”称号。

链接：留青山　守古树　引凤凰，北山村创建国家级生态村[①]

今年“六五”世界环境日期间，珠海市环保局、珠海特区报联合组织了为期一天的“市民走进生态珠海”大型体验活动，北山村成为众多市民代表体验活动的最后一站。现代化宜居新村以及百年历史的人文古迹引来阵阵赞叹。“环境与人类同在，开发与保护同步”北山村而今生态风貌已经做出了最好的诠释。

一片青山 PK 一笔巨额赔偿金

村民们选择了绿色。

南屏镇北山村是珠海市郊外的一座具有 900 年（应为 772 年，链接者注）历史的岭南古建筑村落，因位于凤凰山北（应为将军山北，链接者注）而得名。改革开放以来，经济特区的工业化浪潮并未有吞噬这里原生态的乡土风貌，北山人这些年来经常讲的一句话是“讲财富，先讲生态”。

在上世纪 90 年代初珠海第一轮的开发建设热潮中，曾有人提议铲平北山村后那片郁郁葱葱的山岭，取土以填充新建的南湾大道。为此，北山村将失去这道绿色屏障，变成城市边沿的一处沙丘，甚至可能成为台风袭击时的一座孤岛。

当有关部门为征地挖山和青苗赔偿而征求村干部和村民意见时，当时的北山村两委班子召集村民开会商议。面对一片青山绿水和一笔可观的赔偿金，究竟该做出怎样的选择？激烈争论后，村民们终于同意了认识：坚决捍卫这里的每一片绿色，发展村集体经济决不能以牺牲生态环境为代价。

世世代代慈润着北山人的青山绿水得以保住。

两棵古树 PK 几百万元收入，秀毓园演绎生态佳话

2000 年，秀毓园建设也遇到了同样的难题。

同样郁郁如盖的菩提树和皂角树高耸在新村规划图的正中间，如果拔掉这

① 作者：张晓红、杨雪薇，载于 2009 年 9 月 1 日《珠海特区报》。

两棵百年古树，就可在寸土寸金的商住空间里腾出600平方米的建筑用地，就可以多建出两栋60个单元的居民楼来。而要保留两棵古树，则会在秀毓园了少建两栋新楼，在村集体账面上减少几百万的直接收入。

出乎意料的是，这一次没有一个村民对少建两栋住宅楼表示异议，新村建设领导小组在全体村民的拥戴下，做出了以两棵古树为依托、增建秀毓园新村公园的决策。

秀毓园新村落成竣工后，北山村在市、区环保等有关部门的指导下，成立了创建生态示范村领导小组，组建了专业化的北山村绿化队、清洁队和苗圃园，每年投入200多万元建设和完善北山村的道路绿化、路灯配置、卫生清理和生活垃圾的无害化处理。北山人养花种草、栽树护林更是蔚然成风。他们先后获得“全国绿色造林千佳村”“广东省生态示范村”“广东省旅游特色村”“广东省卫生村”“广东省文明社区”等荣誉称号。

“冻结式”+“有机更新”，90栋清代民居建筑保存完好

自北宋元丰五年（公元1082年）以杨姓氏为主体的中原地区移民在此落户建村以来，历经926年（应为772年，链接者注）的风雨沧桑，方圆5平方公里的北山村成为南海边陲一颗人杰地灵的明珠。这里，至今保存完好的90栋清代民居建筑中，就有4栋岭南地区罕见的氏族宗祠和官宦府第。

一直以来，北山对旧村的生态保护采取的是“冻结式”和“有机更新”综合运用的方法，即对保存完好的古祠堂、老建筑采取的是“冻结式”保护，对于一般的岭南传统民居则采取以修复和转换功能为主要形式的“有机更新”式保护，而对旧村里相当部分杂乱无序、没有特色的新老住宅则予以拆除。

漫步北山，在千年的历史长河中北山人所创造的辉煌建筑映入眼帘：氏族宗祠、官宦府第都是岭南地区所罕见的；杨氏大宗祠堪称岭南地区民间古建筑瑰宝；绿树覆盖，鸟语花香，营造了独特的北山乡村生活；画家村吸引了来自各地的画家、艺术家、雕塑家，为珠海文化底蕴和艺术氛围的提升增添了丰富的内涵。

2008年，拥有得天独厚优势的北山人向国家环保部提出了创建国家级生态村的目标，努力实现珠海市在国家生态村领域“零”的突破。经过近两年的准备，在市、区政府和部门领导的关心支持下，这座凤凰山下生态园以一派“青

山绿水浩然归，古朴旧村凤凰来”的生态美景呈现在世人眼前。

◉ 文明新风

创建文明社区 20世纪60年代中期后，北山村共青团员和青年学生积极响应毛泽东主席号召，开展学雷锋活动。改革开放后，每年3月被确定为“学雷锋活动月”。20世纪80年代初期，村内共青团员积极投入“五讲四美三热爱”活动。90年代后，随着经济发展水平不断提高，北山村深入推进精神文明建设，青年党员、共青团员积极开展“学雷锋，献爱心”志愿服务活动，清扫村内卫生死角，铲除“牛皮癣”广告，为居民营造卫生舒适的公共环境；慰问孤寡老人，帮助收拾房屋、清理院子，让他们感受到社会的温暖和关怀；举办科学生活知识宣传，向居民派发宣传单，与居民面对面沟通，让居民了解各方面生活保健小常识等。进入21世纪，“村转居”后新村建设加快，北山积极创建文明社区。积极开展“促进邻里相亲，创建和谐社区”活动，居民通过参与邻里互助、联谊活动，拉近距离，让大家体验到社区邻里互助、联谊带来的快乐，从而增强感恩邻里、回报邻里，感恩社区、参与社区，感恩社会、服务社会的责任意识。在开展学雷锋活动中，社区与杨匏安纪念学校配合，组织学生弘扬团结友爱、助人为乐的中华传统美德，“学雷锋精神，做雷锋传人”，做“小小志愿者”，立足校园，走向社会，参与“居民清洁北山”“良好秩序我们共同维护”“礼让每一天”志愿服务活动，营造“人人讲文明、个个守规章、处处见公德”的良好社会氛围。同时，在学校各班级组成“手拉手”小组，发扬雷锋助人为乐精神，帮助学习后进的同学提高学习成绩，共同进步。

北山社区青年志愿者开展学雷锋活动（2012年）
北山社区居委会　提供

2013年元宵节，北山社区举办“邻里联谊”拔河活动
北山社区居委会　提供

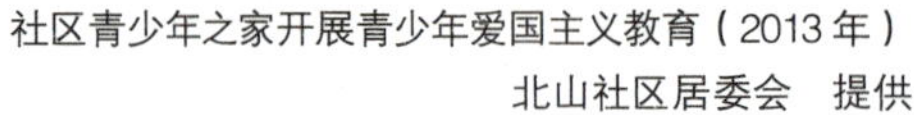

社区青少年之家开展青少年爱国主义教育（2013 年）
北山社区居委会　提供

青少年在社区青少年之家阅读图书（2013 年）
北山社区居委会　提供

2007 年 12 月，北山社区获“广东省文明社区”称号。

2012 年年底，在创建文明城市社区的过程中，北山成立社区青少年之家，推进社区未成年人的思想道德建设。青少年之家由社区主任担任主任，社区少工委负责具体工作，杨匏安纪念学校和社区的共青团员共同参与青少年之家的组织活动。青少年之家设在杨氏大宗祠内，有远程教育室、电教室、图书阅览室、书画室、乒乓球室等，开放时间为寒暑假、节假日、周六日。除平时开展寓教于乐的课外活动外，还利用寒暑假组织社区青少年参加弘扬公德、创文明城市、做文明市民活动；读名人故事和书，观看革命题材的影片，开展国情、爱国主义教育，增强爱国感；参加法律知识讲座活动，增强法律知识和意识。青少年之家在开办过程中，一方面通过符合青少年特点、满足青少年需求的活动，在寓教于乐中让他们受到教育，起到潜移默化的效果；另一方面通过对青少年的教育，吸引他们积极参与社区精神文明建设，增强对社区的归属感。2012 年，北山先后获得“广东省交通安全文明示范社区”“全国交通安全示范社区”称号。2013 年 1 月，制定《北山社区市民文明公约》，以提高居民文明素质，增强参与社区精神文明建设的积极性，引导广大居民讲文明语言，行文明礼仪，养成文明习惯，努力打造团结友爱、融洽和谐的社区。社区内有 92% 以上的家庭被评为文明户。

明德讲堂　新中国成立后，北山人民在党的领导下进行社会主义革命和建设，一些封建迷信和旧的落后习俗逐渐消失。改革开放后，北山村在积极开展经济建设的同时，注重社会主义精神文明建设，以新的社会风尚抵制社会不良倾向和意识，树立良好的社会风气。2012 年 6 月，北山社区党支部和居委会在香洲区精神文明建设办公室和南屏镇政府的筹划和指导下，以杨氏大宗祠为讲堂，举办“明德讲堂”活动。明德讲堂以社区

2012 年 6 月 18 日，明德讲堂在杨氏大宗祠开讲

香洲区精神文明办公室　提供

63 岁老人杨百成 10 多年来照顾体弱多病的百岁老母亲不离不弃、“孝德不言苦和累，为报慈母三春晖”的故事为开篇，之后又有多名道德模范、公益人物登台演讲。讲堂由普通人举办，普通人参与，用普普通通的故事，通过“身边人讲身边事，身边事教育身边人”的做法，在社区开展社会公德、家庭美德的教育。明德讲堂的经验做法，先后在香洲主城区的122个居委会中推广。同时，北山社区还开展“敬老助老，从我做起”活动。通过发动社区广大居民工会、共青团、妇联等各方面的志愿者积极参与，努力弘扬中华民族尊老、敬老、助老的传统美德，营造尊敬老人、关爱老人的社会氛围。

迎春敬老会　北山人有敬老爱老的优秀传统。改革开放后，敬老爱老不断被赋予新的形式予以传承。1999 年 2 月，由北山旅外乡亲联谊会牵头、北山村委会协办，于元宵节在杨氏大宗祠举办首届北山迎春敬老会，安排有文娱活动和宴席。出席活动的有北山村常住人口中 60 岁以上（含 60 岁）的村民和旅外乡亲。与会者欢聚一堂，闲话家常，谈论村中发展变化；久别重逢的族人、乡里互致问候，共迎新春。自第五年起，该活动改由北山村委会主办、北山旅外乡亲联谊会协办。迎春敬老会在北山成为一种常态化的新的风俗。2007 年，参加迎春敬老会活动的北山常住人口的年龄，由原定的 60 岁降至 50 岁。至 2017 年，北山迎春敬老会已连续举办 18 届。敬老活动得到旅港澳同胞和在北山经商办实业的经营者地大力支持，旅港同胞杨润全自 2007 至 2017 年，每年都捐助善款。在北山，新春敬老爱老活动成为一种新常态、新风俗、新时尚，敬老爱老蔚然成风。

北山迎春敬老活动中的千叟宴（2014 年）　　杨国雄　摄

杨匏安

北山是一片红色的热土，传承着革命的基因，是革命先驱杨匏安的故乡。杨匏安是华南地区最早系统传播马克思主义的先驱、中国共产党早期优秀党员、中共五大中央监察委员会副主席、革命理论家、革命烈士，在中国共产党早期革命历史上占有重要地位。他是北山仁人志士和英才俊彦的杰出代表，家庭成员中多达十几人走上革命道路。他和他的革命家庭是北山人民的骄傲。

◉ 生平

杨匏安

杨匏安（1896—1931） 字麟焘，又名锦焘，笔名匏庵、匏厂、王纯一、寒灰、老渔等。北山杨氏第二十三世孙。杨匏安幼年丧父，由母亲陈氏抚养教育，少年时入读前山恭都小学堂，后转读广东省立第一中学。毕业后回到母校前山恭都小学堂任教。不久，因揭发校长贪污反遭诬陷入狱，其母全力营救，出狱后随堂叔杨章甫赴日本，在横滨半工半读。他自学日文，钻研政治、经济、哲学、文艺等方面的书刊。1917 年，在澳门、广州等地从事教学与写作活动。

1919 年，杨匏安在广州积极参加五四运动。从 1919 年 5 月 21 日起至 12 月底，在《广东中华新报》上连续发表《青年心理学》《美学拾零》《世界学说》等近 10 万字的论著。其中篇幅最长、也是最重要的一篇文章是 11 月 11 日至 12 月 4 日在《广东中华新报》连续 19 天刊登的《马克斯主义》（一称《科学的社会主义》），文章系统介绍马克思主义的三个组成部分，该文章与李大钊发表于《新青年》的《我的马克思主义观》下篇同时问世，杨匏安由此成为华南地区最早系统传播马克思主义的先驱，有“北李南杨”之说。1921 年春，广州共产主义小组成立后，杨匏安经谭平山介绍加入中国共产党，成为早期中共党员，并将其在广州的住处杨家祠作为中共的活动地点。杨匏安致力于向青年宣传马克思主义，并担任社会主义青年团广东区执委会文书部中文负责人、广东区团委代理书记。同时，还担任粤汉铁路局广州分局编辑主任，并利用此合法身份，在广三、广九和粤汉铁路工人中进行宣传组织工作。

1923 年 6 月，中共三大决定中国共产党和国民党进行合作，谭平山和杨匏安被任命为中共在国民党内的党团书记，以统一出席国民党会议的中共党员和社会主义青年团团员的思想和行动。1924 年国共合作开始后，谭平山任国民党中央组织部部长，杨匏安任秘书，实际主持日常工作。同年秋，中共广东区委成立，杨匏安任监察委员。“五卅”运动爆发后，他以廖仲恺代表的身份，与邓中夏一起前往香港，会同苏兆征、杨殷发动省港大罢工。罢工开始后，被港英当局以“煽动工潮”罪关押近两个月，释放后被驱逐出境。之后返回广州，继续参与领导罢工斗争，被聘为省港罢工委员会顾问兼香港罢工工团宣传学校名誉校长。在 1926 年 1 月召开的国民党第二次全国代表大会上，杨匏安当选为国民党中央执行委员会常委，仍兼任国民党中央组织部秘书。蒋介石发动“中山舰事件”与“整理党务案”后，杨匏安与其他中共党员退出国民党中央机构。

1927 年春，杨匏安离开广东去武汉，中共五大时当选为中央监察委员，并任中央监察委员会副主席。汪精卫发动“七一五”政变后，他以中央监察委员会副主席的身份，在汉口参加中共召开的“八七”会议。广州起义失败后，一度赴南洋从事党的工作。1928 年，回到上海，从事党刊编辑工作。1930 年，调任中共中央农民部副部长。1931 年 7 月，杨匏安在上海被捕，蒋介石打电话、派人多次劝降，均被坚拒。8 月，杨匏安被国民党杀害于上海龙华警备司令部。

◉ 作品

著作

《西洋史要》 1929 年编译完成，20 余万字，使用“王纯一”做笔名，南强书局 7 月出版。这是杨匏安用心血编译的一部力作，开创了中国研究国际共产主义运动史之先河。

《地租论》 1931 年，杨匏安结合所从事的工作，认真研究在西方资本主义制度下和在消灭封建地租后的苏联社会主义制度下的地租问题，翻译了拉比杜斯的经济学著作中有关地租的论述，并从《列宁全集》中选译《社会民主党在一九〇五至一九〇七年俄国第一次革命中的土地纲领》一文部分章节作为附录，合为一书，名为《地租论》。全书 6 万余字，6 月交南强书局出版，署名为“王纯一”。

重要文章

《王呆子》 1918 年春夏间在《广东中华新报》发表，为文言小说，塑造了一个反抗封建压迫的青年农民的英雄形象。

《青年心理讲话》 1919 年 5 月 21 日起，在《广东中华新报》连续登载一个多月，意在引导学生在爱国运动中健康成长。

《美学拾零》 1919 年 6—8 月，在《广东中华新报》连续发表，近 3 万字，介绍了柏拉图、康德、费希特、黑格尔和哈特曼等十多位西方著名学者的美学思想，为中国最早系统介绍西方美学思潮的文章。

《世界学说》 1919 年 7 月至年底发表在《广东中华新报》副刊《通俗大学校》上，

系统介绍了西方各种流派的哲学观点和社会学说。其中篇幅最长、也是最重要的是《马克斯主义》(一称《科学的社会主义》)。

《马克斯主义》(一称《科学的社会主义》) 发表于1919年11月11日至12月4日,陆续登载了19天。该文是华南地区最早系统地介绍马克思主义的文章,与李大钊发表于《新青年》的《我的马克思主义观》下篇同时问世,同为马克思主义在中国早期传播的名作之一。文章开头说“自马克斯氏出,从来之社会主义,于理论及实际上,皆顿失其光辉”,表达了对马克思主义的热情赞扬和高度评价。该文的发表,标志着杨匏安已从革命民主主义者开始向马克思主义者转变。

《青年周刊》创刊宣言 1922年年初,为共青团刊《青年周刊》创刊而写,向广大团员和青年明确指出:“社会革命四个大字,就是我们先行的旗帜。我们最服膺马克斯主义!”

《马克斯主义浅说》 1922年发表在《青年周刊》第4 ~ 7号,系统而深入浅出地论述马克思主义的三个组成部分。

《所谓第三党》 1928年2月13日发表于党中央机关刊物《布尔塞维克》第17期上,对“第三党”作了实事求是而又与人为善的分析批判,表明对党忠贞不渝的坚定立场。

诗歌

《十一月既望泊舟星架坡港》 1927年11月,受到坚持“左”倾错误的党中央领导的错误惩处,杨匏安被撤销中央监察委员会副主席职务,留党察看。在受到党中央领导误解和不公正对待的情况下,仍严格遵守党的纪律,服从组织安排,赴新加坡等地执行任务。赴南洋途中,写下《十一月既望泊舟星架坡港》一诗:

故乡回首战云深,漏刃投荒万里临。
余日可消行坐卧,感怀休问去来今。
江南有梦迷蛮瘴,海外何人辨雅音?
自笑身闲心独苦,当头皓月伴微吟。

《寄小梅》 杨匏安于1928年年初在南洋期间所作。作为一名坚定的马克思主义者,即使身处逆境,杨匏安“公忠不可忘”,以诗为志,向党中央表明他回国继续从事革命工作的愿望,表达了他对祖国的思念和对党的忠贞之情。诗文如下:

去国六千里,心随云水长。
逃生来绝域,问禁入危邦。

归意能无动？公忠不可忘。

相思凭梦寄，月色满桄榔。

《狱中诗》 在杨匏安所写的诗词中，最著名的是就义前写给狱中难友，正气凛然、慷慨赴死而又勉励战友坚持斗争、充满革命气节的《狱中诗》，该诗于 1959 年 3 月被收入中国青年出版社出版的《革命烈士诗抄》。诗文如下：

慷慨登车去，临难节独存。

余生无足恋，大敌正当前。

投止穷张俭，迟行笑褚渊。

者番成永别，相视莫潸然！

该诗有另一诗名，为《死前一夕作·示难友》，诗中个别诗句与《狱中诗》有所不同。1945 年年初，杨匏安二儿子杨明在延安看望周恩来夫人邓颖超时，抄录了其笔记本中的手抄诗。诗文如下：

慷慨登车去，相期一节全。

残生无可恋，大敌正当前。

知止穷张俭，迟行笑褚渊。

从兹分手别，对视莫潸然。

◉ 研究述评

早期挖掘与研究 1956 年，珠海县人民政府授予杨匏安“革命烈士”称号；1959 年，民间流传的杨匏安“绝笔之作”被著名诗人肖三选编入《革命烈士诗抄》。1964 年，中山大学李坚教授撰写《1919 年马克思主义在广东的传播》，连同相关的《广东中华新报》提供给中共广东省委党史办，中共广东省委党史办油印《中华新报选辑》内部发行。

1978 年，李坚再次将约万余字的《1919 年马克思主义在广东的传播》文章提交到广东省党史学会。1980 年，李坚《匏厂即杨匏安烈士考》及杨匏安《世界学说》部分专题刊登于广东省委党校内部刊物《党史教研资料》第 12、13 期。1981 年，李坚、曾庆榴撰写的《杨匏安烈士传略》发表于《党史教研资料》第 23 期，参加同年在重庆召开的全国党史人物研讨会，收入《中共党史人物传》第 4 卷，在全国范围内首次对杨匏安烈士的生平事迹作比较完整地介绍与评价。同年起，李坚、曾庆榴等陆续在各种报刊上发表多篇介绍杨匏安传播马克思主义事迹的文章；“五四”前后，广州地区报刊陆续发表介绍杨匏安宣传马克思主义的短文，在社会上引起反响。1984 年 1 月，李坚撰写的《五四时期马克思主义在广东的传播》被收录到《广东党史研究文集》第一册中。上海龙华烈士陵园的尤亮在 1984 年冬寄来 1931 年逮捕、审讯以及处死杨匏安烈士的敌伪档案的复印件。至此，杨匏安鲜为人知的事迹与重要史料开始在学术界乃至社会传播并形成初步共识。

1986 年，在中共珠海市委大力支持下，中共广东省委党史办、广东省社会科学联合会、广东省党史学会、广东省青运史研究委员会办公室以及中共珠海市委党史办公室等单位联合举办“纪念杨匏安诞辰九十周年学术讨论会”。

全国范围内的研究与宣传 1986 年以后，对杨匏安的研究不仅在广东，而且向全国范围发展。1986 年 6 月 28 日，《人民日报》发布新闻《〈中共党史人物传〉前三十卷出版》，指出：这“为党史增添了大批史料，如《杨匏安》篇，首次提出杨匏安与李大钊差不多同时宣传马克思主义，是我国南方第一个宣传马克思主义的人。这一论断已为史家广泛接受”。1987 年 5 月 29 日，《人民日报》刊登了李坚撰写的《传播马克思主义的先驱——杨匏安》一文。历史学家李新、陈铁健主编的《中国新民主主义革命史：伟大的开端》，彭明的《五四运动史》以及由中共中央党史研究室著、胡绳主编的《中国共产党的七十年》均对杨匏安的功绩作了充分的肯定。吉林大学曹仲彬、杜艳华教授《杨匏安在传播马克思主义中的历史功绩》一文在《中共党史研究》1990 年第 1 期发表，并被《新华文摘》以《杨匏安传播马克思主义的历史功绩应得到应有评价》为题作“论点摘编”。人民出版社原副总编辑马连儒也将这方面的认识写入其于 1991 年出版的《中国共产党创始录》、2001 年出版的《风云际会：中国共产党创始录》和《激扬文字：中共建党时期诗文录》等专著中。

1996 年 12 月 28 日《人民日报》第 6 版发表了李坚撰写的《中华民族珍贵的精神遗产——记新编〈杨匏安文集〉》，全文约 4000 字，是《人民日报》所发的杨匏安研究文章中最长、最重要的文章。2000 年，中国人民解放军军史研究专家王晓建在《纵横》2000 年第 8 期发表《不该被遗忘的杨匏安》，于光远接连在《炎黄春秋》、《同舟共进》发表文章，并坐轮椅南下广东，大力倡导对杨匏安事迹的研究与宣传。2001 年 6 月 25 日《人民日报》刊载的《开天辟地》一文中，不仅指出“在广东，杨匏安发表了一系列推介马克思主义的文章，成为华南地区最早的马克思主义传播者”，并且刊登了杨匏安

2001年6月25日 星期一 第八版

人民日报

民族希望

五四运动前后，一批优秀的知识分子接受了马克思主义。随着马克思主义在中国的传播，中国唯一的无产阶级政党——中国共产党诞生了。从此，中国历史揭开了新篇章——

开天辟地

李大钊　陈独秀　杨匏安　毛泽东

"十月革命一声炮响，给我们送来了马克思列宁主义。十月革命帮助了全世界也帮助了中国的先进分子，用无产阶级的宇宙观作为观察国家命运的工具，重新考虑自己的问题。"

1918年7月至1919年元旦，李大钊先后发表了《俄法革命之比较观》等四篇文章，运用马克思主义的观点，论述十月革命的性质和伟大意义，拉开了马克思主义在中国传播的大幕。与李大钊携手战斗的，是被誉为"五四运动的总司令"的陈独秀。继在上海创办《新青年》后，1918年底，他又与李大钊创办了《每周评论》，积极传播马克思主义思想。

从1919年3月到1920年底，2000余名勤工俭学学生赴巴黎留学。留法勤工俭学对马克思主义在中国的传播，产生了重要影响。他们中的周恩来、邓小平、陈毅、李富春、聂荣臻、蔡和森、陈延年、王若飞、李维汉、李立三、蔡畅、向警予等人，后来都成为了中国革命的领导骨干。

在湖南，毛泽东主编《湘江评论》，热情赞颂十月革命的伟大胜利，介绍各国革命运动；在广东，杨匏安发表了一系列推介马克思主义的文章，成为华南地区最早的马克思主义传播者。李汉俊、李达、黄日葵、恽代英、林育南等人也都利用自己主编的报刊或创建的书社，扩大马克思主义在中国的影响。

1920年3月，中国第一个学习和研究马克思主义的团体——北京大学马克思学说研究会成立，邓中夏、高君宇、何孟雄、罗章龙、张国焘成为最早的成员。8月，中国第一个共产主义小组在上海成立，《共产党宣言》第一个全译本也由陈望道翻译出版。随后，北京、武汉、长沙、济南、广东、巴黎和东京等地的共产主义小组相继成立，董必武、陈潭秋、何叔衡、王烬美、邓恩铭、谭平山、林伯渠、赵世炎、施存统等，是这些组织的重要成员。

经过长期思想和组织上的准备，1921年7月中国共产党正式宣告成立，中国历史由此揭开了崭新的篇章。

李达　董必武　邓中夏　李汉俊　施存统

2001年6月25日《人民日报》有关杨匏安的报道

照片。2002年，中共中央党史研究室在修订人民出版社1991年7月出版的《中国共产党历史》一书时，杨匏安早期传播马克思主义的一些叙述被写入新版第一卷里。

2005年3月16日，中央电视台《新闻联播》之《永远的丰碑》以专题《借次清霜坚傲骨的革命家杨匏安》介绍杨匏安。3月17日的《人民日报》《光明日报》分别以《我党早期优秀理论家杨匏安》《清霜坚傲骨——我党早期优秀理论家杨匏安》为题刊登新华社3月16日电讯稿，共同赞誉杨匏安是中共早期优秀的理论家和革命家。

本土研究与纪念　1986年，在中共珠海市委的大力支持下，中共珠海市委党史办与中共广东省委党史办等单位联合举办"纪念杨匏安诞辰九十周年学术讨论会"。珠海市委、市人民政府在珠海香炉湾畔竖起杨匏安手持烟斗的全身铜像，并于11月6日上午举行隆重的铜像落成仪式。

2002年10月，珠海市政协文史资料委员会与珠海市博物馆联合举办《杨匏安和他的革命家庭》巡展，于光远为展览题名，并专程到珠海观看展览。

2006年6月28日，珠海市委组织部、市委宣传部、市委党史研究室、市委党校及市社科联共同举办"纪念杨匏安烈士诞辰110周年研讨会"。

2011年，纪念中国共产党建党90周年，中共珠海市委在北山杨氏大宗祠西侧建杨匏安陈列馆。2017年，珠海市委对杨匏安陈列馆进行升级改造，2018年12月15日，杨匏安陈列馆新馆揭牌。

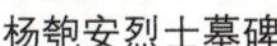
杨匏安烈士墓碑　　　　　　　　　　　　珠海市委党史研究室　提供

1996 年中央文献出版社的《杨匏安文集》和 2008 年珠海出版社的《杨匏安研究文选》
全海宇　摄

杨匏安部分专著及文集一览表

表 4

名称	作者	出版信息
杨匏安文集	杨匏安著	广东人民出版社，1986 年
杨匏安文集	杨匏安著	中央文献出版社，1996 年
杨匏安史料与研究	李坚主编	中共党史出版社，1999 年
杨匏安传论稿	李坚主编	—
杨匏安评传	叶庆科著	珠海出版社，2006 年
杨匏安研究文选	珠海市社会科学界联合会编	珠海出版社，2008 年

◉ 纪念场地

上海龙华烈士陵园杨匏安烈士墓　1931 年 8 月，杨匏安遇害于上海龙华警备司令部，时年 35 岁。解放后，党和政府追认杨匏安为革命烈士。上海龙华烈士陵园内尽管没有杨匏安的遗骨，仍在 1996 年前后为杨匏安烈士建了墓碑与诗碑亭。

广州杨家祠　位于广州市越秀区越华路 116 号（今广东省轻工业厅大院内广东制糖机械厂劳动服务公司办事处的巷里）。落成于清乾隆三十七年（1722），又称“泗儒书室”，是专为北山杨氏子弟在广州游学、应试、赴京赶考的邸舍。科举制度废除后，

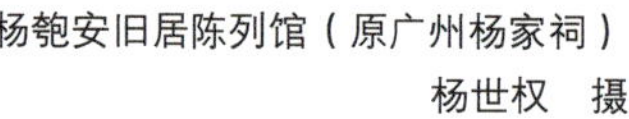
杨匏安旧居陈列馆（原广州杨家祠）
杨世权　摄

矗立在香洲区香炉湾畔的杨匏安铜像
珠海市委党史研究室　提供

杨家祠成为北山杨氏族人在广州落脚的地方。1918 年杨匏安举家迁至广州后，就住在杨家祠。1921 年 3 月广州共产主义小组成立后，杨家祠成为广州中共组织早期活动的重要场所。广州共产主义小组在杨家祠内办起“注音字母训练班”，培养从事基层宣传工作的干部，杨匏安、其同族杨章甫、谭平山以及谭植棠均在此任教过。随后，到杨家祠活动的革命同志逐年增多。早期有谭平山、陈公博、谭植棠、阮啸仙、刘尔崧、梁复然、王寒烬、徐成章、沈春雨（厚培）、沈厚望等党员、团员，林伯渠、包惠僧以及在广州的俄共党员都到杨家祠开过会。国共合作后，周恩来、陈延年、邓颖超、李富春、蔡畅、苏兆征以及工、农各部的同志，经常在杨家祠开会研究工作。2008 年 6 月，杨家祠被广州市政府列为广州市文物保护单位。2019 年，改造为杨匏安旧居陈列馆。

杨匏安铜像　位于珠海市香洲区海滨北路香炉湾畔。1986 年 11 月，珠海市为纪念杨匏安 90 周年诞辰，举行杨匏安 90 周年诞辰纪念大会暨铜像落成典礼。该铜像由著名雕塑家潘鹤设计，栩栩如生，展示了杨匏安手持烟斗凭海而望的生动形象。

杨匏安陈列馆　2011 年，纪念中国共产党建党 90 周年之际，中共珠海市委在北山杨氏大宗祠西侧建立杨匏安陈列馆。陈列馆为青砖平房，土木结构，连壁数间，总建筑面积 170 平方米。陈列内容分为“恭都学子”“东瀛游学”“播火岭南”“大浪淘沙”“南洋月色”“慷慨登车”“历史回声”“杨匏安年表”八个部分，突出宣传杨匏安传播马克

杨匏安陈列馆展厅　　杨世权　摄

杨匏安陈列馆新馆　　杨世权　摄

思主义的历史功绩，展示其诗文艺术魅力，弘扬其“公忠不可忘”的革命精神，展现杨匏安不平凡的革命人生。杨匏安陈列馆为珠海市爱国主义教育基地和中共党史党性教育基地。

2017 年，珠海市委对杨匏安陈列馆进行升级改造，2018 年 12 月 15 日杨匏安陈列馆新馆揭牌。升级改造后的展厅面积扩大到 600 多平方米，全面展示了杨匏安的事迹。展厅由六部分组成，分别介绍杨匏安少年时期的成长经历和勤奋好学、追求进步的优秀品质；杨匏安在传播马克思主义以及投身革命、探索建党理论方面的突出贡献；杨匏安在推动国共合作、壮大革命队伍方面的历史贡献；创设监委机构以及杨匏安在中央监察委员会中的地位；杨匏安参加“八七”会议，积极投身革命斗争并英勇献身的感人事迹；杨匏安家人举家投身革命和良好的红色家风故事。

杨匏安纪念学校　坐落在北山村纱帽公山下，原为北山小学，为纪念杨匏安，2003 年 4 月，经珠海市香洲区教育局批准，更名为杨匏安纪念学校，并建起烈士塑像。该校依托丰富的红色教育资源，因势利导，在校园里设立杨匏安烈士事迹墙、杨匏安诗词长廊，通过建“杨匏安红色教育基地”，举行杨匏安诞辰纪念活动、清明祭扫活动，开主题队会、讲革命历史故事、觅烈士足迹、诵烈士诗词、演革命题材小话剧等形式，对学生进行爱国主义和革命传统教育，用“红色”基因孕育学生的情怀，铸造他们坚强的品格。该校被评为全国文明校园、全国校园足球特色学校、广东省基础教

杨匏安纪念学校（2017 年）　　杨世权　摄

育研究实验基地学校。

◉ 革命家庭

陈智

陈智　杨匏安母亲。1918 年，陈智带领全家随杨匏安到广州，支持和同情革命，倾力支持儿子的革命行动。杨匏安身居要职时，月薪两三百元，但只留下小部分作家用，其余均交给党作活动经费，陈智毫无怨言。在广州杨家祠住处，她先后接待过中共和当时国民党的许多重要人物。1928 年，又带领全家到上海，随杨匏安从事中共地下工作。陈智和儿媳等一家人靠帮人洗衣、缝补衣服和售卖小食品等攒钱贴补家用。她利用年老不易引人注意的有利条件，掩护革命同志，被大家称为“革命母亲”。周恩来对她印象深刻，称赞她“支持杨匏安搞革命，又支持后辈参加革命，为党做过很多工作”。陈智深知革命的危险性，教育家人，为革命要义无反顾，绝不能三心二意。杨匏安牺牲后，陈智与儿媳、孙子孙女陆续从上海回到广州。后来，又把一个个子孙送到革命队伍中去。

关秀英

关秀英 杨匏安庶母。关秀英管理全家的生活，并为革命同志放哨引路、递送文件、发放传单。1928—1931年在上海期间，她常常根据中共党组织的部署和安排，把文件、传单藏在箩筐里，挑着担子进工厂或上街进行传递和散发。杨匏安牺牲后，她冒着危险护送杨匏安的子女到澳门投靠其弟。直到1938年，党组织才找到她和杨匏安烈士的家属。关秀英在鼓励烈士子女投身革命斗争的同时，自己也参加党的地下工作。在广州、上海等敌占区，之后又在香港和澳门，她以一个老祖母的形象负责党的机关内部的安全保卫、接应传送等秘密工作。1955年起，出任北京市宣武区政协委员、常委。1964年8月6日病逝，并举行隆重的追悼会，骨灰被安放在北京八宝山革命公墓。

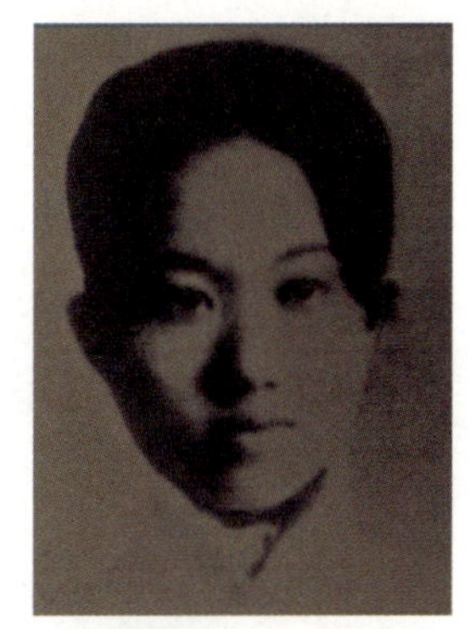
吴佩琪

吴佩琪 杨匏安妻子。与杨匏安先后生下6名子女，在家庭生活十分艰难的情况下，全力支持丈夫的革命事业。1931年，杨匏安在上海被捕遇难后，她历尽艰辛带着儿女们从上海回到广州，再次入住杨家祠，靠剪纸花出售攒零钱度日。后在周恩来、何香凝的关照下，生活稍有好转，但不久又因动乱与他们失去联系。1937年7月，吴佩琪病逝。

杨文达

杨文达 杨匏安长子。抗日战争时期，杨文达参加国民党军队奔赴抗日前线，后任中校军需处长，曾为解放区运送大批通信器材等物资。20世纪40年代初，在重庆遇到周恩来，与中共党组织取得联系，后被派往朝鲜义勇军。解放前夕，随国民党军队撤到台湾。“文化大革命”时，身份暴露，只身到香港，先后当出租车司机和楼房管理员。

杨明 杨匏安次子。又名杨宗锐。杨明从小聪明伶俐，警惕性高，经常为中共党组织传递秘密文件。1931年杨匏安牺牲后，随家人从上海回到广州，后被送到孤儿院。1935年，在周恩来、何香凝关照下，被接出孤儿院后送进广州仲恺农工学校读书。1936年，与于光远、黄秋耘等组织中华民族解放先锋队广州分部，取名“一条心”，团结广大学生和各阶层群众，宣传党的抗日救国政策。后因组织暴露，受到国民党通缉，他和于光远等离开广州赴海南岛，在海口电报局开展党的地下工作。1937 年，加入中国共产党。1938 年年初赴延安，先后在抗日军政大学、马列学院学习。学习结束后，留在党中央机关工作。在保卫延安的战斗中，与同志们一起完成党中央机关通信设备的安装和维护任务。新中国成立后，杨明参加接收国民党交通部技术部门和查封美、英、法等大使馆收发讯台的工作，并担任技术组组长。与苏联技术专家及电台技术人员一起，及时修复北平广播电台（中波），使党中央的声音及时传到各地。不久，调到邮电部工作。1957 年，在国防部第五研究院二分院工作。1966 年，调往三线地区，参加导弹研制生产基地建设。

杨明

杨绛辉　杨匏安长女。1938 年，杨绛辉在香港与王裕寿组成“家庭”，以掩护党的地下电台。1939 年，正式与王裕寿结婚。王裕寿于 1931 年参加红军，长征时曾三次过雪山、草地，后在香港负责党的机关电台的通讯工作。日军占领香港后，杨绛辉和王裕寿全家随电台从香港转移到澳门。

杨绛辉

杨志　杨匏安三子。1939 年，杨志到延安自然科学院学习。之后调到东北工作，参加四平保卫战，担任武工队队长、熊县县长。新中国成立后，进入北京农业大学学习。毕业后，调到广东华南亚热带作物科学研究所工作，曾到海南岛开发橡胶林。后调到昆明农林学院，从事橡胶林的研究和橡胶树的种植，任系主任、副院长等职。1978 年，任广东省林业厅副厅长。1984 年 6 月，转任省林业厅顾问。1989 年病逝。

杨志

杨章甫　杨匏安堂叔。字林祥。受五四运动的影响和杨匏安的引导，杨章甫接受马克思主义，并于 1922 年春加入中国共产党。他以编辑的合法身份，与杨匏安等深入广三、广九和粤汉铁路进行宣传和教育活动，推动铁路系统工人运动的发展。1923 年 6 月，列席中国共产党第三次全国代表大会并参加大会工作。1924 年国共合作后，杨章甫担任粤汉铁路局广州分局编辑主任，并领导粤汉铁路局广州分局的中共党组织工作。1927 年“四一二”反革命政变后，杨章甫避至澳门，遵照党的指示，设置联络站，收留、照顾逃至澳门的同志。广州起义失败后，迁居香港坚持党的地下工作。1929 年，化名“文磊庵”到中山县三乡桥头学校及桂山学校任教。同年，与共产党员潘兆銮、杨士曼、杨青山和程宛芬等成立党支部，潘兆銮任支部书记，开展秘密活动。1930 年 8 月，潘兆銮在桂山学校被捕后牺牲。杨章甫回到香港继续开展党的地下工作。

杨章甫

杨士曼

杨士曼（1901—1975） 杨匏安小叔。字偏祥。1921 年到广州谋生，受杨匏安影响参加革命活动。1923 年，参加社会主义青年团，次年加入中国共产党。国共合作后，在国民党中央组织部协助杨匏安工作，曾调省港罢工委员会负责宣传接待工作。1926 年，蒋介石利用“整理党务案”，将共产党人逐出国民党领导机关。其间，陈果夫以退出共产党为条件挽留杨士曼，被拒绝。之后被调到广东省农民协会工作。1927 年“四一二”反革命政变后，回到北山，受中共广东省委负责人杨殷派遣到澳门收容大革命失败后逃至澳门的同志。广州起义失败，他在广州从事党的地下工作。1929 年，经杨章甫介绍到中山县三乡桥头学校任教。其后和潘兆銮、杨章甫、杨青山和程宛芬等组成党支部，开展党的地下工作。潘兆銮被害后，与组织失去联系。1949 年夏返回北山。新中国成立后，他积极参加土地改革，任北山乡临时乡政委员会副主席。后一直在北山从事农村基层工作。

杨青山（1905—2006） 杨匏安堂弟。字麟声。1922 年，在广州加入社会主义青年团，1923 年加入中国共产党。先在广州共产国际代表鲍罗廷办公室工作，后到中山县开展农民运动。1926 年春，到广州石井兵工厂开展工人运动。1927 年，到国民革命军司令部特别党部工作。“四一二”反革命政变后，中共党组织受到严重破坏，受党组织委派到香港接待和救护脱险的同志。南昌起义失败后，曾在香港接待前来香港避难的起义领导人贺龙和刘伯承等。广州起义失败后，奉命在香港接待脱险到港的同志，为他们解决吃、住和治伤等问题，协助他们转移、疏散。此后，到香港怡和公司的“日星”号轮船工作，在香港—汕头—上海—青岛航线上从事党的地下工作。

杨青山

1929 年，偕妻子程宛芬到中山县三乡桥头学校任教，并与潘兆銮、杨章甫、杨士曼等组成党支部，一起开展党的地下工作。不久因潘兆銮遭敌人逮捕杀害，与党组织失去联系。1949 年，带家眷回到北山，与回到北山的杨士曼一起积极发动群众，筹集粮食支援前线，迎接北山解放。新中国成立后，担任北山乡临时乡政委员会主席，并积极参加土地改革。珠海建市后，先后担任政协珠海市第一届、第二届委员。

风土民情

北山人的先祖渊自中原，经粤北到北山，民风民俗既有中原文化的沿袭，又融入岭南文化，带有南北文化交会融合的特点。北山物阜民丰，特色美食较多。村民的衣食住行、节令、婚丧等习俗与珠江三角洲一带居民的习俗大致相同，但也有其特色。语言方面，村民使用的方言俚语，属于粤语白话语系中近乎穗港澳语音的语种；流传于北山的谚语涉及面广、形象、风趣且富哲理性，通俗易懂，是历代村民在生产和生活中的智慧结晶。

◉ 特色美食

甜品小吃

刺笋糊 刺竹笋是一种带刺的植物，生长于郊野、山林。北山人采摘嫩笋后，将其与浸泡过的大米混合，然后放入横牙砂盆里，用擂浆棍将之擂成浆后加入糖煮成糊吃。刺笋糊味甘香，可清热、祛烟渍。

芝麻糊 北山人常吃的甜品。做法是：黑芝麻和大米经浸泡后用擂浆棍在横牙砂盆中擂成浆，然后放入适量的糖煮成糊即成。

竹芋粉 北山人喜将竹芋在粗牙砂盆中磨成浆，然后去水，将之晒成粉储存。食用时加入开水搅拌后再放入糖。竹芋粉有止腹泻的功效。

白心番薯粉 将白心番薯磨成浆，然后晒成粉备用，食用时加入开水搅拌后放糖即成。

魔芋 民间在芋头收获季节，常将红芽芋头磨成浆，放入少量米粉拌成圆粒状，再加鲜虾仁、猪肉粒，用锅煮成糊状食用。魔芋味道鲜美，韧滑可口。

茶果汤 民间常食用的一种食品。有两种做法：一是干濑，即在米粉中加入虾肉（或虾米）拌匀成浆状，再用汤勺将米浆成条状，放入烧红的铁锅内直至煮熟，浆条煮熟后盛在盆内，随后再与猪肉汤一起煮即可食用；二是湿濑，即将米粉拌成稠糊状并调好味，用锅将肉汤煮开，再一边煮一边用粗眼椰壳将米粉浆一勺一勺地盛到煮开的肉汤内，米粉浆从带眼的椰壳流入锅中，煮熟的米粉浆便成了一条条的圆形粉条。煮熟的粉条，即茶果汤，而制作茶果汤的过程，称为“濑茶果汤”。

四时糕点

印饼 民间常食用的糕点。印饼是在粘米粉里面放入馅搓成团，再用木饼印压制成扁平带花纹的圆形馅饼。印饼有甜有咸，馅有花生的，也有豆蓉的。

白团 即糯米糍。做法是：糯米粉加入水搓成团后，分成若干比乒乓球略大的粉团并压成粉皮，在粉皮里面放入花生、椰蓉、肉粒或豆蓉馅再封口成团，通常要皮薄馅多。成型后一个挨一个地放到蒸笼里蒸熟，食时再用剪刀一个个分开。白团有甜有咸，民间为了识别甜、咸，蒸前在每个白团表面印上红印，上有文字，方便食用时选择。

叶仔 为白团在蒸时的另一种包裹方法。白团蒸时一个一个紧挨着放在蒸笼里，成型后用蕉叶或苹婆树叶做成袋状包裹，然后一个一个挨着放在蒸笼里蒸，食用时剥去树叶即可。

粉粽 一种粉类茶果。有别于五月粽，是用糯米粉做皮，内馅与叶仔一样。长条形圆筒状，外表用蕉叶包裹。

石凿 百姓喜爱的一种粉果。做法是：粘米粉和水混合至可捏成团既可，将粉团分成若干小团并压成扁平圆形粉皮，然后放入馅，再用五指将之封口捏成慈姑状，用蒸笼蒸熟即可。民间多用沙葛、肉粒、虾米做馅，爽脆可口。

菜角 与石凿形状不同的粉果。其馅的配料与石凿一样，个头比石凿稍大。制作时将圆形粉皮捏成半月形，然后将封边捏成扭绳状。有人用“水炎药”叶（一种树叶）包裹，以防相互挤压黏合。

崧糕 民间多用于敬神祭祖。做法是：粘米粉放入适量的泡打粉和水后和成稠糊状，然后放在蒸笼里蒸。熟透的崧糕经泡打粉的发酵作用，糕体里布满许多小孔并高高隆起，象征步步高。崧糕可分别用黄糖（红糖）和白糖调味。

瓦碗糕 与崧糕的调配制作一样，但蒸制时所用器具不同。瓦碗糕蒸制时盛糕的是一种拳头大的小瓦砵，然后再放到蒸笼中蒸，而崧糕是用蒸笼直接蒸。瓦碗糕食用时直接将糕从碗中倒出来即可，而崧糕须用刀切开。

萝卜糕 民间在萝卜收获季节经常制作的糕点。做法是将萝卜洗干净后切成丝状，煮

叶仔（2017 年） 杨世权 摄

菜角（2017 年） 杨世权 摄

萝卜糕（2017 年） 杨世权 摄

熟后加入适量米粉，放入肉粒、虾米和适量盐调味拌匀。然后在蒸笼里垫上炊布，再将和好的菜糕生料倒入蒸笼内蒸至熟（也有用锑盘或铁盘装粉料放在锅中蒸），蒸前可在糕面洒上葱花。食用时用刀切成块状。

芋头糕 民间用芋头和米粉混合，再加入猪肉粒、虾米，放入适量盐调味而成。蒸煮方法与萝卜糕相同。芋头糕所用芋头为槟榔芋，配制糕料时，芋头可切成粒状或丝状。

生梗糕 将生梗（即三桠苦）的叶和米碾成粉做成的糕。民间食用时沾糖浆吃。

狗脷仔 农历九月初九应时的粉果。用艾叶和米碾成粉，放入少许糖蒸熟，形状中间粗、两头尖。所谓狗脷仔，因形状像小狗的舌头，故名。狗脷仔在民间以甜食居多，但也有做成咸味的。

狗脷仔（2017 年） 杨世权 摄

节庆糕点

年糕 民间临近年节时制作的糕点。制作时将糯米粉和适量红糖水用双拳搓，经反复搓拌的粉团达到一定韧度后，再加入糖水搅拌，搅拌至用勺舀粉料时，粉料慢慢流下且不粘勺为宜。和好的糕料放入糕盆后，再放入大锅中蒸，时间最少七八个小时。在制作糕料时加入一些椰丝，也有人加入牛奶，使年糕带椰香或牛奶味，但加入牛奶的年糕不经放，容易长霉。

炒米饼 民间用于过新年的食品。炒米饼的制作方法：将米（多为粘米）洗干净后晾干，然后放到铁锅里炒熟（干），磨成粉后放入适量白糖，用水搅拌到一定湿度，再放入木饼印（刻有各种花纹）中，中间放一小块肥猪肉后用木饼锤夯实成形，再放在竹筛里用炭火烘干。炒米饼可以长时间存放。

糖环 一种松脆可口的粉果礼品，民间用于春节串门、拜年，以甜味居多。做法是用生熟各半的米粉和成粉团，再用木制糖环印压成多个圆圈连接成的环，油炸后即可食用。

油角 一种由面粉做成的油炸粉果，民间用于春节串门、拜年。通常只有大拇指大小，里面放入白糖和花生碎粒。如果在和面时加入适量猪油，炸成的油角会特别酥脆。

脆麻花 一种过年时用的油炸粉果。做法是：在面粉中加入调料（盐或糖，很多人还加入鸡蛋）和水成团后，压成扁条形（约半寸宽，约 1.67 厘米）。然后截成每两寸（约 6.67 厘米）一段，中间用刀划穿，再把其中一头从中间的孔穿过拉直成扭花状，放入锅里油炸，成品香脆，故称为“脆麻花”。

◉ 土特名产

咸腌制品

虾酱 北山民间又称其为“咸虾”。初冬季节，将银虾用石磨或砂盆擂成虾浆（石磨磨的虾浆比较幼滑，砂盆擂成的虾浆相对较粗），放入适量的盐，用瓦盆装好后再用蚊帐布罩住盆口，放在太阳下晒。其间要常搅拌，晒几天即成，之后装入玻璃瓶封口贮存。咸虾多用于炒通心菜和蒸猪肉五花腩，亦可单做菜餸（下饭的菜）饭。

咸榄角 亦称“榄豉”。北山山坡地多种植油橄榄树。每年收获后，将油橄榄制成咸榄角，用来做菜或佐料。做法是：将油橄榄放入煮沸的热水（俗称“虾眼水”）泡后捞起，然后用线将油橄榄对半分开，去核后使油橄榄变成两截。之后在半截的油橄榄中放入少量盐，两指一捏，将油橄榄肉封口，就成了咸榄角。咸榄角可以即食，也可以晒后存放。

咸汤菜 咸鱼汤腌制的咸萝卜。做法是：将萝卜放在太阳下晒（不用水洗），蒸发部分水分，洗净后放入空酒埕中，再倒入煮过的咸鱼汤（最好是杂鱼汤），用禾秆草封口存放，腌制一两个月后即成。腌制后的萝卜颜色由白色变成金黄色，晶莹剔透，且带鱼汤香味。食用时用清水洗一下可直接食用，或切成丝放入虾仁或猪肉丝炒菜。新中国成立初期，下五区农代会经常在北山召开，“咸汤菜丝炒肉丝”成为会议期间的一道名菜。北山旅港澳的同胞返程，必定带走“咸汤菜”手信，作为馈赠礼品。

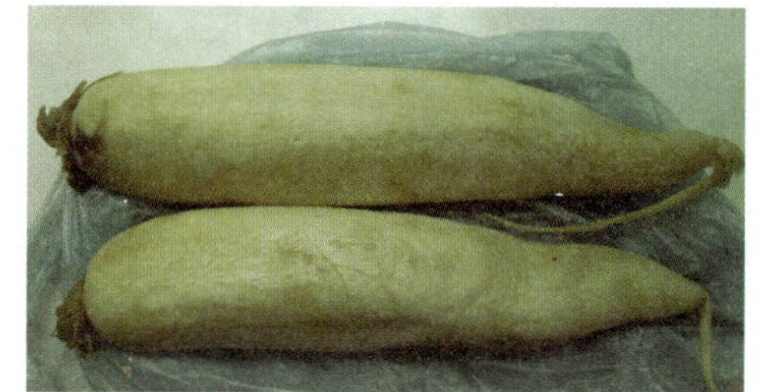

咸汤菜（2017 年）　　杨世权　摄

萝卜楷（萝卜条） 萝卜（不用水洗）在太阳下晒后沥去部分水分，截切成条，再晒一天后放入盐，在干净的石地板上揉搓，使其变软，再晒几天。制好的菜条稍带甜味，清洗后可直接吃，或切成粒、段炒菜，加入荞、虾仁炒，风味更好。

酸芥菜（2017 年）　杨世权　摄

酸芥菜　北山历史上盛产大芥菜，民间除作为青菜煮食外，还将其制作成酸芥菜（咸味居多，但坊间称之为酸芥菜）。经腌制后的酸芥菜，不沾生水，可以在腌菜缸内保存较长时间，食用时捞出可做菜肴。腌制方法是：芥菜不用清洗，放在田间晒一天，蒸发部分水分后拿回地坪再晒，水分大约蒸发掉五成后再用盐揉搓，使菜身柔软。其后将芥菜一层一层地放入阔口搪缸瓮，每放一层洒一层盐，待菜放至缸瓮八至九成满时，将一块与缸口差不多大小的木板盖在菜上面，再用一块石头压在木板上。经过一至两个月腌制，酸芥菜颜色成金黄后就可以开封启食。食用时，先用水清洗沥干，切成粗丝条，既可甜酸净炒（放入少许糖、油干炒），也可用鳙鱼（俗称“大头鳙”）鱼头焖酸芥菜，或滑牛肉片炒酸芥菜，或猪肉片、猪肉丝炒酸芥菜，别具风味。

家宴菜谱

北山历史悠久，物产丰富，宴席菜色品种较多。民众家宴有喜庆家宴和丧事家宴之分。

喜庆家宴　民间流行的喜庆家宴，通常菜谱为八菜一汤，俗称“九大簋”。大体是：白切鸡（或炒鸡球，或马铃薯烩鸡）、扣肉（通常用猪腩肉做成）或南乳焖腩肉、虾米浮皮（肉皮）、生蒸鸭（竹笋焖鸭）、焖冬菇、炒酸骨（猪排骨）、咕噜肉（通常用肥猪肉裹稠面粉油炸）、榄仁肉丁或果仁肉丁、粉葛心肺汤（猪肺配粉葛煲汤）。

逢年过节时的家宴，一般会将“九大簋”中的一道菜转换为发菜蚝豉（取意“发财好事”）。小孩弥月摆满月酒时，除主菜外，一般配猪脚姜和红鸡蛋。

丧事家宴　民间丧事所设的家宴，一般只安排七道菜，俗称“食七”。所用菜式较为清淡，且有所避忌，忌用烧猪肉、炸鸡、全鸭，配菜多用豆芽、萝卜、芋头、荞头，席间不设酒。菜式大致有白切鸡、莲藕焖鸭肉、萝卜煮猪肉、虾炒荞头（无荞头时用粉丝、虾煮瓜）、蟹（生长在咸淡水交汇处的青壳蟹）、金针云耳和开边淡鸭蛋。

生活习俗

穿着打扮 民国时期，北山男性多穿以布结纽的对襟衫、阔脚裤，裤头稍宽，用以打结系腰，有钱人多穿长衫马褂。劳动妇女多以头巾裹头，头巾是用一方形布对褶成三角形，大角在头的后面，对褶边在脑门前，两个小角在脖子前打结，分别将左右两边脸颊包住；穿左斜、布纽的大襟衫、阔脚裤，富家女子衣脚、裤脚、袖口绣花边。稍富裕的人家夏季非劳作时，穿绸布服装。农民多光脚劳作，非劳动时间及夜晚，多穿木屐，俗称“屐拖”。新中国成立后，随着生活水平的提高，人们不再穿结纽的对襟衫，跟随时代潮流的变化而变化。男性夏季多穿文化衫、T 恤、衬衫、西裤；秋、冬季穿风衣、西裤，出席喜庆场合时穿西装、打领带。女性穿 T 恤、花衬衫、西裤、裙子，出席喜庆场合时穿西式礼服。不再穿木屐，改穿布鞋、胶鞋和皮鞋，女性穿高跟鞋。

发式 清代，男性头前剃发，脑后留长辫。民国时期，男性改留平头，有的甚至把头剃光。清朝覆灭后，北山第一个剪辫者是杨训作，名秋，人们称其为“无辫秋”。后来男性逐渐开始理短发，当代男性多以留短发为主，也有理光头的。清朝后，女性多以留单条麻花长辫为主，富有人家成年女性多梳髻。新中国成立后，女性逐渐改辫、髻为及肩短发，并别一发夹；青年女子开始梳孖辫（两条辫子）。20 世纪 80 年代起，女性中开始流行烫发。

饮食习俗

食三餐 北山人有“食三餐”的习俗，即早、午、晚三个时段进食。早餐稍简单，午餐、晚餐较充实，且有饮早茶的爱好。闲暇时喜欢到茶楼喝早茶，平时也喜欢早晨到街市或小食店吃白粥、油条。

打边炉 亦称“吃火锅”。冬天，许多人喜欢一家人围坐在火炉旁，边煮边吃青菜、肉类、鱼等。

吃禾虫 北山地处珠江三角洲河网地区，有吃水产品的习俗，历来爱吃禾虫，视其为席上佳品。禾虫是稻田里的一种野生软体小虫，含丰富的蛋白质、脂肪、铁、磷和各种维生素，味道鲜美。禾虫有季节性，通常在初夏及中秋两个时段。初夏时禾虫稍瘦，虫色白里带青；中秋时禾虫较肥，虫色呈黄白色。禾虫有两种烹调方法：一种是煎焗，另一种是用瓦砵炖。炖禾虫时，将禾虫放入砵内，以鸡蛋、肥猪肉粒、咸榄角、姜丝、陈皮丝做配料。据传，晒干的禾虫有祛脚气的功能。

吃狗肉 民间喜吃狗肉。将狗用热水褪毛，然后燃稻草用火烤，这样的狗肉较香。狗肉切成块后先用锅炒将水迫出来（俗称“出水”），去掉骚味，再捞出用锅炆。炆狗时喜用粉葛做配料，并放入少许川椒、八角做调料。吃狗肉后忌饮绿豆水，因为绿豆水会引起狗肉发胀，对人体有害。

吃猫肉 北山人同样爱吃猫肉。先把猫的脊髓清洗掉，以去骚味。烹煮猫肉，多以姜片和黑豆作佐料。

吃蛇 民间喜好吃蛇肉，尤其是在冬天。有多种烹调方法：一是“三蛇烩”，即把三种蛇煮后拆骨取肉丝，再加入配料烹煮食用，所用的蛇均是毒蛇，有金脚带、饭铲头（眼镜蛇）和过树榕等；二是“龙虎凤”大烩，用毒蛇（意即龙，煮后拆骨取肉丝）、猫（意即虎）和鸡（意即凤）一起烹煮食用；三是“龙凤烩”，用毒蛇煲老鸡，蛇煮后拆骨取肉丝与老母鸡混在一起煲食；四是花生蛇粥，即水蛇（一种生长在池塘河沟的无毒蛇）或泥蛇（一种生长在水田、河沟，经常潜伏在泥中但无毒的蛇）煮后拆骨取肉丝和花生一起煲粥，清甜甘香，是一种祛湿的粥品。

吃螃蟹 北山人所吃的螃蟹是一种类似大闸蟹但个头较小的蟹，俗称“虾蜊”。夏收水稻时特别肥美，煮后清甜甘香。

吃田螺 北山的农田、水沟、水塘大部分为淡水，土壤中腐殖质多，盛产田螺。田螺肉质鲜美，富含蛋白质。北山人多用紫苏炒田螺食用。农历八月十五中秋晚上，一家人一边赏月，一边吃田螺。

◉ 生产习俗

开工、开市 年近岁晚，北山经商、从事制造业者，经过一年经营，基本上都会休业几天以逸待劳。新年伊始，经营者习惯选择良时吉日开工、开市。做法是查看“通胜”（俗称“通书”），查看哪一日适宜开工、开市，祈求新的一年风调雨顺、生意兴隆。开工、开市之日，大都在商铺、工场门前点燃香烛、燃放鞭炮。

开耕 一年之计在于春，北山事农者每年开春后，在第一次落田之日，于田头插上香烛祭神，并在田间用锄头掘几下，以示新的一年正式开耕，然后燃放鞭炮，祈求来年五谷丰登、六畜兴旺。农业合作化后，此俗被废除。

建屋 民间但凡兴建、修建房屋，要查看“通胜”，选择适宜动工的良时吉日。动土、兴工之日，在工地四周张贴红纸，上写“开工大吉”或“兴工大吉”。讲究者还会点燃香烛，摆上“金猪”祭拜，然后燃放爆竹旺场，祈求开工、兴工顺利。仪式结束后刀解“金猪”，分给在场者。

民间兴建新房，架正梁时，主人家将正梁用红漆涂红，并在梁的中间系上一块红布，点上香烛，摆上祭品，燃放鞭炮。同时将做好的煎堆（一种用米粉包裹花生、肉粒等物，经油炸而成的点心）抛过正梁，口念：“煎堆碌碌，金银满屋。”20 世纪 70—80 年代后，民间建房已从砖木结构进入钢筋混凝土结构时代，虽房屋无上梁，但当房屋封顶时，仍有人“抛煎堆”。

◉ 节令习俗

春节

除夕 俗称“年三十”或“团年”。是日，各家宰杀鸡、鸭、鹅，合家共进团年饭。团年饭有的人家安排在中午，但大部分人家安排在傍晚。出门在外的人一般都尽量赶回家团聚。乡间燃放鞭炮，晚饭后年轻人逛街娱乐。改革开放后，除夕夜一家人聚坐在电视机前，观看中央电视台春节联欢晚会。

农历新年 北山人习惯称农历正月初一至初七为农历新年。从初一的子夜起至凌晨，多以香烛、斋菜等祭祖，燃放鞭炮，家家户户门口张贴春联。春节期间，男女老少穿新衣，相见时讲些吉利话互相祝福，长辈给晚辈或未婚者派“利是”（红包）。

大年初一，传说该日是鸡的生日，各家各户吃斋，不杀鸡，不吃荤，饭后给长辈和至亲拜年。大年初二，俗称“开年”，商家称“开祃”。是日一早，各家将年糕切成3块，意即“开年”，其中一块摆放于神台，供奉“朱赉神”，祈赐来年好运；还杀公鸡、拜“当天”，并做几样菜式祭祖，菜式中有发菜、蚝豉、生菜、鱼（通常是用过年前备制好的压岁鲮鱼），取意“发财”、“好事”、“年年有余”、生意兴隆。大年初一全天吃荤，菜肴比平日较丰盛。已婚妇女携妻儿回娘家拜年。大年初三，俗称“赤口”。新中国成立前，民间习惯晨起后打开门，向外泼一盆水，或洒一把米，并燃放爆竹，意即将衰气驱走，祈愿全年不犯是非口舌。是日通常不出门拜年，也很少出街，免招是非口舌。新中国成立后，旧规矩逐渐取消，可互相串门。大年初七，俗称“人日”，家家餐桌上的菜式较为丰盛。正月十三是“门官诞”，新中国成立前，各个祠堂都会邀请本支派 50 岁以上的男丁到祠堂欢宴。

元宵节 农历正月十五俗称“元宵佳节”，又称“灯节”。因“灯”与“丁”同音，新中国成立前，乡间旧俗，过去一年里生了男丁的人家，是日在祠堂里挂上灯笼，称作“开灯”或“挂灯”，到清明时摘下烧掉，叫“结灯”。另外元宵节乡间喜吃甜汤圆，意即“月圆人团圆”。新中国成立后，“挂灯”习俗被废除。

清明节 过去北山民间多有清明节在门前及屋内祖先神位前插上柳条（俗称“清明柳”）以驱邪，待节后才拔掉的习俗，此习俗现已逐渐少见。从清明到立夏的 30 天为乡间扫墓之期，此后闭墓（当年扫墓期止）。扫墓，俗称“拜山”或“行山”。新中国成立前，北山人清明扫墓一般以房族或家族为单位，相约一同祭拜祖先的墓，祭品一般有烧猪、烧鸭、点心、甘蔗、水果、茶、酒等。其时，北山杨氏族人利用清明节当天和第二天，全房族集中祭拜大宗（指始祖及逮下三祖），随后再祭拜各小户先人。新中国成立后，北山杨氏集中祭拜大宗的活动一度停止，2000 年后又恢复。但一家一户清明节祭拜先祖的习俗，一直保留。另外，除清明节当天大族集体祭拜大宗外，小户一般清明节当天不扫墓，而在前一天祭拜去年逝去的先人（即逝者新葬后，第一次受祭拜）。

端午节 农历五月初五为端午节。北山民间习惯吃粽子以祭祀屈原。门口挂艾叶和菖蒲及“蒲剑斩千邪，艾旗添百福”等楹联。粽子有用糯米、咸肉、豆类及咸蛋黄做的咸肉粽和用碱水、糯米做的碱水粽两种，通常碱水粽里会放上一小条苏木。北山人包粽子通常使用一种叫冬叶（形状像大竹叶）的叶子包裹，然后用水草缠紧，用大锅蒸，也有用糖缸瓮作锅来蒸。艾叶为草药，古人用做辟邪之物。

北山人做的粽子，左为“咸肉粽”，右为“碱水粽”（2017 年） 杨世权 摄

乞巧节 农历七月初七为乞巧节。民间相传每年七月初七是牛郎和织女在银河相会的日子。过去北山妇女在乞巧节晚上摆设自己精心制作的供品拜“七姐”（织女），同时供别人观赏，也用以乞求赐予做针线活的技巧。此外，有孩子的人家，在乞巧节前，将谷粒放在一个碟子里围成一圈，用水浸泡直至长出秧苗，俗称“仙秧”。仙秧用于乞巧节拜“七姐”，拜过“七姐”后再经太阳晒干后备用。据说，干仙秧是医治婴儿暑热症的良药。二十世纪五六十年代，乡间还有妇女乞巧节育仙秧的做法。另民间还用该日的山泉水浸泡冬瓜水，然后封存，冬瓜水可消暑治病。

盂兰盆节 俗称“中元节”，亦称“鬼仔节”。北山民间每50年在盂兰盆节举行一次盂兰大醮。新中国成立后，该活动被废除。但农历七月十四过盂兰盆节的习俗至今仍有。是日，家家户户做几样菜式祭拜，门外烧五颜六色的纸钱，以此慰藉孤魂野鬼，以求家宅平安。中元节的正日是农历七月十五，是“鬼仔”聚会的日子。北山民间于农历七月十四（不在七月十五）过盂兰盆节，在户外烧五颜六色的纸钱，意即提前为“鬼仔”准备新衣服，好让它们过节穿。户外祭拜时，只供香烛、纸钱和水果，切忌摆鸡，因为鸡爪会把新衣服抓破。

中秋节 农历八月十五为中秋节。在北山是一年中的大节，准备的物品较为丰富。进入八月，民间就开始着手准备过中秋的月饼、柚子、芋头（多以嫩红牙芋晒备）、菱角等。市面上有各式各样的月饼出售。人们购买月饼，一是自家食用，二是馈赠亲友或孝敬长辈。中秋节当天，家家餐桌上菜式丰盛，有鸡、鸭、鹅、鱼、猪肉、田螺等。晚饭后，儿童提着纸扎的各式灯笼上街嬉戏。月亮升起来后，人们在当月的空地，围坐在大桌旁一边吃月饼、柚子、芋头、菱角，一边祭月、赏月。

重阳节 农历九月初九为重阳节，又称“重九”。村民重阳节不登山，认为是日“鬼仔”会出来放纸鹞（风筝），上山碰断纸鹞的线会损手烂脚，不吉利。重阳节当天，杨氏族人在杨氏大宗祠里举行秋祭祖先。

冬至 又称“冬节”。冬至后，白昼一天比一天长，阳气上升，为吉日。北山人对冬至很重视，将其当作一个较大节日。民间有“过冬（冬至）大过（更重要）年”之说，历来有庆贺冬至的习俗，并用鸡、猪、鱼等食品祭祖。

送灶 又称“谢灶”，日期为农历十二月二十三晚。传说灶君守护神辛苦一年，当晚返回天庭述职，至除夕夜再次回来（称“接灶”）。傍晚前，各家将备好的炒米砣、薄饼、水果放在大灶头的灶君神位前供奉，并贴上“一日三餐煮，四时五味香”的对联，酬谢灶君。一是感谢灶君一年来尽忠职守的守护；二是在他回到天庭向玉帝汇报凡间民情时，为民间多说好话。炒米砣是把粘米炒熟，用石磨碾成粉，然后加糖水再放些熟花生油把粉捏成柠檬或秤砣状，也有做成猪的形状（大猪、小猪），寓意来年养成大肥猪。

◉ 人生礼仪

婚俗

媒妁撮合 媒妁撮合是旧社会北山男女婚姻结合的主要形式。议婚要请媒人说媒。媒人可以是一人，也可以是两人。旧时讲究门当户对，即所谓“竹门对竹门，木门对木门”。议婚中最重要的是了解男女双方的家庭情况，其次是男女双方本人的情况。家庭情况主要是看财产、家庭人口构成、为人口碑等；男女双方情况主要是看年龄、属相、人品、身体有无疾病。如果双方家庭情况和男女双方当事人基本相当（男女双方的生辰八字也符合），亲事成功几率就高。

相亲 北山人又称之为“相睇”。旧时，经媒人说合后，男方会提出看一看女方的要求。便由媒人带领男方到女方家拜访，即“相睇”。

送年庚 男女相亲后、议订结婚前，男方会送小龙凤饼、煎堆等礼物和新人的出生年庚（人的出生年、月、日、时）到女方家，俗称“送茶礼”。

聘礼 男女双方满意后，便开始履行订婚手续。聘礼是男方在女方答应婚事后，送给女方的订婚信物及礼金。聘礼数量多寡，自古无定数，要看男方家庭的经济状况。聘

象征性的“礼担”（2016 年） 杨国雄 摄

迎亲（2016 年）　　杨国雄　摄

新郎、新娘由“大妗姐”引领叩拜高堂（2016 年）　杨国雄　摄

礼的厚薄，与社会发展水平相适应。大多数人家在送聘礼和收聘礼时，更看重的是礼仪和情谊，不会过多计较财礼的价值。

择吉日　北山民间又称为“择日子”，是订婚后的一道程序。旧时民间认为婚姻关系的确立是“天作之合”，所以结婚的日期应顺应天时才会有好结果。

出阁　又称“出脚”。新娘在出嫁日子到来前，把自己的好友请到家里相聚。出嫁前一天晚上，女方家会请子孙齐全的妇女在家中替新娘梳头，用丝线刮去脸上脸毛后化妆，俗称“上头”。出嫁当日，新娘用碌柚（柚子）叶沐浴，然后穿上嫁衣，戴上凤冠霞帔，盖上红盖头，等待迎亲的花轿。早上，新娘的嫂子或母亲为新娘煮糖面条。迎亲花轿到来之前，女方家准备好宴席，招呼亲戚朋友和迎亲队伍。出阁时，“大妗姐”（陪嫁娘）为新娘撑着大红雨伞出门。出门时，母亲或“大妗姐”在门口向空中及新娘的伞顶撒米，以示吉祥。

迎娶　新婚当日，男方家准备好大红花轿和青衣轿，挑着龙凤饼、猪肉、鸡、鱼等礼担，由新郎亲自到女方家迎娶新娘。旧时，新娘坐大红花轿，媒人坐青衣轿。20 世纪 60 年代后开始用自行车，20 世纪 80 年代后开始用小轿车接新娘。迎亲队伍出发时，鸣炮奏乐，媒人先行，随后是新郎、伴郎、花轿、乐队、礼盒队。花轿一到，女方家奏乐鸣炮相迎。花轿落地后，新郎进入女方堂屋叩拜岳父母，并呈上以其父母名义写好的大红迎亲柬帖。送帖完毕后是请新娘。请新娘必须要过娘仔（伴娘）的关，即要给开门利是钱，娘仔们觉得利是钱满意了，就开门放人。接着女方家奏乐开宴席。宴罢，媒人引导新郎、新娘向新娘的祖宗牌位和长辈们行礼。礼毕，媒人搀扶新娘上轿。上轿时，新娘哭诉，表示对父母、家人的依恋。新娘上轿后，即奏乐鸣炮，启轿发亲。接亲的队伍将要到达新郎家门时，男方家鸣炮奏乐相迎。花轿到达男方家门口时，媒人上前挈起轿帘，将新娘搀扶下轿。

过火盆 亦称“滥火盆”。当迎亲花轿到达男方家门时，新郎掀开新娘轿帘，由“大妗姐”或有福气的中年妇女背着或扶着新娘，跨过点燃的火盆进门，寓意新娘进门后旺夫益子。

拜堂 表示新郎、新娘相配，合礼合法。拜堂在新郎家的厅堂中进行。新娘由“大妗姐”带到厅堂，与新郎共拜天地及祖先，然后向公婆和长辈敬茶，同时接受长辈的赠礼。厅堂备有太师椅一对，是专给新郎父母接受拜礼时准备的。吉时一到，厅堂燃香点烛、奏乐鸣炮。乐止，掌礼者发令，开始拜堂。此时，新郎、新娘相对而立（男左女右），掌礼者开始号令叩拜。拜堂的口令大致是：“一拜天地，二拜祖先，三拜高堂，四夫妻对拜。”拜毕，一对新人被引入新房，拜堂仪式就此礼毕。

喜宴 在北山传统婚礼中，新婚当日，男方家会杀鸡、鸭等，请当地或附近乡村比较有名的厨师烹饪，宴请亲朋好友。宴席通常在男方家或祠堂进行，现如今村民大多到宾馆酒楼举行喜宴。喜宴通常按来客的尊卑长幼排定座位，排位原则是上尊下卑，左尊右卑。主家席要摆在堂屋的上方正中，父母等老一辈在席的左边位，新郎的舅舅在席的右边位，其余按尊卑长幼对号入座；其他各席的座位一般也按尊卑长幼次序排定。客人基本到位后（通常在请柬中注明宴会开席时间，如“五时恭候，六时入席”等字），傧相（替主人接引宾客的人）宣布奏乐鸣炮开宴。喜宴结束后，新郎及其父母到门口送客人。

北山喜宴（2016 年） 杨国雄 摄

闹洞房 亦称“玩新娘”。闹洞房突出的是个“闹”字。俗话说：“新婚三日无大小”，闹洞房时，新郎、新娘无尊贵之分，大家通过“闹”图个快乐。闹洞房主要是做些捉弄新郎、新娘的游戏。

回门 亦称“返三朝”“于归”。婚后第三天，新郎、新娘带着礼物，相偕回女方家。回到娘家，新郎、新娘首先要问候老人。其间，新郎也要改口，随新娘一样称岳父、岳母为父亲、母亲，对待亲友和邻居也应表现得亲切热情、彬彬有礼，见人要先打招呼，以礼待人。是日，女方家设宴款待女儿、女婿。宴后，新人告辞回家。

新中国成立后，北山婚姻嫁娶中的陈规旧俗逐步被新风尚所取代，男女自由恋爱而结婚，已成为婚姻中的主导观念。

结婚取字 男子结婚通常都要按辈分取字，如杨氏第二十三世所取的字，长房应定为“麟”字，次房应定为“桂”字。因此，长房辈的男子结婚，取字应为：杨某麟或杨麟某；次房辈的男子结婚，取字应为：杨某桂或杨桂某。家中有男子结婚取字，事先在闹市张榜公告，告知某某之子将结婚，取字某某，如有雷同者请予以告知，以便另择合宜，如无雷同，某男就以公告之“字”定下。张榜公告是为了防止取字出现重复，同一“字”不同人。取字后于婚礼举行前将“字”造成“字架”，配上红绸，并举行一定的仪式，将“字架”挂在堂屋大厅的左山墙上方。同时，男方父亲亦自选一个名号（无须张榜公告），在新郎挂“字架”时用红纸写上字号，贴在父亲的“字架”上。取字结束后，家人将会到所属家祠进行登记。婚后若该男子故去，其“字架”即被拆除。结婚取字的观念在新中国成立后，逐渐淡薄，但二十世纪六七十年代仍有个别人行此例。

丧俗

报丧 家中有人故去，会派人逐一向族亲及外姓亲戚报丧。如果死者是女性，则必须先向其娘家报丧，并请娘家人前来赴丧，然后才可办理治丧事宜。

哭丧 北山民间有丧家的妇女席地而坐，或站在死者遗体旁边哭丧的习俗。哭丧时，其声凄厉，但又字字清晰。哭的内容主要是赞颂逝者生前的为人，哀叹自己痛失亲人的痛苦，以及期望逝者灵魂升天后，保佑生者幸福安宁等。哭丧的曲调没有统一规定，全由哭者自由发挥。

担幡买水 民间担幡多请道馆的人（俗称“喃呒佬”）主持，让死者的长子或长孙肩扛幡旗，其他孝子贤孙依次跟随，并在遗体四周绕圈，每次经过遗体面前时都要讲些惜别或祷告的话。然后由“喃呒佬”（丧葬礼仪中为先人超度或其他穿着道袍主持民间拜神活动的道士）带路，死者的长子或嫡孙在亲属的搀扶下，手捧一瓦砵，后跟着致孝的亲友到村外河涌或水井取水，归来为死者沐浴，该习俗称为“买水”。现在民间还有“买水”的做法。

殓棺 民间一般都会请仵工搬尸、钉棺及抬棺，其后多由子侄、亲友等进行。1962年起，珠海县推行丧葬改革，尸体基本由火葬场的员工进行装殓火化。自20世纪80年代起，已全部实行火化。

送殡 棺木从灵堂抬出后，由长子、嫡孙或定为续嗣的继子（养子、义子）捧灵牌，跟随“喃呒佬”及送殡队伍，将棺木送至村外特定的辞灵地点即止。辞灵后，送殡的队伍则沿原路返回灵堂。棺木继续上山，而戴孝的子孙则携香烛至墓穴前，等一切事宜办妥后向先人拜别。实行火葬后，逝者的辞灵活动安排在火葬场的灵堂，举行追悼会，子孙、亲友也跟随殓葬车到火葬场向先人作最后的拜别。

设解秽宴 亦称“氓头”。在北山，高寿者死后，家属多设晚宴，以酬谢宾客，雅称为“寿宴”。席间，家属向赴宴者分发碗筷。

在北山民间有谓：“生人日过日，死人七过七。”一般人家在死者过“三虞之期”（即二十一天）后，神位就不摆在厅堂，而是请上神楼安置。自此丧葬事宜结束。

生育

北山民众向来有庆贺生育的习俗。

做“三朝” 即婴儿出生后第三天，家人为其剃头，同时用三牲（牛、羊、猪）等物品祭拜祖先。煲猪脚姜，把煮熟的鸡蛋用红纸染红，送给婴儿的外公、外婆及其他亲友。

送庚 “三朝”后至满月前，亲友携带猪脚、鸡蛋、布匹、被子、婴儿服装等物品前来道贺，称为“送庚”。

担满月 婴儿满月时，外公、外婆会送手镯、全套衣服、鞋帽及猪脚、鸡蛋等礼物前来道贺，称之为“担满月”。

摆满月酒 婴儿弥月，家人一般会设宴请亲戚朋友。宴席上通常有猪脚姜、红鸡蛋、甜酸菠萝、姜片等食物。散席时，主人会分送红鸡蛋、猪脚姜给亲友。

祝寿 民间有人在虚岁31岁时摆生日宴。通常在50岁，即虚岁51岁，俗称“六秩开一”（即将进入60岁的第一年），开始逢一（均为虚岁）大摆生日寿宴。61岁以上称为“大寿”。第一个大生日时，岳父、岳母要为女婿过生日，并送长寿面及喜酒和红包等。北山习俗，过大生日，男性通常以齐头数（即整十）、女性以一为准，如51岁、61岁等。

◉ 民俗活动

新中国成立前，北山民俗活动与日常民众自发组织的各种文娱活动交织在一起。

盂兰大醮 每50年举办一次。从农历七月十四起，活动长达7天。大醮在杨氏大宗祠天井设道场，也称“做厢”。道场中间搭建一个高耸的雕塔和大的祭坛，周围祭旗飘飘，梵音悠悠，由十僧十道加十尼联合组成一支队伍进行诵经，超度亡魂，引导孤魂野鬼早登仙境。在举行法事的7天里，全村民众斋戒食素，以示虔诚。新中国成立后未再举行。

“耍菩萨” 新中国成立前，北山每年举行两次“耍菩萨”活动，分为“细耍”和“大耍”。“细耍”安排在农历五月间，“大耍”安排在八月间。所谓“耍菩萨”，即人们把菩萨像从庙宇里搬出来进行巡游，寓意驱邪，菩萨离开庙堂，深入民间引福归堂，布施恩泽，祈求该村（社）福泰康宁。

“细耍”规模比较小。主要由孩童提灯笼、举火把沿街游走，象征菩萨到民间巡视，保百姓平安。农历八月秋高气爽，是飘色巡游的好时节，一年一度的“大耍”就在此时进行。“大耍”不单是玩灯笼、举火把，还有坐镇村中的哪吒、牛王、三山侯王爷和忠洁王4位菩萨出巡。如遇当年村中有疫病发生，出巡还会加入康真君菩萨。“大耍”时巡游的队伍由乡绅引领，前面是3名先行者（由当地的警务人员担当），身穿白衬衣，腰围顾绣披巾，脚穿草鞋，并配上响铃。其中两人各持一具三膛火炮，一人专挑火药箱。巡游队伍按大会规定的路线行进，每到达一个指定地点前，都要先由炮手发炮三响，意谓巡游队伍即将到达，一切闪避。3名炮手之后的是一对铜锣，专事鸣锣开道，紧随其后的是一对高脚牌，上写“肃静”“回避”，后面跟着的是3人旗阵，每人各举一面巨大的三角大旗（俗称“大肚旗”），其后是一对高架灯笼。灯笼之后是菩萨排位，依次是哪吒、牛王、三山侯王爷、忠洁王。每位菩萨前面均有一面代表这位菩萨的旌旗和一把罗伞，紧随其后的是一台八人大轿，轿内尊坐着出巡的菩萨。每台大轿均由8位壮汉担任轿夫，服饰与炮手相同。跟随轿后的是一群举着四方旗帜的童子，旗童之后是飘色，上面抬着两名小童。小童装扮成与“天姬送子”“郭子仪祝寿”等配对的历史人物。末后的忠洁王，其仪仗队较为隆重，且多了一队御林军，手执刀、枪、剑、戟、斧、钺、钩、叉、镗、棍、槊、棒、鞭、锏、锤、抓、拐子、流星18款兵器。巡游队伍中还安插一队由文艺团体组成的乐队，统一穿唐装、长袍，以唢呐为主奏，唢呐、喉管、高胡、二胡、三弦、椰胡、秦琴等联合演奏，吹奏出一支支雄壮激昂的南粤歌曲。巡游队伍中还有大型纸扎，有仙鹤、凤鸡、麒麟和大象等造型，辅以战鼓和银哨伴舞，惟妙惟肖。除此之外，巡游队伍中还有默剧表演，主要是展示人们日常生活中的情趣。巡游活动的压轴戏是晚间的金银龙会醒狮。主要由一条以龙溪祠为基地的金龙和一条以东洲祠为基地的银龙配以醒狮表演，龙狮共舞。龙狮共舞的主场地在康公庙前，灯火通明。此间，全村的男女老少、临近乡村的群众前来观看，人山人海。龙狮共舞时，舞龙的壮汉脚踏草鞋、身穿白衬衫、腰围顾绣，手举着金龙、银龙不时相互盘卷、缠斗继而戏狮。步伐、舞姿稳健整齐，生龙活虎，使人看后流连忘返。龙狮共舞的高潮是飞龙狂奔，60多名壮汉手举双龙，一鼓作气，由东闸沿着风水沟一路向西闸奔去，全程500余米。

新中国成立后，“耍菩萨”活动不再举办。

土地诞 农历二月初二是土地爷的诞辰。土地爷是一村护土之神，平日其神像放在康真君庙内。每年农历二月初二土地爷诞辰时，人们把它请出来送到牛王庙前让人供奉。人们带着祭品、纸钱、香烛、爆竹为土地爷庆寿行祭礼。每逢此时，牛王庙前搭起两个大棚，一个棚安放土地爷神像，另一个是戏棚。人们在供奉土地爷的同时，还可以欣赏木偶大戏。每年土地诞，北山会专程邀请三乡（今中山市三乡镇）的胜寿年、日月星和新中兴等木偶剧团前来演出助兴。同时，土地诞时还举行信众接送“花炮”的活动。所谓“花炮”，是信众们祈求丁财两旺、阖家平安的一种“信物”。入夜，在活动场地放“花炮”。“花炮”带有两个小炮，俗称“猪仔炮”。相传拣到花炮射出的银红者有添丁的征兆，于是信众们争相来抢夺能为自己带来好运的“信物”。有人为自己抢，也有受雇于人，为雇者求福而来，抢“花炮”的场面十分热闹。土地诞活动一般为期四天五夜。新中国成立后，该俗被废除。

洪圣诞 土地诞之后的又一次祭神活动。每年农历二月十三是洪圣的诞辰。洪圣，本名洪熙，唐广利刺史，廉洁爱民，精通天文地理，死后受人敬仰，被供奉为圣。北山洪圣诞祭神是村民祈求“洪圣大王”保佑全村一年风调雨顺、村宅平安的活动。从二月初九夜起，连续四天五夜，活动地点设在南闸内的空地。空地西边一棚内供奉南海广利洪圣大王，东边是戏棚。除供神外，还有木偶戏和抢“花炮”。新中国成立后，该俗被废除。

庙会 民间进行社交娱乐活动的主要形式。新中国成立前，北山经常举办各种庙会，很多都带有封建迷信色彩。新中国成立后，逐渐不再举办庙会。

祭祖

春祭 北山民众春祭扫墓一般是与清明节结合起来。春祭扫墓以杨氏族人的活动最为隆重。杨氏族人春祭扫墓先公后私。公祭为期两天，清明节当天，族人先到应天鼓（土名）祭拜二世祖，然后回伏地虎（土名）祭拜三世祖，再到白地的狮子滚球（土名）祭拜始祖。清明节第二天，再到三乡的鸦岗祭拜祭四世祖。循此次序已成惯例，风雨无阻。祭拜完始祖及逮下三祖后，各自再祭拜分房各祖，此即先公后私。每逢清明节当天和第二天，杨氏族人的扫墓队伍浩大，祭拜毕，每人分一份烧饼。

秋祭 北山村民将秋祭和重阳节结合举行。重阳节当天，北山人不登山，只在祠堂中进行秋祭活动，以杨氏族人所举办的较为隆重。其秋祭活动在杨氏大宗祠中进行，设立祭祖机构，由宗孙担任主祭，其他工作人员包括司仪、通赞、引赞、读祭文者、礼生、儒生、乐队、敲钟、击鼓及鸣炮手等人。祭祖仪式包括：击鼓，鸣钟，鸣炮，奏乐；

北山杨氏族人清明祭祀始祖杨泗儒（2016 年） 杨少新 摄

北山杨氏族人重阳节在杨氏大宗祠拜祭先祖（2015 年）　　杨国雄　摄

主祭、参祭者、工作人员就位后，击磬，参神，鞠躬，跪拜（行三跪九叩首礼）；主祭三上香；读祭文；主祭三进爵祭酒，三献肴，三跪拜；焚烧竹帛，燃放爆竹；礼成，祭祖活动结束。

◉ 日常禁忌

在日常生活中，人们经常会遇到无法解析的现象，为了避免招来祸事，减少不必要的麻烦，只好约定一些日常生活的禁忌。在北山，人们日常生活中的禁忌大致有：

饮食禁忌　吃饭时不要把筷子插在碗里，那是祭奠死者的方式。

喜庆活动时忌讳打碎碗碟，如遇该事，人们会很快补上一句："落地开花，富贵荣华"。

言语禁忌　吃饭的时候，向人询问"吃饭没有"，切忌问人"吃完饭没有"，因为"吃完饭"是指以后再不用吃饭了（死了），应该问"吃饱饭没有？"

有人外出，要想打听该人是否已经出发，切忌问人"去了没有"或"走了没有"，"去"和"走"都是指人已不在（死了），应问那人"出门了没有"，或"去哪里没有"。

有亲人外出，忌讳乱说话，只准说祝福和希望的话。

丧事禁忌 办丧事时，送死者香仪（俗称“白金”）时忌讳用红纸包裹，应用白纸。

送殡者为死者盖棺时，亲人忌讳直面死者，应背面。

家中办丧事后，短时间内忌讳到别人家参加喜庆事。

丧事期间，忌讳百日内办喜事。

时节禁忌 传说大年初一是鸡的生日，是日不杀鸡，不吃荤，只吃素（斋）。

大年初三，俗称“赤口”，是日通常不串门拜年，免招是非口舌。

农历每月初一、十五忌讳洗头、理发。

农历七月十五盂兰盆节，拜祭时切忌摆鸡，因为鸡爪会将新衣服抓破。

农历九月初九重阳节，不爬山登高，不上山打柴，只在祠堂祭祖。因为大家认为是日“鬼仔”出来放纸鹞，上山会弄断纸鹞的线，容易损手烂脚。

学生考试、测验时忌讳吃蛋（鸡蛋、鸭蛋），寓意成绩不好（光蛋）。

行为禁忌 在家里打扫卫生，忌讳由屋里向屋外扫，意即将家里的财都往屋外扫。

住宅的床铺忌讳头上方有横梁。

门口忌讳种木瓜，木瓜又称“流泪果”。

建屋时忌讳大门朝东；打炉灶，灶口切忌朝东。

荒郊野外忌讳在别人坟旁大小便。

◉ 方言俚语

方言 北山方言属于粤语中白话语系的地方语言，与穗港澳语音相近。平时与外地人交流时，根据不同地区的人多用普通话、粤语、北山话。官方用语则统一使用普通话。

北山方言与普通话基本词汇对照表

表 5

自然			
北山方言	普通话	北山方言	普通话
热头	太阳	吹风	刮风
月光	月亮	风呔	台风
天星	星星	打风呔	刮台风
落雨	下雨	出热头	出太阳

续表 5

北山方言	普通话	北山方言	普通话
自然			
北山方言	**普通话**	**北山方言**	**普通话**
霞翳	雾	破蓬	彩虹
时间			
北山方言	**普通话**	**北山方言**	**普通话**
朝头早	早上	日头	白天
上昼	上午	旧年	去年
晏昼	中午	五月节	端午节
下昼	下午	八月十五	中秋节
热头落水	黄昏	九月九	重阳节
晚头	晚上	埋年三十	除夕
今日	今天	年初一	春节
听日	明天		
房屋			
北山方言	**普通话**	**北山方言**	**普通话**
屋	房子	屎坑	厕所
屋企	家里	厅间	厅堂
灶间 / 下间	厨房	大门	正门
灶头	炉灶	大门口	正门口
烟通	烟囱	横门口	横门前
柴间	柴房		
食用			
北山方言	**普通话**	**北山方言**	**普通话**
吖早饭	吃早饭	火水	煤油
吖午饭	吃午饭	番碱	肥皂
吖晚饭	吃晚饭	扫把	扫帚
滚水	开水	柜桶	抽屉
冻滚水	白开水	汤梗	汤匙
水壳	水勺	锁匙	钥匙
动物			
北山方言	**普通话**	**北山方言**	**普通话**
麻雀	麻雀仔	扇鸡	阉鸡
白头公	白头翁	偷盐蛇	壁虎
花鸽	斑鸠	雷公蛇	蜥蜴
麻鹰	老鹰	百足	蜈蚣

续表 5

动物			
北山方言	普通话	北山方言	普通话
生鸡	公鸡	蝠鼠	蝙蝠
鸡乸	母鸡	虫（草）蜢	蚂蚱
鸡项	小母鸡	虫咪	蜻蜓
植物			
北山方言	普通话	北山方言	普通话
禾	水稻	白豆	黄豆
麦	小麦	蒜头	蒜
粟米	玉米	马蹄	荸荠
青瓜	黄瓜	实心藕	粉葛
金瓜	南瓜	柴薯	木薯
番薯	红薯	荷兰薯	马铃薯
称谓			
北山方言	普通话	北山方言	普通话
阿伯	伯父	阿婆	祖母
阿叔	叔父	阿公	外祖父
伯娘	伯母	阿婆	外祖母
阿婶	婶母	外父佬	岳父
姑妈	大姑母	外母乸	岳母
姑姐	小姑母	仔	儿子
老公	丈夫	女	女儿
老婆	妻子	大佬	哥哥
舅父	舅舅	细佬	弟弟
妗母	舅母	叔伯母	妯娌
姑丈	姑父	收买佬	收破烂的人
阿公	祖父	乞衣仔	乞丐
人体与疾病			
北山方言	普通话	北山方言	普通话
头壳	头	大脾	大腿
口嘴	口	心口	胸脯
头毛	头发	脚板	脚掌
脷	舌头	膝头哥	膝盖
鼻哥	鼻子	发洋吊	癫痫

续表 5

人体与疾病			
北山方言	普通话	北山方言	普通话
眼核	眼	发疯	麻风病
脚棍	小腿	黄泡踏庶	肝腹水
指代			
北山方言	普通话	北山方言	普通话
佢	他	果个	这个
佢地	他们	呢个	那个
我地	我们	乜嘢	什么
系边度	在哪里	乜嘢事	什么事
系果度	在这里	乜嘢人	什么人
边个	谁	点样	怎样
单位			
北山方言	普通话	北山方言	普通话
条	根	一棕	一节
一箩	一筐	一罂	一坛
副词			
北山方言	普通话	北山方言	普通话
好	很	唔	不
好彩	幸亏	冇	没
岩先	刚刚	好	非常、十分、特别

俚语 又称“里语”，是民众在日常生活、社交活动和生产活动中总结出来的通俗易懂、顺口的具有地方性、指代性的词语。其地域性强，流行面窄，较为生活化。北山俚语的形成有其自身原因，其由本义和引申义两部分组成。表现形式有时只说本义，有时本义、引申义一起说。语言丰富、谐趣，雅俗兼备，形象生动，寓意耐人寻味。如：

搣衫尾——指跟在别人后面，像小孩拉着母亲的衣服走，也有裙带的意思。

失魂鱼——指某人做事冒失，处在失魂落魄的状态，惊慌失措。

吃病寐——指头脑简单，像婴儿一样只知道吃和睡。

跟尾狗——指跟在别人后面，多指小孩跟在大人后面。

门口狗——指某人像守护在家门口的狗，只在自家门口逞威风。

老人精——指年龄小，但老于世故，聪明、会来事，疟称。

丢眼角——指男女之间眉来眼去。

白鸽眼——指某人势利，看不起人的意思。

烧坏瓦——指某人不成才（材）。

一面灰——指自讨没趣，处境尴尬，寓意办事不顺利。

三幅被——重复。

三角眼——指某人心机较重，比较狡猾、奸诈。

劏白鹤——专指醉酒后呕吐得一塌糊涂的狼狈样。

敲脚骨——敲诈顾客的代名词，指坐地起价。

打斧头——比喻代人买东西或办事时从中占小便宜。

放白鸽——本义是放飞白鸽，引申为不守诺言，与人约好、答应好的话或要做的事没去做。

托手踭——故意为难，不肯帮忙，拒绝或推搪别人的请求。

拍乌蝇——生意不好，没人光顾，只有苍蝇在食物上飞来飞去，主人家只能整天赶苍蝇。

食多两件——劝人多吃一些。

饮深一杯——劝人多饮一些（酒、茶）。

牙尖嘴利——指某人特别会说话，说话尖酸。

牛皮灯笼——指点（讲）极其不明。

蛇头鼠眼——形容人的面相丑恶，心术不正。

鬼咁无情——指无情至极。

烂柴打狗——指亏了半截。

坐定粒六——掷骰子六点赢面最高，十拿九稳。

话头醒尾—— 一点就明。

笑到碌地——乐翻天。

定过抬油——稳稳当当。

水过鸭背——短暂，一会就过去。

有纹有路——很有条理。

丢调扭拧——办事有诸多要求，讲条件。

抵食夹大件——食品便宜又大件。

半夜吃黄瓜——不知头和尾。

食过返寻味——值得回味。

花被襟鸡笼——外面好看，里面却不光鲜。

猪仔走骚脚——指小孩习惯往外走，不愿留在家里。

庙祝公养狗——吠（费）神。

罗汉请观音——主多宾少。

筷子咁大条须——胡子像筷子一样粗，指某人理所当然得到或享受某些待遇。

一脚牛屎一脚泥——指农村人朴实。

公不离婆，秤不离砣——指夫妻不离不弃。

借风驶艃，顺水推舟——指借助某种力量来办事。

三日打鱼，两日晒网——做事没有恒心，时常中断，不能坚持到底。

好人做到底，送佛送到西——为人办事尽心尽力。

谚语

广泛流传于民间的言简意赅的短语，多数反映了民众生活实践经验，而且一般是经过口头传下来的，多是口语形式的通俗易懂的短句或韵语。北山的谚语主要有气象谚语、农事谚语、生活谚语三个方面。

气象谚语

春天家婆脸，一日变三变。

三月东风冷死仔。

四月八咸酸蒌子（一种山上野果）烂挞挞。

未吃五月粽，寒衣不敢送，吃完五月粽，还有（过）百日（又）冻，冻完百日又返风。

六月无闲北（六月吹北风，预示台风要来）。

先雷后雨，洒湿地皮。

先雷后落，不够洗镬（雨量少）。

鱼鳞天，不用三日发大颠（刮风下大雨）。

小暑大暑，有米懒煮。

打风唔成，三日雨。

七月七，乌稔（一种山上野果）黑屎囫（开始成熟）。

九月九乌稔甜过枣（熟透）。

北风起晒腊味。

寒露三朝，过水寻桥（水寒）。

农事谚语

三分种，七分管。

南风入南风入大寒，冷死早禾秧。

清明姜（清明前种姜），立夏不插秧（插秧不能迟过立夏）。

插秧插到立夏，插唔插都吧。

芒种豆，担（挑）到叩（哭，指豆多）。

小暑小割，大暑大割。

寒露三朝，迟早尽飚（抽穗）。

雷打秋紧皱皱。

人怕老来穷，禾怕寒露风。

霜降降齐禾。

生活谚语

龙床不如狗窦。

好猪仔不怕阉坏。得闲死唔得闲病。

十个镬头九个盖。（入不敷出）

吹水记得要抹嘴。（做事要有分寸）

有钱难买天光觉。

做事化学（马虎）三耙两刮。

太公分猪肉人人有份。

食别人的食出汗，食自己的食出血。

艺文杂记

北山历史悠久，文化底蕴深厚，许多北山籍人士和非北山籍的历史名人和文化人士留下了大量的作品。北山民间还有丰富的传说和趣闻轶事流传至今。

◉ 诗歌

杨翘椿赋诗为杨怀洲处世作评[1]

一月廿初雨水头，长年冷暖在孤舟。
穷通荣辱皆无意，岁月忘机伴鹭鸥。

郭以治赋诗赞杨汉章[2]

兼葭云树蔚苍苍，子云居住水中央。
海滨原是古名乡，昔年世界变沧桑。
山河风景依然在，第宅田园半已荒。
经营再造伊谁力？负荷千钧翁克当。
招集飞鸿兴百堵，劈除草莱积仓箱。
嵯峨栋宇开堂构，宗功奕世答蒸尝。
造就群英咸济济，鲲鬐鹏翅看飞扬。
移风易俗真能事，诒谋燕翼匪寻常。
高山景行推耆硕，丹青绘出度颙邛。
龙马精神海鹤姿，须眉冉冉气飘扬。
俨然鹄似商山皓，羽仪百代自生光。

杨作楫赋诗为杨桂高作评[3]

丰骨棱棱孰与俦，悠然胸次不胜休。
兴来下笔文机壮，醉后高歌道味优。
无限聪明超世外，不羁风度出人头。
高山安可能相仰，挹想菁芳迥夜愁。

---

① 摘自七修《北山杨氏族谱》。
② 摘自七修《北山杨氏族谱》，郭以治是杨汉章的亲家。
③ 摘自七修《北山杨氏族谱》。

乩示山铭[①]

透龙吐出一珠轩，举案文光耸半天。
龙泉闪闪青龙案，虾公守口伴龙眠。
万种罗城朝拱卫，满堂滔带在腰缠。
若是何人寻福地，桂子兰孙代代传。

觉步云路紫门登高望远

杨云骧

廿年征战罢，解甲悟前因。
山水有真味，园林无俗崖。
浮生寄古洞，问道出迷津。
拟作沧江叟，长落世外人。

题竹仙洞[②]

杨镇波

抱膝坐长亭，亭空无伴侣。
思解素琴弹，遥闻花鸟语。

竹仙趣[③]

杨钟锦

欲觅竹仙趣，长亭更足评。
形模关造化，开辟有贤英。
一水中央静，时花四壁荣。
檐流连黛绿，□蹬绕萝菁。
桥仰苍龙卧，天高白鹤鸣。

---

① 该诗刻于杨兰皋墓园的青龙手花岗岩石板上。

② 该诗刻于竹仙洞公园石壁上。

③ 杨钟锦（1819—？），北山人。清同治二年（1863），杨钟锦畅游竹仙洞后，对其胜景赞叹不已，遂赋长诗《竹仙趣》予以勒石，赠予杨云骧。

石头成磊落，峰髻卓峥嵘。
西岭夕阳坠，东皋皓月清。
溪深鱼可数，云尽树空攀。
讵异羲皇客，顿消尘俗情。
谷虚群籁寂，雨至众音生。
暝使山村失，风号神鬼惊。
猿扳枯木折，鲸泼怒波横。
景色随时改，优涤莫暂更。
愿同洞主乐，结伴证鸥盟。

澳门杂诗（其一）

丘逢甲[①]

仙洞云封万竹深，隔江胜地负登临。
倚楼幻作蓬瀛想，一角青洲出海心。

镜湖感事十咏

杨应麟[②]

一

海疆重镇弃前明，一度胡笳一度惊。
总是鲸鱼吹浪起，至今江水未曾平。
（葡人贪欲无厌，陆界海权频年越占。）

二

博场歌馆充官帑，流寇逋臣作上卿。

① 丘逢甲（1864—1912），祖籍广东省蕉岭县。清宣统年间（1909—1911），任广东省谘议局副局长的丘逢甲到澳门，听说竹仙洞风景优美，十分向往，惜无暇前往，只好在澳门青洲遥望竹仙洞，自作遐想，并写下《竹仙洞》。

② 清宣统二年（1910），杨应麟组织香山县勘界维持会，支持清政府与葡萄牙政府在澳门划界谈判中据理力争。其间，杨应麟挥笔写下《镜湖感事十咏》，痛斥葡萄牙侵略者的恶行，激励广大民众掀起反抗葡萄牙侵略者扩张的斗争。

留得苍生无限劫，钗环纨袴伴宵行。

（澳门嫖赌成风，奸宄托庇，民同化外，淫荡卑鄙，为吾族羞。）

三

大三巴外小三巴，雨甸烟村屋万家。

聚铁铸成千载错，忍将莺粟换桑麻。

（澳地沃壤交错，人民繁盛。与葡通商绝无利益，贩卖洋药一件，种祸尤烈。）

四

日映黄龙上国旗，楼船高挂过瑜矶。

蛮风飒飒吹回棹，底事无人问是非。

（庚子、丁未两年，有驱逐官舰事。瑜矶，湾仔旧名。）

五

禾黍龙田怅故闉，楚人一炬竟烧秦。

白头野老吞哭声，一样中原有弃民。

（丁未龙田阖村惨遭焚毁，流离迁徙之苦，实不忍闻。）

六

东望洋台鬼火青，雕鞍游子玉亭亭。

此中别有伤心事，曾听蛮儿唱《后庭》。

（葡人野心秽行，辱及童乌，种种恶迹，言之发指。）

七

金钟山下黑旋风，浩劫生逃死尚逢。

白骨如山谁是主？伤心一例葬龙宫。

（挖坟露骨，抛弃江流，存没埋冤，无可控诉。）

八

莫愁谁更说庐家，入笠追豚试虎牙。

胜有墙茨长不扫，蛮风吹坠女儿花。

（葡人淫暴，强占闺阁，羞愤舍生，非止一二。）

九

飞沙关外万家坟，黑夜悲风起阵云。

九死不忘争汉土，鬼犹如此况人群。

（甲午，关闸外幽魂为厉，格斗葡兵，夜常数起。戒严如防大敌，率至葡人忏悔，事始寝忽云。）

十

彝酋苛暴吏潜逋，谁谓三军胜匹夫。

苦忆当年沈义士，万人争看好头颅。

（道光季年，葡酋肆虐，民不聊生。左署迁避，大吏钳口。时有沈公阿米，刃杀葡酋，赴官自首，从容就戮。都人义之，至今岁时奉祀如故。）

◉ 碑刻　石刻

景辉杨公祠碑志[①]

我祖月溪公，乃予本支分房之祖也。生自技养公，技养公生自景辉公。先后积德燕翼无疆。而月溪公，则模范通邑乡饮，流芳尤称赫奕，世传为纱帽公是也。富阡陌而家业盈丰，笃修齐而子孙繁衍。但，硕德徒仰于当年，而孝享未隆于今日，子若孙不能无遗憾焉。顾欲拟令地以崇庙宇。虽积贮之有年，而尝田所留无几。鸠工鼎造，力实未能孝思。何时而展蒸尝，何日而修？念至此，尤为感怆矣！丙午春初，合众建议，至今以此：凡我月溪公之子孙，抱孙男者、置田者、进庠者、登科甲者，皆与有捐金藉祖之德，赖祖之灵。盛事频兴，斋金无已，则祠宇之创建拭目可俟！而岁荐时，享昭德报功，饮福式燕，敦典讲礼莫不于是赖焉。则是举也，其为谋诚甚远矣。议既成。诸尊长者命予书其例，予故谨识之。虽然溯海者必穷其源，报本者必推其始，则合族而建大宗，以祀始祖泗儒公逮下三祖，又俟贤子孙联情合议，建令议庙宇，设蒸尝以隆孝享。所自是又予之所厚望焉者。

雍正四年岁次丙午二月初吉日十六世孙绍熙敬书

捐至乾隆壬戌七年止。

义例：

抱孙者捐银一钱

受旱田一亩者捐银二钱

① 编者按：捐款者姓名及数量略。

受潮田一亩者捐银一钱

进庠者捐银一两

中举者捐银一〇两

成进士者捐银一百两

贡生者捐银一〇两

监生者捐银一〇两

上议例应捐之银，众议定于递年清明后二日拜月溪祖山备足齐送。如迟及不肯出者，系各房长问取，仍要伊倍出以儆怠慢。

乾隆四十八年癸卯孟冬谷旦立

真君康元帅庙碑记[①]

国于天地，必有与立。故鬼神体物，其封锡达号，一准王灵而自方社，五祀山川百神。凡有功烈于民者，王公大人莫不祀事。矧乡君士庶安于畎亩，衣食以乐生待老为务。宁能克司，竖立祖庙蒸尝，而外别无所奉祀哉。记曰：圣上之制祭祀也，有其举之莫敢废焉。闲尝走道，都游历乡闾见所为。

真君康元帅者，靡不庙宇巍峨，岁时享祀，其祝号祭式间及他神，莫此为盛。倘或汔无大功烈，则殽灵庙食，一方一隅而已，宁足多哉？乃以观于乡而见夫，遂生复性府事，修和与。凡一切凶饥夭札，忧困争夺，外内无患者，不独仰赖圣皇，仁其潜驱，默率咸倚。

真君为主，视世之百辟。乡士有益于民者，其食报宜何如耶？若弗为之立庙，恐非先圣王典制。予乡尊礼事神不下他俗。惟真君旧像恭侍，上帝前弗护独飨，庙坛康我士庶，殊属无等愧弗能耐。客，冬腊候因簿校，乡社公费稍待资斧，遂奋勇乐捐，办方正位，别构祠坛宝帐，羽仪一一更始，且仍惧财用之未充也，分祖尝以厚助之，念址基之逼仄也。易他田以斥大之，鸠工庀材，争先回应。不日落成，虽非桂栋兰橑，而庑门芳馨，堂构森严，伏腊时昭事殽灵。差堪报称诗曰：神之的矣，诒尔多福。予为乡人雅歌焉，而闻者尚不以为河汉也，欲勒石纪颠末，乃为之撰。次如右，其乡人有力于庙者，并皆载名其上，俾后之人得以览焉。

时大清乾隆伍拾伍年岁次庚戌秋八月十七日阖乡信士立

① 编者按：捐资者姓名及数额略。

北山乡税坦碑志[1]

我乡自嘉庆二年报承：青洲东至黑鬼石，西至瓦窑头，南至银坑，北至亚婆石。又报承：青洲沙梨头东至唐福环，西至挂定角，南至氹仔，北至鹅槽白排。又报承：银坑环、蚝田环（即细马骝洲凭石门一带）坦沥，东至炮台角，西至银坑角，上至湾仔涌三湾，南至大马骝洲山，北至蝉蜍石三处。鱼蟹虾螺蛳蚶蚝蚬埠，历年按期换照兼纳海埠粮银。设有好利之徒滥认，藉势搀争，定必经官惩究，以儆贪婪。特此勒碑永远为据。

北山乡立

康真君庙重修的碑志[2]

尝读《易》，曰：圣人以神道设教。故古人凡建立村乡，必有特立神庙以为乡主。而粤俗则多主康真君焉，盖为其道果足以结善缘，帅令尉足服邪魔也。我乡康真君庙，自创建以来，基址屡更，威灵愈显。迨乾隆五十五年，卜吉于此。庙貌坐镇乎东堡，恩光普照于北山。民安物阜，有自来矣，无如星霜换易，风雨飘摇，蜗篆屈曲莓，渐长于颓垣。虫蛀雕残，木几倾乎。败栋维时，神灵默相遂使众志咸孚。客，金山者，倡重修之议，而不敢囊悭，居梓里者任签助之，劳而广思液集。坐向则旧贯是仍，规模则新猷式焕更。帅府左右增建医灵大帝、财帛星君两庙重重。殿宇金碧交辉濯濯，声灵黔黎共仰。盖事以众擎而易举，神以地杰而益灵。从此士庶帡幪，群登仁寿之域。闾阎感戴相安乐利之乡。庆落成于尔日，壮观瞻于万年。详将重修颠末，缀数语而识诸。爰集捐签姓名，分几等而勒诸石焉。

沐恩信士杨士龙敬撰并书

洛洋村海上仙游诸君义墓志

盖闻，水漂风溺，乃天地之偏灾，而掩骼埋胔，实吾人之公义。我乡处海滨之地，飓风不测，况澳门东环大海，为患尤甚。同治甲戌岁八月十二夜，飓风骤作，海潮泛滥，凡估船蛋艇以及濒海居民，多遭沉溺。阅日风止，淹毙者随流上下僵仆满岸，令人

---

① 碑志内容是申明北山的税坦范围。

② 编者按：捐资者姓名及数额略。

目不忍睹，然多是无主之尸。爰捐金雇役，自石角嘴至大道围前沿一带，拾而掩之。共得男尸三百二十九；女尸三十一；男女幼孩五十六。均不知其姓氏，但志其男女长幼而已。独是海滨沙岸卑湿之速朽堪虞，麦饭豚蹄清明之望祀可悯。岁之三月复相地于乡之东郊，土名洛洋村，检遗骸易瓦塔而迁葬之，题其碑曰:《海上仙游诸君之墓》分其男女平列三坟，幼者附焉，示有别也。更醵金为安澜堂会，以为登茔致祭之资，俾墓祀无阙。呜呼！家乡难问应生异地之悲，而魂魄有归，庶免重泉之泣。爰襄义举，曷尽哀矜，并勒贞珉备陈颠末，是为志。

光绪元年岁次乙亥冬十二月吉日。北山乡安澜堂主人立。

石刻 自清同治元年至光绪末年（1862—1908），竹仙洞共有诗、字句的岩石镌刻14处。1986年，被列为市级文物保护单位。

第一题:“竹溪转道”，上款:“癸卯新月”，下款:“杨友兰题”。横书行草，加框1.40×0.42米。在路边大石上，是进入摩崖群的第一题。

第二题:“云路”，竖写，阴刻楷书，无款。每字0.5米见方。

第三题:“洞天福地”，上款:“同治四年岁在乙丑孟秋谷旦”，下款:“杨兰皋敬刊张之翰书”。分两行直书，阴刻楷书，每字1.5米见方。

第四题:“鸿翔鹤聚”，上款:“同治五年乩示”，下款:“杨兰皋敬刊张之翰书”。阴刻楷书，每字1.6×1.3米。

清同治五年（1866）杨兰皋敬刊张之翰书“鸿翔鹤聚”石刻　　杨少新　摄

第五题：“俗客不来”，“予寄迹江湖二十余，属游镜海。迩来游兴倍添，常偕顺邑罗君文珊，北山杨君乃安、乃琨，暨健夫都戎瑞初、澄如二孝廉及诸友好聚。领饮中因留四字以志弗忘。”“光绪丙申端溪何凤翔歧峰氏题”。横书行草，外加边框，横 1.54 米，高 0.43 米。

第六题：“登高望远”，阴刻楷书，横写，无款，每字约 0.95 × 0.74 米。

第七题：“紫门”，阴刻楷书，竖写，无款，每字高 0.7 米，宽 0.52 米。

第八题：草书阴刻，在“洞天福地”岩洞中。“松下听泉声，君逢月正明。钟声醒鹤梦，风动惹猿惊。”落款“□□在同治己巳秋书于竹仙古洞深处，南海樵山人云洁壑乩笔”。

第九题：狂草，阴刻，双勾线边框。“饮诗仙缘远问津，池瑶东径岂西村。借语牧童何处是，竹溪转道有桃园。”“□序己巳冬月书于竹仙古洞，为楚田道人正李镇道人戏墨云洁壑乩，杨兰皋敬书”。

第十题：“乩文”。在路边的一块大石上，其左刻有中楷行书，每字 5 厘米。全文依序如下：

“观音大士乩示：到此游玩切勿食猫、犬、鱼、龟、蛇、鼠各污秽之物。至禁至嘱”。

诗云：“洞门福地世难寻，乐得山川满月深。洗涤尘缘流瀑布，飞开眼界有仙琴。难风朗挹霸衿袖，清雨濒沾洗性心。吩咐世人寻乐土，免教日月入幽林。”

吕祖先师乩示

诗云：“法界光明镇竹仙，莲香飘指满南天。水绕山环君且住，人间胜处乐无边。”

又诗：“浮利浮名世颇多，勿将真性任消磨。千年宰铺寻常事，不若山人一力锄。”

第十一题：阴刻楷书。“觉步云路紫门登高远望，同治三年季夏杨楚田敬刊各字。廿年征战罢，解甲悟前因。山水有真晖，园林各俗崖。浮生寄古洞，问道出迷津。拟作沧江叟，长落世外人。”

落款“楚田杨公奉师赴江克复沪埠，旋统舟师荡平群魔。功成引退，避居此洞。培筑桥、亭、花木、山水自娱，起运从事年来，见其壮怀高尚，用志俚言以谂来者。同治甲子仲秋循州廖起云题书勒石。”

第十二题：阴刻楷书。“抱膝坐张亭，亭空无伴侣。思解素琴弹，遥闻花鸟语。”“杨楚田次子镇波题”。

第十三题：阴刻楷书。“欲觅竹仙趣，长亭更足评。形模关造化，开辟有贤英。一水中决静，时花四壁茶。檐流连黛绿，□蹬饶萝箐。桥仰苍龙卧，天高白鹤鸣。石头成磊落，峰髻卓峥嵘。西岭夕阳坠，东皋皓月清。溪深鱼可数，云尽树空攀。讵异羲皇客，顿消尘俗情。谷虚群籁寂，雨至众音生。暝使山村失，风号神鬼惊。猿板枯木折，鲸泼怒波横。景时随时改，忧涤莫暂更。愿同洞主乐，结伴证鸥盟。”落款“俚名奉呈楚田叔父大人斧正，同治二年仲冬，蜀川侄钟锦拜题。”

第十四题：“云路”，横写，阴刻楷书，无款，每字 0.7 米见方。

◉ 民间传说

买一送一的祠堂 清雍正元年（1723），北山杨氏次房族人着手重建本房于清康熙元年（1662）迁村时被拆毁的祠堂，以便祭祀祖先。大事议定，众推主管本房公尝、人称“银牛公”的人具体操办此事。

建祠堂是件大事，所需资金不菲。所募资金之事不胫而走传出村外，有贼人得知消息后，有劫财的打算。同时因时势不太平，采购建祠堂所需材料时，“银牛公”多留了一个心眼，时值冬天，特意找来一件烂棉袄将自己打扮成乞丐，将采购材料的银两藏于烂棉袄内。采购材料当日，“银牛公”衣衫褴褛，早早出发。行至半路，路边忽然走出一人，开口就问“银牛公”：“大佬，你有没有见到北山的‘银牛公’啊？”“银牛公”被问，心想此人与我素不相识，此刻要找自己又不到村中找，却在半路等候，定非善男信女！多半与自己所带钱财有关。

合称“孖祠”的龙溪杨公祠和概轩杨公祠（2017 年） 杨国雄 摄

于是机智地随口应道："佢（他）好似在后面，应该很快就会到。"话毕，"银牛公"快步离开此地。

"银牛公"匆匆来到市集建材门店，对店老板说要买材料建祠堂。店老板见多识广，对来买建房材料的顾客印象多半不是坐马车就是坐轿子且衣着光鲜，今天竟有一个衣衫褴褛、蓬头垢面的乞丐模样的人来到店铺，开口就说要买材料建祠堂，心想此人多半是招摇撞骗之人。于是很不客气地下逐客令："唔该（不好意思），请过主（离开这里），我唔（不）做你生意！""银牛公"听店老板如此说，回答道："我今日是真金白银来同你买材料建祠堂的，唔系（不是）来打白撞（撞骗）的。"老板见"银牛公"不肯走，还说有真金白银买材料，但看他穿着一身烂棉袄，左看右看都不像一个有钱人，就夸下海口说："如果你今日有钱同我买材料建祠堂，你买一间（材料），我就送你一间（材料）！""银牛公"见老板如是说，不慌不忙地从烂棉袄中逐一将金条拿出来，老板见状顿时目瞪口呆，既已出口，只好信守诺言，如实兑现。

买一送一的祠堂，北山村中早有传说，所说是村中历史最久的龙溪杨公祠和概轩杨公祠。这两座祠堂同时建，相邻只有 80 厘米，俗称"孖祠"，但概轩杨公祠建祠所用的材料比龙溪杨公祠稍差一些。人们说，龙溪杨公祠的材料是真金白银买来的，概轩杨公祠的材料是送的，当然是差一些。

义侠杨宝 杨宝，又名村仔宝，北山人。幼年时父母双亡。他性情慷爽，好骑射。身材短小，体型较瘦，骨立珊珊，但体力过人。杨宝曾得一奇人传授轻功，能飞檐走壁，矫健如猱。奇人传授杨宝绝技时，曾对其讲："有好功夫也可能会给你带来没身之累，你现在虽能尽学得我授的全部技能，但同样会不能幸免。"奇人授技完毕后就离开了。杨宝学得奇人的绝技，常在人前炫耀，大家对他羡慕不已。

有一群众组织，对猪仔头冯某贩卖同胞做猪仔十分不满，一心要对其进行打击。但碍于猪仔头深居澳门葡人租界，且又捐得澳门兵总的头衔，居所周围常有卫兵把守，大家虽恨之入骨，但又无可奈何。一日，有人告知该组织，有个叫杨宝的人能飞檐走壁。大家听后都觉得，如能邀请杨宝以绝技相助，对打击猪仔头就不难了，若他能入伙，可做他们的头领。杨宝闻此消息，果来投奔该组织。大家推杨宝为首魁，并斗酒团蹄，大排宴席庆贺。酒宴毕，大家将打击冯某的事告知杨宝。杨宝听后，说："此事不难。不过取其头颅，不如劫其资财更好。这样一来，既能为同胞出气，又能借此资助我们粮饷。我只带四个兄弟，一艘快船，即晚可以成事。"大家听后皆喜，都想随其同行。杨宝说：

"人多则相护难，且容易被人防范，四人足矣。"杨宝从中挑选四名身材矫健者，皆乔装成渔夫。他们渡海到达澳门，打通三道关卡，直奔冯某的住处。其时冯某正在屋内清点从高州、雷州、廉江、海南等地贩来的货物。突然一侠客自天井屋檐飞下，不觉大惊。错愕间，侠客已至冯某身前，一手拿着匕首，一手执其衣襟，对其大声道："你要钱还是要命？"冯某惊骇欲绝，颤抖地说："天人没有钱用吗？屋内所有你任取，千万不要杀我。"且示意藏金的夹万（保险箱），并取出钥匙。杨宝口叼匕首，怒目冯某，一手攥其衣襟，一手用钥匙打开保险箱，尽取匣中钱财。装满布袋后，杨宝对冯某说："虎死留皮，人死留名，我名村仔宝。你借助外人力，无恶不作。不要以为官府奈何不了你，今有我侠客管你！"冯某望着杨宝，栗栗无言以对。转瞬间，杨宝提着财物飞檐而去。冯某瞪目望着杨宝离去，良久才回过神来，大呼捉贼。卫兵闻声齐集，问明情况后赶紧追拿，追至海旁，此时人已不知去向。怀疑可能是刚泊岸的渔船中人，然而该船已乘风到达对岸。事后冯某将事情报告澳葡总督，澳督悬红缉拿杨宝，但皆不可得。冯某有一葡萄人朋友，曾放话对人讲："有谁能缉获村仔宝者，则赏金三千。"杨宝闻之，亲自来到葡人处，对其说："听你讲能捕获村仔宝者，赏金三千。我就是村仔宝，三千金你不要吝啬。"葡人大惊，悖怖而言："赏金一时难措，你如邀赏，请于明日中午来取。"杨宝问道："明日中午十二点钟可否？"葡人答："可"。杨宝说："到时如果没有，要你命偿。"说完此话，杨宝环顾了一下四周又说："三千金太重，而备纸币可也。"话毕飘然而去。葡牙人既知失言，又恐杨宝明日再来，于是将此事告知冯某。冯某听后说："其所讲的话，都是用来恫吓你的。他真敢来吗？不过三千金的纸币你先准备好，看其两肋是否生翼。"翌日中午，葡人持枪以待。忽闻一声，桁桷震动，杨宝已立葡人面前。葡人吓得面如土色。杨宝先搜其身，取出暗藏的枪放至自己怀中。杨宝再问葡人的赏金，葡人只好将赏金如数点交。其后，杨宝执其手说："今日之会，我是单枪匹马而来，麻烦你陪我作一回鲁肃，送我一程。"杨宝挟着葡人同行，手握短枪并打开枪机，边行边与葡人作细语。葡兵前来围捕，见此情形，皆面面相觑。杨宝早已料到葡人必会设伏兵暗算他，今挟其同行，葡兵虽众，亦必投鼠忌器，不敢动手。杨宝挟同葡人来到海边后，将其推倒在地，并说："来到这里我不再麻烦你了。"此时，对岸忽来一快船将杨宝接走。自此后，杨宝之名声震澳门。那些经营不正当行业者，大多送予钱财，以图苟安；邻近四乡，也不见有打家劫舍的团伙滋扰民众，这都是杨宝之力。

村中有一无赖，其收徒教人练武，素闻杨宝名气，但欺其孱弱，说："村仔宝区区小人，虽是胡椒但做不了辣味。”思量要与杨宝作一较量。一日，得知杨宝自外归来，无赖与徒众半路拦劫杨宝。杨宝见状，说：“各位是不是没有买酒钱呀？我手上的金镯，你们拿去典当换钱，足够你们通宵作乐，但小心不要作恶。”话毕，将手上的金镯摘下抛在地上。无赖拾之，仍不许杨宝通过。杨宝说：“赶狗入穷巷，后果怎样？你们不会不知吧！你们现在这样做，是要逼迫我。”话毕，杨宝拔出腰刀与无赖及徒众厮打，并将其全部打倒，无赖亦被刀砍僵卧于地。其后杨宝直行归家，回到村中，杨宝将此事告知无赖的父亲，说：“杀死某者是我。但我是被其所逼。大丈夫做事，敢作敢为，不好连累他人。”无赖父亲将杨宝送交予官府。官府按杀人偿命论，将杨宝斩于前山校场。临刑时，澳门葡人闻之纷纷前往观看，并相庆说：“我们今后可以安枕无忧矣。”而无赖父亲为此深感后悔。自此后，乡间盗患频生，民众日夜不得安宁，大户受害最深。

杨贻荣和他的义犬　北山人杨贻荣（讳雄超）早年投身军旅，后官至香山协副将。传说，他豢养了一只大犬，该犬懂得看家护主，无论平时或是主人出征，它总是伴随主人身边。一次，杨贻荣带兵剿匪，由于贼匪众多，寡不敌众，被迫边战边退。当他退到一条河边时，已是走投无路。正在此时，身边的大犬用力把他拽到河里，并傍着他一直游到对岸。贼匪追至河边，只能眼巴巴地看着杨贻荣逃脱。

杨贻荣病逝于清咸丰七年（1857）。闻说，杨贻荣下葬后，其豢养的大犬昼夜陪在主人墓旁，在墓地转来转去不肯离去，直至体力不支，伏尸在主人墓旁。杨贻荣家人见大犬有如此至死不相负的忠心，大赞它为义犬，并将它厚葬在杨贻荣的墓旁，垒坟立碑。每年清明节，家人祭拜杨贻荣时，也一起祭祀义犬。

◉ 考证

“素略户”名称的由来　南宋嘉熙元年（1237），杨泗儒偕妻儿在北山落籍开宗后，自第五世起，族分两房，长房景辉，次房月辉，三房茂辉无嗣。后来长房又称为“素略户”，次房又称为“先义户”。

“素略户”之称，原始于明天启二年（1622）。是年，杨素谅替补杨素忠任里长。其间，明廷要造黄册登记各地的田产。杨素忠任里长时，长房的田产是以杨素忠为户名登记的。天启二年登记时，杨素忠已去世，不能再用其名做户名登记。当时北山杨氏正是第十二、十三世如日中天的时期，而长房第十二世的兄弟们名字中间都有一个“素”

字，如素恂、素忠、素谅等。此间，有族人杨溟海（字允余），平日诙谐逸趣，鉴于各家都有田，于是建议以“略”字为名，即各家有田，前面仍加“素”字，定名为“素略户”登记。自此，北山杨氏长房又称为“素略户”。

纱帽公 原为杨月溪的代称，后演变为北山一土名。该地域在今杨匏安纪念学校一带。该地原名麦园头，北山杨氏第七世孙杨月溪去世后葬于此地。杨月溪于明弘治二年（1489）被推举为香山县乡饮宾，并获佩戴纱帽，故人们称其为“纱帽公”。杨月溪逝世后，人们逐渐将其墓地所在地麦园头称为纱帽公，又称“纱帽地”。由于时间久远，很多人不知其来历，逐渐将之误称为“三茂公”，正确称呼应为“纱帽公”。

三婆坑塘 北山一土名。该地域在今杨匏安纪念学校的运动场。所称“三婆”，是指北山杨氏的三位阿婆，即四世祖杨平叟的原配容氏婆、五世祖杨月辉的原配刘氏婆和七世祖杨月溪的原配林氏婆。因上述三婆仙逝后葬于附近山坡，山坡下是一坑塘（谷地），此后，北山人逐渐将该地称之为“三婆坑塘”。由于时间久远，一些人不知缘故，有将其称为“三宝坑塘”，其实是一个误称，正确称谓应该是“三婆坑塘”。

后龙 北山村后白面将军山的一条山脉。过去人们尊崇风水学时，将之称为北山的龙脉。该地域覆盖的范围大致是，由白面将军山滴水岩东侧的祖皋山向东北延伸至北山后林。该山脉自南向北通向北山的村场，因此人们又称之为“透龙”。过去很多北山人为依附龙脉，逝世后都喜欢沿该山脉附近埋葬。据《北山杨氏族谱》和有关家谱所载，该地域又称“后龙”，也有称“透龙”，两称都对。

名人与名村

北山物华天宝，人杰地灵，数百年来涌现出革命先驱杨匏安等仁人志士和英才俊彦。北山出名人，名人也关注北山，如1937年国民政府主席林森为北山杨氏开宗700周年所题的“宗支蕃衍”匾仍至今尚存；著名经济学家、中国社会科学院原副院长于光远于2002年12月专程到烈士杨匏安的家乡探访。

◉ 人物传略

杨月溪（1408—1493） 讳忠一，字秉直，号月溪，北山杨氏第七世孙，杨氏长房杨景辉之孙、杨技养之子。杨月溪熟读诗书，善言行，曾被授予修职郎（正八品散阶）。其家庭富有，好施乡里，行善积德之举深受族人和乡里的爱戴。明弘治二年（1489），被推荐为乡饮宾[①]，并获戴纱帽，被族人、乡里赞誉为“纱帽公”。杨月溪辞世后，葬于北山麦园头（土名，今杨匏安纪念学校东南侧），后人将此地称为“纱帽地”或“纱帽公”。

杨绍熙（1693—1790） 字若乔，号介园，北山杨氏第十六世孙。清乾隆元年（1736）获恩赐副贡第六名。清乾隆十三年（1748）参与《北山杨氏族谱》第五次编修，并为所修族谱作序。他一生热爱教育事业。清乾隆二十年（1755），杨绍熙等人连同前山等十三乡的乡绅，倡导将凤山社学改为凤山书院，使凤山社学由一般的社学（小学堂）上升为中等学堂，满足前山等十三乡生员入学。倡导得到香山知县彭科和广州府海防同知魏绾大力支持。香山县知县拨给400多亩潮田作为书院助学的膏火田。清乾隆三十六年（1771），任兴宁县教谕。任职5年间，杨绍熙修学训士，捐俸余重修校舍；有拖欠学租者，皆蠲免不事追究，深得该县邑生爱戴。杨绍熙逝世后，该县学子为其立牌位祭祀。

杨经达（1706—1796） 字若赞，号一斋，北山杨氏第十六世孙。因其孙杨朝安在京任蓝翎侍卫（正六品），覃恩貤赠昭武都尉。杨经达热心家乡教育事业，倡建前山凤山书院。凤山书院开办期间，曾有悍佃霸耕书院膏火田不给田租。他受十三乡乡绅的委托，将悍佃霸耕书院膏火田事上告官府，经数年不懈努力，终将悍佃告倒，维护了书院的利益。杨经达辞世后，前山等十三乡敬送挽联云：“龙涧桂兰春杖履自饶九五福；凤山风月夜书声谁起十三乡”。

杨济苍（1755—1847） 讳朝元，字济苍，号荩臣，北山杨氏第十七世孙。诰授奉直大夫（从五品职衔）。杨济苍少年入读私塾，以品行见重乡间。杨济苍少年丧父，其父过世后，视祖父如同侍奉父亲一样，尽显孝心，同时他与弟弟友爱甚笃。为了家

① 见清《（同治）香山县志》卷十一“乡饮宾”篇。

计，他夜读书、日劳作，成年后转业为商。从商后，经营获利颇丰。有族侄杨卓立欲从商经营贸易，因欠缺资金，求助于他。杨济苍慷慨借其万金。杨卓立以此资金从事贸易，获利以倍算。获利后欲将利润的一半赠予杨济苍，他坚拒不肯受。杨卓立为报答提携之恩，特为其捐了一个从五品衔（奉直大夫）以荣其身，以报其德。杨济苍与茅湾（今中山市三乡镇附近）人陈敏学原为好友，过往言谈中，两人曾为儿女议结姻好。后陈敏学病故，举家落拓，陈妻欲携女改嫁。杨济苍得知后，追念故情，赠金抚恤，且将当日与陈敏学约定为子女许婚之事告知，随后即为长子杨式侯与陈女婚配。杨济苍乐善好施，发家后，对族内贫而无依者养之，丧葬嫁娶无措者助之，子弟辈有志图进者则给予鼓舞引导。此外，乡间修祠立庙、筑桥建阁诸大事端，他都乐于捐资以倡之。杨济苍晚年居于乡间，每遇乡人争讼，皆以仁义之心劝解，以和为贵。平生修德积行，勤俭持家，信以待人，宽以接物。教诲子弟要以廉朴为本，对乡内修建、捐施等事皆慷慨解囊。

杨济苍生有九子六女，长子杨式侯为登仕郎（九品职衔）；次子杨式璋为贡生，赐封武义都尉；三子杨式矩任职国学；七子杨式琮为咸丰年间（1851—1861）岁贡；九子杨式珩为登仕郎。

杨贻学（1758—1838） 讳凤翔，字贻学，号博文。杨贻学年青时，曾在澳门为一位名李莘的人做资金借贷生意。其间，杨贻学曾替李莘放贷给一位洋人，大约千金。放贷后时隔十多年不见洋人踪影，其时李莘已病故。后杨贻学返回北山生活。一日，曾经贷款的洋人来找杨贻学，要将原来借贷的千金及利息归还。其时，杨贻学年老家贫，一日三餐难以自给，且李莘已死多年，其他人也不知贷款一事，但杨贻学对洋人所还的款项一分不贪，悉数将这笔款项还给了李莘的儿子。

杨贻学忠厚至诚、轻财重义的行为，深受乡人的称赞，被称为“殆古之义士”。朝廷亦恩荣其无私行为，并以此来告诫世间见利忘义者。

杨朝安（1792—1849） 字仁畅，号槐风，北山杨氏第十八世孙。清嘉庆二十四年（1819），会试中武举人第三十七名，殿试中武进士三甲第八名，被钦点为蓝翎侍卫。后调江西抚标右营守备（正五品武官）、浙江金华营都司（正四品武官）及浙江处州镇游击（从三品武官）。清道光二十九年（1849）卒于任上。他“质性闲雅”，为官清白，任职所到之处，弁兵无不感服。在浙江任职时，积蓄不多，有人赠给他千金，被他坚拒。杨朝安家底虽不宽裕，但经常毫不吝啬地用自己的俸禄资助他人。因此，大家称赞他

"公虽武人，是亦能守清白之遗风者矣"。

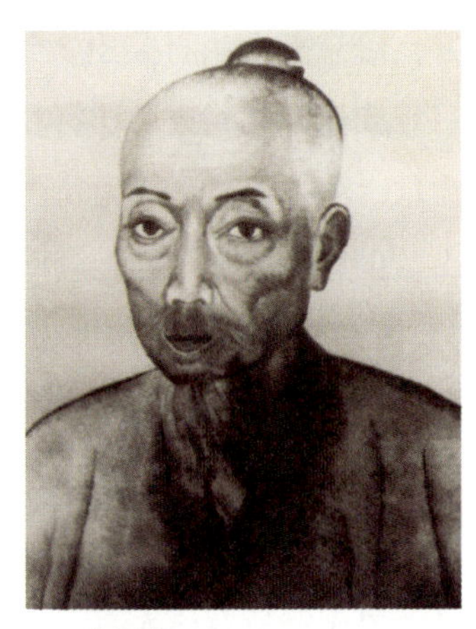
杨云骧

杨云骧（1801—1872） 字贻騋，号楚田，北山杨氏第十九世孙。他少年磊落，崇尚气节，重言诺，乐善好施，时常接济鳏寡孤独的乡亲。清道光十四年（1834），杨云骧投军前山寨，报捐营千总。他率水师巡逻，时常出入澳门和广东之间进行剿匪捉贼。他熟悉贼匪巢穴，捕无不获，名声大噪。清咸丰三年（1853），两广总督兼通商大臣叶名琛带领水师在沿海一带缉捕海盗。贼首魁某匿藏于澳门外国人住所内，杨云骧查得后，深入其住所，将其捕获。咸丰三年，上海发生小刀会起义，清政府派大军前往镇压。其间，英、法、美等国驻上海领事，借口以保护上海租界侨民为名，发动侵略上海的泥城战役。上海道台吴健彰向江苏按察使吉尔杭阿推荐杨云骧，调其率部分广东水师北上上海。至长江口时，英军正向岸边的清军陆营开炮，清兵大败而逃。英军继而又进逼杨云骧的水师。杨云骧指挥水师向英军开炮还击，一炮打中英军指挥船，当场炸断英军指挥官的手臂，阻止了英军的追击。清咸丰四年（1854）元旦，江苏巡抚保奏杨云骧为和平营都司（正四品武官），并获旨赏顶戴花翎，赐荷包。

第二次鸦片战争后，外国列强强迫清政府签订了一系列不平等条约，中国割地赔款、丧权辱国，使杨云骧悲观失望。清同治三年（1864），辞去都司之职，回到北山开辟竹仙洞隐居。居乡期间，得知从石岐到澳门航行的客、货船，在行至挂碇角外航线时经常遇到台风和贼匪。他动员乡亲出资，打通坦洲河至前山水道的通道，使客、货船从石岐可经坦洲、南屏、前山、北山到澳门，自此不用再经挂碇角外航线，既方便了沿途民众，又保证了航行安全。

杨雄超（1807—1857） 字贻荣，北山杨氏第十九世孙。杨雄超行伍出身，早年从戎，作战勇猛，得以逐步升迁。历任东山营守备、吴川营都司（正四品武官）、南澳驻军游击将军（从三品武官），并兼任香山协右营都司，继而代理香山协副将，其后升任澄海驻军参将（正三品武官），并代理碣石镇驻军总兵。碣石镇任职期间，杨雄超清除当地船户旧有陋规，深受船民欢迎。清咸丰七年（1857），晋升为崖州协副将（从二品武官）。离任时，船民们夹道叩拜欢送。同年，再次调任香山协副将，未赴任即病逝。

杨兰皋（1813—？） 讳廷芬，字贻孚，别字仍安，号兰皋。杨兰皋年轻时，家境贫寒，母亲靠上山打柴出卖维持生活。他为了帮补家庭开支，曾在乡间挑菜到街上叫卖。后经族侄介绍到香港洋行打工。因工作勤恳，忠诚老实，得到老板提携，其后经营茶叶生意，积攒财富，成为北山首富，大做善事。清咸丰五年（1855），杨兰皋购置潮田 950 亩，创立敦古堂义仓，潮田的收成主要用于做善事。《（民国）香山县志续编》卷五记载："敦古堂义仓在北山乡。里人杨兰皋于咸丰五年创立，自赀并经理其事。今积潮田九顷五十亩。"今珠海市香洲区南屏镇东桥社区内原有的三度桥（旧称永济桥）亦是杨兰皋出资兴建，后其子杨应泉再次加固铁栏。杨兰皋乐善好施，出资修桥修路，还参与竹仙洞的开发。竹仙洞内原有一条上山的崎岖小路，过去上山打柴的人上、下山很不方便，杨兰皋出资特意请人将该小路用花岗岩石修成 44 级阶梯，以方便行人。

乡人为缅怀杨兰皋一生行善积德，在北山至湾仔到澳门的道路上修建一座石砌的四角亭，取名"仍安亭"。

杨镇海

杨镇海（1828—1903） 字祖泰，号表东，杨云骧长子。他自幼受父辈尚武习武的影响，立志从军。早先出任香山协右营把总（正七品武官），其后历任千总（正六品武官）、守备（正五品武官）、都司（正四品武官）、参将（正三品武官），香山协副将（从二品武官）。皇帝曾赐赠大幅金字匾额，其曾祖父、曾祖母均获封荫。杨镇海曾回乡营建将军第故居（即上将军第）。

杨镇海初到澄海营任职时，发现该营组织纪律松散，战斗力差，士兵时常吵架、打架，官兵到处设卡"收水"，中饱私囊。经调查，发现是由于军队军需供给不足，军官风气不正。他将实情向上反映，要求增加军需供给，同时整顿军纪，下令拆除所有不法关卡，并颁令如再发现设卡拦截，骚扰百姓者，一律严加惩治。清光绪元年（1875），任崖州协副将，不久调回香山协任副将。后因其母吴氏年过八旬，为照顾母亲，特禀请朝廷开缺，解甲还乡尽孝。朝廷恩准其还乡，并拨香山县谷都（今中山市三乡镇一带）和下恭常都（今珠海市前山、南屏、湾仔一带）公局的俸禄给他养老。

杨桂清（1860—？） 字训鲁，号秩如，北山杨氏第二十一世孙。清同治年间（1862—1874），其父杨祖勤奉命运送粮饷北上，家人随行，后举家侨居上海。杨桂清到上海后，了解到外国的科学技术对社会发展有用，就报读上海电报学堂。以优异成绩毕业并入职上海电政局。清光绪元年（1875），随盛杏荪到汕头开拓闽、粤的电报业务。当时中国的电报业务仍采用有线线路传输信息，鄂、川等省山高路险，架设线路艰险，闻者裹足。杨桂清被委派担此重任，最终开通这些地区的电报业务。之后历任四川、重庆电报局总办，重庆新（老）厘局会办，重庆关帮办。甲午战争爆发后，东北三省电报线杆屡遭损坏，他奉命前往修复。其后两年，杨桂清又担任蒙、疆域内数千里沙漠线路的总管。他先后历办闽、粤、川、鄂、东三省、内（外）蒙古等地的电务、矿务、洋务、营务、海关工程各差。民国初期，被任命为绥远将军剿蒙驻沱行营军务帮办、察哈尔都统军事筹备处咨议暂兼晋军随营参事官、口北宣抚使随员、安徽电政监督兼安徽电报局局长等职。积功被保升为知府（正四品），赏顶戴花翎，袁世凯特晋其五等嘉禾勋章、五等文虎章、陆军部一等金色奖章、交通部一等二级奖章。

杨桂清

杨乃安（？—1914） 讳应泉，字祖守，号乃安，杨兰皋之子。晚清秀才，擅诗文。在乡里，杨乃安秉承父亲乐善好施的遗意，参与乡间修桥造路。早年曾侨居美国，与孙中山相交甚笃。受孙中山革命思想的影响，加入同盟会。他将父亲杨兰皋留下的大笔资产，资助孙中山的革命活动。1914 年，杨乃安偕其次子（杨训忍）从北山前往广州。时革命党人正在广州筹划发动第二次起义。消息泄漏，遭袁世凯部龙济光派兵围捕，杨乃安父子一同被抓，并被视为“叛党”，父子两人后被害于广州。

杨门允（1912—2005） 字麟亮，北山杨氏第二十三世孙。1931 年，杨门允只身赴香港打工谋生。1933 年，加入香港洋务工会。1958 年，带头捐资，发动旅港澳北山同胞捐资购买一台柴油发电机赠送给家乡，解决当时北山的照明问题。1965 年，杨门允离开香港到英国谋生。1968 年，应邀加入英国最大的进步社团——英国共和协会。在英国共和协会，他接待了数十批来自祖国的各界团体，还每两年一次，组织英国的华侨、华人回国观光考察。他在英国资助建立了几所中文学校。在他的倡导下，英国共和协会成功与多个在英国的社团组成新中联盟，促进海外华侨、华人的团结。中国驻英国大使馆的工作人员对杨门允十分敬重，尊称他为“我们的杨伯”。1971 年，被选为英国共和协

杨门允

会副会长。1992 年，被推举为全英华人社团联合总会名誉会长。2001 年，带领全英华侨各社团的负责人前往伦敦，迎候先后率团出访英国的党和国家领导人胡锦涛、温家宝，并受到接见。

杨门允热爱家乡，为珠海的希望工程、侨心工程等捐款 100 万元；支持红十字会，捐款 5 万元；为改造家乡小学，先后捐款共 10 万余元；赞助各级侨刊、乡讯 20 多万元。2000 年，珠海市人民政府授予他“珠海荣誉市民”称号。杨门允一直没有加入英国国籍，时刻关心着祖国和家乡的建设。20 世纪 60 年代，他送自己的二儿子回国支援祖国建设，并鼓励儿子安心工作。后其子在工作中意外殉职，被广东省冶金工业局授予烈士称号。

2004 年 11 月，杨门允回家乡北山定居。2005 年 3 月病逝。

杨步尧

杨步尧（1922—2001） 又名杨金铭、杨秋涛，北山杨氏第二十四世孙。1935 年，杨步尧入读广州中山大学附属中学，受“一二・九”运动影响，加入中国共产党领导的抗日救亡运动。1938 年 1 月参加革命工作后，在广东青年抗日先锋队临时工作委员会工作。同年 7 月，加入中国共产党。负责组建抗先增城战时工作队，任队长兼党支部书记。1939 年 4 月，任博罗区委组织部部长。1943 年，任增城县委常委兼独立第二大队政调室主任。1944 年 10 月后，历任东江纵队第四支队第二大队政委、第三野战军后勤运输部第一团政治处主任、南京公安干部学校政治处主任、梧州市公安局局长、湛江市公安局局长、广东省公安厅副厅长。

“文化大革命”期间，遭受迫害。1972 年平反后，在广东省政法学院工作，1983 年离休。离休后，参与广东党史、军史、青运史资料的收集和编写工作。杨步尧喜爱诗词歌赋，著有《风云诗录》。

杨吕（1922—2012） 又名杨文光，北山杨氏第二十三世孙。童年和青年时生活在澳门。抗日战争爆发后，积极参加抗日示威游行和请愿活动，在澳门参加中共地下党组织领导的抗日救亡团体，通过在香港的廖承志的介绍奔赴延安。

杨吕

1938年9月，杨吕进入抗日军政大学第六大队（又称“抗大洛川分校”）学习。同年11月加入中国共产党。抗大毕业后，杨吕被分配到八路军129师。抗日战争期间，先后在129师政治部、386旅政治部、补充团政治处、旅教导大队、新一团政治处、太岳第二军分区工作。解放战争期间，分别在太岳纵队第十旅政治部、太岳军区解放军官教导团、太岳军区十五纵队、62军政治部、西北独立第1师政治部工作。历任干事、文化教员、政治教员、干部教员、巡视员、政治指导员、参谋、秘书、部员、科长。参加过百团大战、浮翼之战、青浮战役、上党战役、临汾战役、晋中战役、太原战役、解放大西北、西南战役。曾获三级独立自由勋章、三级解放勋章。

新中国成立后，先后在西南军区新一师政治部、起义部队九军三师、中央军委炮兵第八训练基地、炮兵33师政治部、华北军区司令部、中央军委情报部、总参二部、总参二部广州站、广州联络局工作。1988年离休，享受师级待遇。

杨启彦

杨启彦（1941—2007） 北山杨氏第二十三世孙，生于香港，杨镇海之孙。1962年，香港大学毕业后加入香港政府工作，在港英政府历任工商署署长、工业署署长、库务司司长、运输司司长等职。1996年12月，任香港九广铁路公司主席兼行政总裁。1998年1月，兼任香港职业训练局主席。2001年12月，不再担任九广铁路公司主席一职，但继续留任公司行政总裁一职。2003年，不再担任九广铁路公司行政总裁一职，继续担任香港职业训练局主席直至2006年。杨启彦曾获“太平绅士”衔。1997年，为香港运输学会资深会员。1998年，为香港管理专业协会会士、C.B.E勋衔。2005年7月，获香港特别行政区政府金紫荆星章等。还担任香港红十字顾问团委员、香港长远房屋策略督导委员会委员、香港公益金监事会会员。

杨伟明（1952—1979） 祖籍北山，杨吕之子。1969年3月参加中国人民解放军，1970年1月加入中国共产党。1978年毕业于中国人民解放军桂林步兵学院，并提拔为

杨伟明　　杨伟明立功受奖证书

杨伟明亲属　提供

副营长。1979年，参加中越边境自卫还击战。在攻打高平的战斗中，带领营所属的五连英勇杀敌，击毙敌特工队员22人，活捉敌346师中校军官，为部队攻克朔江天险做出了重要贡献。杨伟明身先士卒，冲锋在前，在2月20日的战斗中，身中7弹，光荣牺牲。战后，中国人民解放军总政治部颁发立功受奖证书，杨伟明被授予一等功。

◉ 名人与北山

杨瑞石绘制北山壁画　杨瑞石（1836—1908），艺名瑞石山人，番禺沙湾紫坭人，岭南壁画大师。

清同治十二年（1873）杨瑞石在杨祖潼四宅内绘制的壁画（一）　　杨国雄　摄

清同治十二年（1873）杨瑞石在杨祖潼四宅内绘制的壁画（二）　　杨国雄　摄

清同治、光绪年间（1862—1908），北山满堂街的富家大屋已经成片建起。其间，下将军第、杨祖潼四宅等相继请来杨瑞石为大宅绘制壁画。至今，这些大宅内仍保留有很多杨瑞石绘制的壁画和唐宋诗词歌赋，皆有“杨瑞石”“瑞石山人”的落款。

林森为北山杨氏题写“宗支蕃衍”横匾　林森（1868—1943），原名林天波，字子超，号长仁，福建省闽侯县人，国民政府主席。1937 年春，正值北山杨氏开宗 700 周年之际，北山杨氏第二十一世孙杨训登携其 3 个儿子杨考祥、杨勇祥、杨望祥等人，恳请当时的国民政府主席林森，为北山杨氏开宗 700 周年题词。林森欣然挥笔，写下“宗支蕃衍”四个大字，后被制作成金漆匾额，于当年 4 月初用船运至湾仔石角咀码头后再接回北山。匾额被悬挂在杨氏大宗祠上座的神楼上方，至今仍存。

2002 年 12 月，于光远（前）参观珠海市博物馆举办的大型展览《杨匏安和他的革命家庭》　　马刚　摄

于光远探访北山　于光远（1915—2013），原姓郁，名钟正，加入中国共产党后改名于光远。上海人，著名经济学家。曾任国家科学技术委员会副主任、中国社会科学院副院长兼马列主义毛泽东思想研究所所长。曾于 1936—1937 年和杨匏安的二儿子杨明在广州、海口等地一起从事革命活动。2002 年 12 月，于

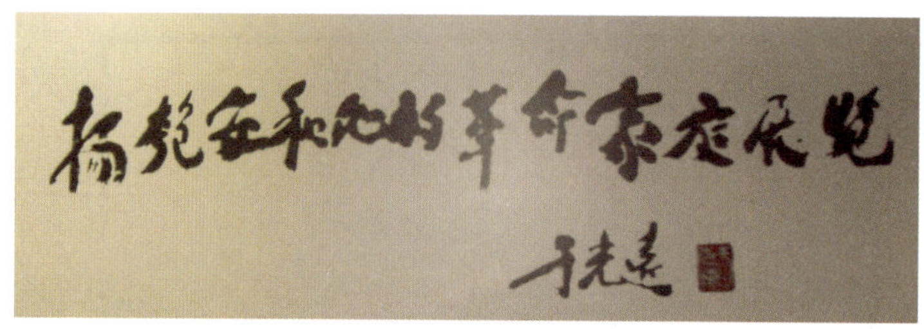

杨匏安陈列馆内的于光远题词　　陈锴　摄

光远偕夫人孟苏，探访革命烈士杨匏安的故乡北山。后来，于光远得悉珠海主办的《杨匏安和他的革命家庭》大型展览，欣然挥笔题词“杨匏安和他的革命家庭展览”。

薛翊汉与北山会馆　薛翊汉（1937—2008），广东省茂名市人。版画家，原为海军南海舰队美术创作组组长。1956 年以来，先后有大批反映南海舰队水兵的版画作品参加全国、全军、全省的美术展览，其中《美丽富饶的西沙》《渔汛》《海防轻骑》《渔港的欢呼》等作品成为军事题材版画的代表作。1997—1999 年，历时三年创作的版画组画《澳门风采》，被新华社澳门分社作为澳门回归的献礼之作。2000 年，被中央军委授予南沙卫士称号。2001 年，受中央军委邀请，访问南沙群岛，并创作南沙群岛系列组画《蓝色国土的卫士》。2007 年，薛翊汉在一次考察途中，偶然发现北山村内的百年古宅，怀着对传统文化的热爱和希望百年古宅得以传承的美好愿望，与子薛文、薛军三人制订详细的修复古宅计划。历经两年的思考和计划，秉持“修旧如旧”的理念，百年古宅——北山会馆最终修缮完成，并且发展成为北山创意文化基地之一。2006 年，薛翊汉病逝，其子在北山村为其建立薛翊汉纪念馆。该馆牌匾由中国美术家协会主席刘大为亲笔题字，馆内陈列着薛翊汉画作、平生照片和获得的奖章。

人物表

清代北山名人一览表

表 6

姓名	字、号	生卒年	主要职衔或荣誉
杨文在	仁均	1762 — 1820	昭武都尉
杨文辅	仁佐	1767 — 1825	武信骑尉
杨典见	贻明	1789 —?	六品军功
杨贤忠	贻检	1797 — 1834	广东水师提标把总

续表 6

姓名	字、号	生卒年	主要职衔或荣誉
杨式琮	仁士	1807 —?	附贡生
杨春华	贻满	1813 —?	六品军功
杨云彪	贻骥	1815 — 1855	六品军功
杨抡邦	祖骢	1815 —?	六品军功
杨日章	祖斌	1816 —?	六品军功
杨廷中	祖礼	1818 —?	六品军功
杨东培	贤秀	1821 —?	六品军功
杨卫清	祖祥	1824 —?	广海补用守备
杨观英	训义	1824 —?	六品军功
杨应春	祖丕	1829 —?	六品军功
杨士韬	祖略	1830 —?	六品军功
杨癸雄	祖孚	1833 —?	七品军功
杨玉成	祖玉	1836 —?	武略骑尉
杨裕韬	祖政	1839 —?	大鹏营千总
杨敏堂	祖勤	1840 —?	昭武都尉
杨镇洪	祖澄	1848 — 1905	阳春县教谕
杨永清	春廷	不详	记名提督、副将

近代以来北山名人一览表

表 7

姓名	出生年份	主要职衔或荣誉	备注
杨杏娥（女）	1903	中共党员	参加过省港大罢工和党的地下工作
程宛芬（女）	1908	中共党员	参加过党的地下工作，新中国成立后任教职
杨达文	1928	高级讲师	处级干部
杨文伟	1929	解放军福州军区三局离休干部	杨匏安四子
杨志文	1930	高级会计师	处级
杨志可	1930	解放军师级干部待遇	
杨刚	1931	广东省军区原副政委	
郑梅馨（女）	1932	南京军区福州总医院	正团级干部，杨文伟夫人
杨伯宁	1933	解放军大校军衔	
杨宗武	1937	高级兽医师	处级干部
杨平光	1937	珠海市外贸总公司原总经理	处级干部
符斗仪（女）	1938	解放军大校军衔	杨伯宁夫人
杨树洪	1938	珠海市文化局副局长	处级干部
杨五一	1951	珠海市国有资产管理委员会	处级干部
杨金满	1958	中共党员	中越边境自卫还击战中光荣牺牲，授予二等功

北山大院内景（2019 年）　　杨国雄　摄

大事纪略

北山历史悠久，发生了较多大事、要事。其中海禁迁村刻骨铭心，不仅在北山杨氏族谱中予以详述，《(民国)香山县志续编》也有记载；通邮、通电话、通电是民生大事；反对澳葡扩界的斗争，北山人走在最前面，反映了北山人维护国家利益的爱国心；北山解放、农业合作社的成立，标志着北山村的新生和农村新的经济体制的建立；土地统征、“村转居”、新春敬老会、获评国家级生态村、北山廉政文化公园的建立等，都是改革开放后出现的大事，充分反映了北山人在党和国家政策的指导下，物质文明、精神文明建设都上了一个新台阶。

清康熙元年北山村民被迫内迁

清康熙元年（1662），清政府为防止东南沿海边民支持“反清复明”活动，实施海禁，强令边民内迁。三月划界，五月官兵进村驱赶乡民，焚祠毁屋、平墙伐木。北山村民被驱赶到离乡 50 里的恭都和谷都交界的地方（在今中山市五桂山附近）。时隔 23 年后，北山村民才逐渐返回故里。

清宣统元年杨应麟领导反对澳葡扩界斗争

晚清时期，葡萄牙人大肆扩张澳门以外的租借范围。

香山县下恭镇的前山、湾仔、南屏、北山、银坑等地，与澳门边境相接，处在界务纷争最前沿，深受澳葡扩界侵略压迫之苦。广东省谘议局议员、北山人杨应麟率先举起反抗澳葡扩界的旗帜。清宣统元年（1909）2 月 17 日，杨应麟从广州赶回香山，召集全县绅商学界代表 300 多人，在北山乡恭都联沙局（该局设在杨氏大宗祠）举行划界会议。会议决定成立香山县勘界维持会，并公推杨应麟、郑彦球为正、副会长。维持会推出澳门划界方针：在水界方面，坚持全部水界应属中国控制，但允许葡萄牙船只在澳门水面航行；在陆界方面，坚持以原澳门围墙为界，收复围墙外葡人占地，决不允许葡人占领澳门以外一寸土地。在香山县勘界维持会的积极推动和全国各地人民声援支持下，中葡澳门划界谈判前后进行 5 个月，开会 9 次，但最终不了了之。

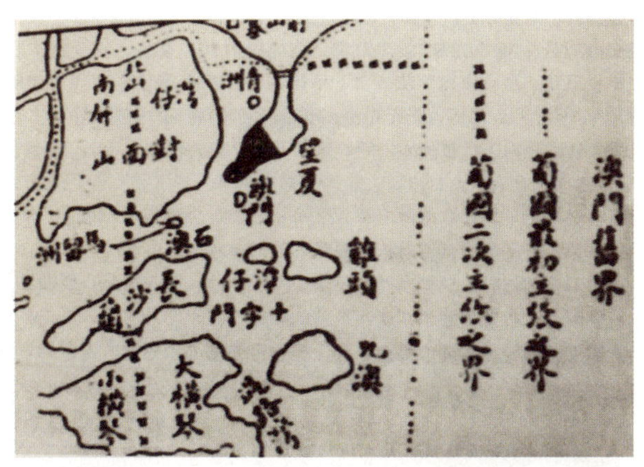

清宣统元年（1909）中葡关于澳门范围划界谈判中，葡方前后两次主张的澳门范围　　中山市图书馆影印资料

◉ 20 世纪 30 年代北山开通电话、电报

20 世纪 30 年代初，珠海地区农村通电话，首先在关闸（即今拱北）、中山港（即今珠海市唐家湾镇）兴起。1932 年，中山县五区（前山区）开设民办联乡电话局，使用瑞典 50 号单线，开通前山至湾仔、南屏、香洲、古鹤农村地区的电话，线路全长 20 千米。北山处于这一范围内，始有电话与外界联络。当时北山的电话机设在杨氏大宗祠（乡改领导机构在此办公）。1937 年 6 月 1 日，前山邮局开始代办电报服务。当时北山村民拍发电报，须到前山邮局办理。

◉ 1949 年北山解放

1949 年 11 月 1 日，中国人民解放军向广东省中山县南部进发。3 日，解放军控制前山、坦洲一带。4 日，前山解放。是晚，解放军发起歼灭南屏、湾仔等地残敌的战斗。国民党军保三师第八团以北山后林的正岭为制高点，构筑机枪阵地负隅顽抗，解放军组织强大的火力向国民党军阵地发起攻击。直至深夜，战斗结束。5 日黎明，北山解放。

◉ 1958 年北山通电

1958 年下半年，关心祖国和家乡建设发展的北山旅港澳同胞，由杨门允、杨应坤、

1958 年，旅港澳同胞为北山捐赠的柴油发电机　　陈锴　摄

杨麟宝、杨麟棠等人牵头，发动旅港澳的北山同胞捐资，从香港购买了一台英国产的柴油发电机，赠送给北山，用于照明发电。至此，北山通电，村民第一次用上电灯照明。1964 年，国家大力发展水力发电，支持地方经济建设，北山用电开始接入广东电网。

◉ 1984 年北山办起第一家外向型企业北山丝花厂

改革开放后，北山乡为进一步发展和壮大乡集体经济，在香洲区人民政府和南屏区公所的大力支持下，进行招商引资，引入港澳台资金，创办外向型企业。1984 年，北山以祠堂和生产队队址作为厂房，以来料加工的形式引进港澳资金，办起丝花厂。当年，北山经济联社仅从丝花厂就获纯利 7 万余元。

◉ 1985—1988 年北山土地统征

1979 年 3 月，珠海撤县建市，11 月升格为省辖市。根据珠海城市建设和发展的需要，珠海市国土资源局自 1985 年 3 月起，开始对北山乡集体所有土地实行统一征用。到 1988 年 9 月，北山集体所有土地，除按政策预留给每个征地农民工业用地 60 平方米、住宅用地 40 平方米外，其余土地全部由市国土资源局实施统征。土地统征后，北山农民成为离土不离乡的居民。

◉ 1999 年北山举办首届迎春敬老会

1999 年元宵佳节，由北山旅外乡亲联谊会牵头，北山村委会协助，在北山杨氏大宗祠举办首届北山迎春敬老会。出席敬老会的有北山村常住人口中 60 岁以上的村民和旅外乡亲。大家欢聚一堂，共迎新春，共商北山建设大计。2003 年起，该活动改由北山社区主办，旅外乡亲联谊会协办。自 2007 年起，常住人口中参加盛会的年龄由 60 岁降至 50 岁。至 2018 年，北山迎春敬老会已连续举办 20 届。北山举办的新春敬老会，亦得到旅港澳同胞和在北山经商办实业的经营者的大力支持。

北山迎春敬老会宴席场面（2012 年）　　北山社区居委会　提供

◉ 2001 年北山村改为北山社区

2001 年 9 月，为进一步加强城市化建设和管理，作为珠海市中心区的香洲区，将辖区内已被征地的所有村民委员会统一改为城镇社区建制。其间，北山村民委员会改为北山社区居民委员会，隶属珠海市香洲区南屏镇管辖。“村改居”后，原来行政村的社会管理事务转交给社区居民委员会负责管理；行政村的集体经济组织转为社区的集体经济组织。

◉ 2009 年北山被命名为广东省历史文化名村

北山建村历史悠久，古建筑等历史文化资源丰富。为进一步保护好北山古建筑的文化价值，开发北山的历史文化旅游资源，2006 年，北山积极申报广东省历史文化名村，聘请华南理工大学建筑学院编制《珠海市北山村历史文化保护利用规划》。2009 年，经广东省人民政府批准，广东省住房和城乡建筑厅、广东省文化厅公布北山为第二批省级历史文化名村，成为珠海市唯一的省级历史文化名村。

◉ 2011 年北山举办首届“世界音乐节”

2011 年 4 月，北山会馆、TPR 华美天培教育集团协助珠海市文体旅游局、珠海市香洲区文体旅游局，为发展北山的创意文化，以“音乐让世界更美好”为主题，以北山戏院为主场地，举办首届“世界音乐节”。其后，每年皆举办北山世界音乐节。“北山世界音乐节”已成为北山乃至珠海的一张文化名片。

◉ 2011 年北山获评“国家级生态村”

为创建国家级生态村，秀毓园新村建成后，北山社区在珠海市和香洲区环保部门指导下，成立创建生态文明示范村领导小组，组建专业化的绿化队、清洁队和苗圃培育人员队伍，从集体经济中抽出资金 200 万元，对社区的村容村貌和道路进行整治；完善北山社区至东桥社区的山桥路路面整治和道路绿化、整个社区路灯配置，对生活垃圾进行无害化处理。北山社区在先后获“广东省生态示范村”“广东省旅游特色村”“广东省文明社区”等荣誉称号后，2011 年 10 月 13 日，被环境保护部授予“国家级生态村”称号。

◉ 2017 年北山廉政文化公园建立

2017 年，中共珠海市纪律检查委员会在北山文化公园内建立北山廉政文化公园，作为全市廉政教育基地之一。

北山廉政文化公园内陈列的杨匏安简介和周恩来对杨匏安的评价文字（2017 年） 杨世权 摄

保暹古祠与现代建筑交相辉映（2019 年）　　杨国雄　摄

附录

北山社区居民文明公约

北山社区居委会为促进社区两个文明的建设，创造一个安全整洁、环境优美、生活便利的社区，特制定本公约，希望广大居民互相监督，自觉遵守。

1. 积极拥护党的领导，以“五爱、三德”为标准，争做“四有”新人，积极参与社区建设，包括社区组织建设、社区服务、社区治安、社区卫生、社区教育等，遵守国家法律、法规，履行公民义务，争做一个合格市民。

2. 争创“五好文明家庭”，积极开展家庭教育，倡导文明家庭、邻里和睦、互助互利。

3. 增强人口意识，自觉实行计划生育、晚婚晚育，杜绝计划外生育，协助社区做好外来人员计划生育管理。

4. 积极参与“双拥”。加强军民团结，努力为军烈属、残疾人、孤寡老人和特困户做好事、办实事，督促精神病人的监护，不外流肇事。落实殡葬改革规定，提倡移风易俗、丧事简办、婚事新办。

5. 加强社区群众“四防”能力和自我防范能力。看好自己的门，管好自己的人，远离黄窝、赌桌、毒品，不让黄、赌、毒进我家，争创无毒社区，加强外来人口管理，及时申报办理暂住证，严禁封建迷神和邪教活动。

6. 保持楼道、院坝干净，无乱堆乱放，保持楼道畅通，努力做到“七不准”，即：不准随地吐痰、不准乱丢果皮纸屑烟头、不准乱堆乱放乱倒污物、不准乱贴乱画、不准沿街乱晾晒衣物、不准随地大小便、不准说污言秽语。无“四乱”现象，即：无乱贴乱画、无乱涂刻、无乱搭建、无乱堆物。争创“文明楼院”和“五好文明家庭”，沿街商店做到“门前三包、门内达标”。

7. 树立社区是我家、建设靠大家的观念，提高居民文明素质，共建美好家园。

8. 学雷锋、树新风，争做“文明家庭”，共建“文明社区”，人人争取在家做个好家长，在校做个好学生，在社区做个好居民。

9. 参与志愿工作是表达“权利”及“义务”的积极和有效的形式。在服务他人、服务社会的同时，自身得到提高、完善和发展，精神和心灵得到满足。参与自愿工作，既是在帮助他人、服务社会，同时也是在传递爱心和传播文明。志愿服务个人化、人性化的特征，可以有效地拉近人与人之间的心灵距离，减少疏远感，对缓解社会矛盾，促进社会稳定有一定的积极作用。

10. 社会主义核心价值观基本内容为：倡导爱国、敬业、诚信、友善行为；共创自由、平等、公正、法治社会；建设富强、民主、文明、和谐的美好家园。

11.《居民公约》自公布之日起执行，社区居委会负责解释、监督、执行。

北山社区居委会

2017 年 6 月 25 日

北山杨氏宗规

窃思敬宗收族，不外讲让。而型仁率祖攸行，更宜去逆而效顺。我族，系出宏农封留唐叔远。绍箕裘清白之渊源，有自祥开阀阅，诗书之引翼无穷，却遗金而不受，心凛四知，劝治产而有辞志除，三惑立雪望重于程门。摘星名，高于圣世。凡此国乘所昭，何可家声忽坠？矧今幸际，熙朝雅化不遗乎，海澨山陬，正当立整本族宗规，时籍乎觉聋警聩，从此劝惩相勉，克敦孝友之风，因之规矩，率循共励莠苗之化，则三公之世泽，接武无难，而弈叶之休，嘉流芳未艾矣，谨将条规具列于左。

孝悌当尽力供职 孝事父母，弟事兄长，此理根乎天性，无论圣愚各识此义。但是不肯着实遵行，似觉孝悌之事难做耳。今我族人，各当以此为先务，故言孝悌而至感天地通神明者，此孝弟之至也，即其小者如问安，视膳服劳奉养，谨身守礼，无非孝也。言语必顺，饮食必让，徐行后长无非弟也。各尽其力，各竭其诚，是则人之所以为人者矣。

学术须辟邪崇正 尝考古者，党有庠，州有序，国有学。皆所以明人伦也。然学术之纯杂，由乎心术之邪正，即世道盛衰之所关也。故自圣经贤传，而外举。凡有离经叛道者，即为异端入其中者，不可不辨其途而慎其微。至于结会拜盟传习异教者，更属大于法纪，即师巫邪术，左道惑众者，亦为显违例禁，始之陷溺，其心久将败坏风俗。终且刑戮随之，此学术不可不正也。

钱粮须及时早完 钱粮国课所关，各户当依限输纳。倘任意拖欠，积累必多，深为门户之羞。则何如未雨绸缪，每年先期分纳，庶得安居乐业，永无胥役之追呼，是亦良民职分所当尽者矣。

本业须勤职守 士农工商业虽不同，皆是本职。勤则职业修，而仰事俯畜室，家有资生之乐。惰即职业隳而资身无策，不免姗笑于媚里。然所谓勤者，非徒尽力，实要尽道，如士先德行，切勿自恃乱为，有玷行止。仕宦亦不得以贿败官，贻辱祖宗。农服先畴，切勿窃水纵牲作践，欺赖佃租工资。利器切勿造作淫巧，售敝伪器，什商通有无。切勿纨绔冶游酒色，浪费亦不得越此。四民之外，为僧道胥隶，为优戏，为椎埋屠宰。若游手好闲，失时废业，此更不思衣食之计者，又何可胜道哉。然其中孰得孰失，何去何从，惟在其人之自取耳。

窃盗须改悔迁善 窃盗每起于贫穷，不知人苟安分守已，勤力做作则何事不可以谋生？都因好逸恶劳，遂至卑污下贱，或窝赃分肥，或伙同鼠窃，只图侥幸苟获。迨至捉拿解讯，人证确凿，伏辜无词。此皆孽由自作，于人何尤？莫若发愤自强，立心改行，安知勤俭所积，不可以由贫而致富乎？！有志竟成各宜勉旃，毋误终身可也。

构讼须解冤息诬 《易》曰："讼则终凶，其有害无利，人所共知。"即有关系祖宗父母，兄弟妻子，情节万不得已鸣官，只宜从直告诉，又要早知回头，方为豪杰。乃有情理俱无，而好为构讼者，无言不仇睚眦必报，捏虚成实，借径生波，自谓得意，不思负冤无不伸之理。诬告有反坐之条，一破覆盘躬罹罪遣。今我族查有此事，须会约议处，明言晓喻，动陈祸害，务使翻云覆雨同归于化日光天。愧悔卒萌，终成礼让之俗，不亦休哉。

忍忿须冰消雾释 窃见世有仇非不共，事属细微，原可忍之，须臾者，乃以一朝之忿酿成滔天之祸。强者杀人亡命，弱者籍死抵偿。此皆血气相争，遂至报复不已。迨至祸患临身，噬脐无及，与其宛转呼号思避罪于箠楚之下，莫若平心静气早遏制于未发之时，则由勉强以几自然，不独免祸消灾，亦可保家延庆矣。

祀尝须谋永保 祖宗创业以垂久远，而祭田之设，固为子孙者感春露秋霜之变，而籍此以报本追远于无穷者，事如其重也。至其他之尝业亦宗人铢累寸积所遗。他日蓄积丰厚，则养老恤孤，惠寡兴学，于是乎在惟愿经事者量入为出，以图长远之策可也。

山坟须岁时修葺 祠乃祖宗神灵所依，宜于肃穆。墓乃祖宗体魄所藏，贵于坚完。倘垣砌碑石有损，皆当及时修好。君子感春露秋霜而怵惕凄怆者，葢言随时不忘也，而况有基勿坏哉。言坟而不及祠者，以祠宗人时时聚会，有坏必见，而坟墓则清明展祭，恐一省而越时或忘，故特举而言之耳。

冢树须培植谨守 冢旁树木所以获护，坟茔亦以分定界限，使人不得侵占。况树木翁蔚足以验兴旺之征，如有族人偷盗祖坟树木者，即祖宗之罪人也，各宜爱惜谨植栽培，是亦事死如事生，事亡如事存之一道也。

北山杨氏族训

在北山杨氏大宗祠中殿两边的墙壁上，对应地挂着四个大字：忠、孝、廉、节，这四个大字就是北山杨氏族训。清道光年间（1821—1850），杨氏大宗祠落成时，北山杨氏专请珠海名儒鲍俊（其时是刑部山西司主事）写下这四个大字和《绍经堂》横匾。四个大字，每个字都有其具体内容，当时曾用布幅将具体内容附在每个字的下方，用以教导北山杨氏族人，作为每人的行为规范。

忠 是北山杨氏的族训（祖训）。西汉时期，汉文帝的大臣、文学家东方朔处处为国家社稷安危着想，直言切谏，忠贞不渝，为后人所景仰。北山杨氏先祖以东方朔为楷模，教育族人要为国家社稷忠心耿耿。

孝 是北山杨氏的族训（祖训）。汉文帝刘恒尊崇儒家思想，行施德政，成为历史上著名的贤君，以德治国的典范。杨氏先祖以汉武帝的“仁孝宽厚”为楷模，教育杨氏族人要“关心孤寡，力倡孝悌”。

廉 是北山杨氏的族训（祖训）。北山杨氏先祖杨震以“清白传家”的美誉传颂于世。北山杨氏以老祖杨震为楷模，教育族人，做事要清白，做官要廉洁。

节 是北山杨氏的族训（祖训）。西汉天汉元年（前 100），汉武帝派苏武为使节护送匈奴使节回国。任务完成即将返国时，突发事件累及苏武，其被留在匈奴长达 19 年。其间，匈奴曾多次派人对苏武劝降，均遭苏武坚拒，他对来人说：“丧失气节、沾污使命，即使活着，还有什么脸面回到汉廷？！”苏武最终满头白发回到汉廷。他坚守节操、不辱使命，为后人所景仰。北山杨氏先祖以苏武为楷模，教育族人，要做有节气的人。

南屏镇北山村奖学方案

2000 年 9 月，为加大重教兴学力度，鼓励学子们奋发学习，报效国家，北山村委会公布《南屏镇北山村奖学方案》，具体规定和奖励项目及标准是：北山村民子女（属世居且常住户口在北山的子女），小学、初中、高中在校学生学习成绩优秀，表现突出，参加区以上竞赛获奖，如达到规定标准，可获奖励；奖励项目及奖励标准由北山村委会设定。符合奖励条件的学生，可持有效证件，向村委会申报，经村委会审核批准后，按标准一次性发放奖金。奖励时间一般在寒假及暑假期间进行。奖励项目及标准：小学生学习成绩优秀奖，一等奖 50 元（期末总评成绩所有学科优秀），二等奖 30 元（一科良好，其余学科优秀）。应届初中毕业生升学奖：应届初中毕业生被区级学校录取，分别给予一等奖 200 元、二等奖 150 元、三等奖 100 元的奖励。自 2000 年 9 月 1 日《奖学方案》开始以来至 2017 年，获奖学生共 241 名，共支出奖学金 646250 元。

◉ 主要参考文献

〔明〕邓迁修、黄佐纂:《(嘉靖)香山县志》。

〔清〕申良翰修、欧阳羽文纂:《(康熙)香山县志》。

〔清〕暴煜等修:《(乾隆)香山县志》。

〔清〕祝淮修、黄培芳纂:《(道光)香山县志》。

绍经堂编纂:《北山杨氏族谱》，清咸丰七年(1857)。

〔清〕田明曜修、陈澧纂:《(光绪)香山县志》。

厉式金修，汪文炳、张丕基纂:《(民国)香山县志续编》。

佚名:《(民国)香山县乡土志》。

珠海市地方志办公室编:《珠海市人物志》，广东人民出版社，1993。

中山市地方志编纂委员会编:《中山市志》，广东人民出版社，1997。

珠海市地方志编纂委员会编:《珠海市志》，珠海出版社，2001。

《珠海市文物志》修订委员会编:《珠海市文物志(修订本)》，珠海出版社，2007。

珠海市社会科学界联合会编:《杨匏安研究文选》，珠海出版社，2008年。

珠海市地方志编纂委员会编:《珠海市志(1979—2000)》，珠海出版社，2013。

珠海市政协文史资料委员会编:《珠海文史》，广东人民出版社，2013年。

◉ 编纂始末

北山崇文重教，素有编修祖谱传统。为记载乡村历史，传承优秀文化，启迪后辈子孙，2007 年开始编修村志，历时十年，形成初稿。

2017 年，根据广东省人民政府地方志办公室的要求，珠海市地方志办公室发动香洲区、南屏镇、北山社区开展《中国名村志丛书 · 北山社区志》(以下简称《北山社区志》) 的编纂工作。按照《中国名村志文化工程实施方案》《中国名村志丛书凡例》《中国名村志丛书编纂规范》等规定，参照《中国名村志基本篇目》的要求，拟定志书篇目上报广东省地方志办公室和中国地方志指导小组办公室（以下简称中指办）审定，2018 年 2 月,《北山社区志》被中指办列入新申报的中国名村志文化丛书名单。

随后，成立广东省珠海市香洲区南屏镇北山社区志编纂委员会及广东省珠海市香洲区南屏镇《北山社区志》编辑部。在市、区、镇多次协调和《北山社区志》编辑部的努力下，5 月 18 日,《北山社区志》按照篇目完成初稿编修并通过香洲区初审；编辑部吸取初审意见，增删润色文字，补充图照，形成复审稿送市地方志办公室复审；6 月 22 日，市地方志办公室组织专家把脉问诊，对志稿篇目、内容及图照等提出复审修改意见，强调要进一步体现出社区特色；编辑部再次对志稿进行打磨形成送审稿，报送省地方志办公室终审。其后，根据省地方志办公室专家意见，编辑部聘请专家再次调整篇目、增删内容、润色文字。2019 年 3 月,《北山社区志》正式上报中国名村志丛书编纂委员会办公室。此后，按照中国名村志丛书编纂委员会办公室、中指办专家、出版社审定意见，市地方志办公室组织《北山社区志》编辑部对书稿进行多次修改，志书篇目进一步优化，志稿内容实现质的提升。

《北山社区志》编纂过程中，始终抓住“名”“特”两条主线，紧扣“广东省历史文化名村”“杨匏安故乡”“全国生态文明示范村”等，进行志书篇目设计和内容筛选，精选浓缩已形成初稿的相关主要内容，围绕古村保护、生态家园、特色文化、杨匏安等作了较多的完善补充；挖掘、整理出大量鲜为人知的珍贵史料，接地气地对北山历史人文资源进行系统梳理；根据中国名村志丛书的要求，搜集、拍摄200余幅照片，创新性地体现出了读图时代的特征。《北山社区志》图文并茂，特色鲜明，充分展示了北山历史文化名村的历史人文和风情风貌，重点记述了建村以来特别是改革开放后北山所取得的成就，记载市、区、镇志之不能，填补珠海历史文化之空白。

《北山社区志》成书是北山人传承传统文化、持之以恒、不懈努力的结果，也是市、区两级地方志工作机构、南屏镇人民政府齐心协力，共同挖掘乡村历史文化，留住乡愁，助力乡村振兴的鼎力之举。市地方志办公室对《北山社区志》的特色定位、篇目设计、内容修改等工作尽职尽责，付出了心血。编纂过程中，中国地方志指导小组秘书长、中指办主任冀祥德，广东省人民政府地方志办公室主任陈华康等中指办、省志办领导曾到北山社区参观指导，广东省地方志办公室方志处对编纂工作悉心指导，成书之美。

《北山社区志》数易其稿，终成其书。由于资料短缺、体例创新，编纂人员能力所限，虽潜心编纂，但纰漏难免，敬请不吝指正，以便改进、提高。

编　者

2019年5月